Herderbücherei INITIATIVE 42
Band 9542

Wissende, Verschwiegene, Eingeweihte

Hinführung zur Esoterik

Herderbücherei INITIATIVE 42

Herausgegeben von
Gerd-Klaus Kaltenbrunner

Herderbücherei

Originalausgabe
erstmals veröffentlicht als Herder-Taschenbuch

Verlag Herder Freiburg · Basel · Wien
Herstellung: Freiburger Graphische Betriebe 1981
ISBN 3-451-09542-4

Inhalt

Vorwort des Herausgebers

Situation

Überdruß an der technologischen Rationalität, am Sinnverlust zivilisatorischen Fortschritts und an den schal gewordenen Verheißungen utopischer Gesellschaftsdoktrinen veranlassen immer mehr Menschen, sich für Theorien und Lebensmöglichkeiten zu interessieren, die einen Zugang zu einer „anderen“ Wirklichkeit verheißen. Wie eine Flutwelle verbreitet sich neuerdings in der westlichen Welt das Verlangen nach allerlei Heilslehren, Versenkungspraktiken und Geheimwissenschaften, die man schon für abgestorben gehalten hatte. Aus Nordamerika ist diese Woge nach Europa gekommen, nach Asien weist ihre Sehnsucht. Zeitschriften, Buchverlage, Tagungen, Kurse und großfamilien-, sekten- oder ordensähnliche Gemeinschaften propagieren die verschiedensten Arten von Spiritualität, „Erleuchtung“ und „Wiedergeburt“. Yoga und Tibetisches Totenbuch, Zen-Buddhismus und Tantra, islamisches Sufitum und „Transzendentale Meditation“ finden mehr und mehr ergebene Anhänger. Man spricht von „neuer Innerlichkeit“, „Irrationalismus“, „Okkultismus“ und „Mystik“. Gemeinsam ist allen diesen sehr unterschiedlichen Erscheinungen, daß sich in ihnen ein Unbehagen an der technisch-industriellen Zivilisation artikuliert. Dieses Unbehagen äußert sich nicht in politisch-revolutionärem Protest, sondern überwiegend auf „sanfte“ Weise: als Ausweichen, Rückzug oder, wie „Aktivisten“ es tadelnd nennen, als „Weltflucht“. Im Zusammenhang damit fällt auch häufig das Wort *Esoterik*. Man verzeichnet eine vor wenigen Jahren noch für undenkbar gehaltene Zuwendung zu esoterischer Literatur. In den Städten werden esoterische Buchhandlungen gegründet. Vorwiegend junge Menschen finden sich in esoterischen Zirkeln zusammen. In Freiburg erscheint eine Zeitschrift „esotera“, die sich mit Hellsehen, Gedankenphotographie, Hypnose und ähnlichem befaßt. Unter „Esoterik“ werden von Außenstehenden so verschiedene Dinge wie Magie, Spiritismus, Alchymie, Orakelwesen, Geistheilung, Anthroposophie, Astrologie, Satanskult und orgienartige Zusammenkünfte verstanden. Bereits vor mehr als zehn Jahren verkündete das international erfolgreiche Musical „Hair“ eine Wende in diese Richtung: „Mystik wird uns Einsicht schenken / Und der Mensch lernt wieder denken / An den Wassermann...“

Man mag dies als Ulk von Hippies abtun. Doch auch ein so verdienstvoller Symbolforscher wie Alfons Rosenberg spricht von der in dem eben begonnen habenden Wassermann-Zeitalter möglich gewordenen „neuen Gnosis“. Und aus den Vereinigten Staaten von Amerika kommt zu uns die Nachricht, daß sogar angesehene Naturwissenschaftler in zunehmendem Maß die Welt der Esoterik entdecken, allen voran die „Gnostiker von Princeton“. Der Atomphysiker Fritjof Capra spricht davon, daß die moderne Kosmologie und Quantenphysik mit den uralten Überlieferungen des Hinduismus erstaunlich konvergiere. Namhafte Bioenergetiker und Psychotherapeuten sind auf dem Wege, die Geheimlehren des chinesischen Taoismus und der jüdischen Kabbala zu rehabilitieren. Der Ingenieur, Planungswissenschaftler und Management-Philosoph Erich Jantsch erwähnt in seinem Buch „Die Selbstorganisation des Universums“ (München 1979) zustimmend Jakob Böhme, Buddha, Laotse und Hermes Trismegistos. Ähnlich scheut sich auch der Biochemiker und Genetiker Erwin Chargaff nicht, in seinem Buch „Unbegreifliches Geheimnis“ (Stuttgart 1980) Esoteriker wie Böhme, Blake und Novalis als Kronzeugen für seine wissenschafts- und zivilisationskritischen Befunde zu zitieren. Der deutsche Physiker und Naturphilosoph Carl Friedrich von Weizsäcker bekennt mit geradezu ekstatischen Worten, wieviel er der Begegnung nicht nur mit platonischer Metaphysik, sondern vor allem auch mit der esoterischen Spiritualität Indiens verdankt. Am Grab von Sri Ramana Maharshi widerfuhr ihm eine initiatische Entrückung:

„‚Ja, das ist es.‘ Eigentlich waren schon alle Fragen beantwortet ... Das Wissen war da, und in einer halben Stunde war alles geschehen. Ich nahm die Umwelt noch wahr, den harten Sitz, die surrenden Moskitos, das Licht auf den Steinen. Aber im Flug waren die Schichten, die Zwiebelschalen durchstoßen, die durch Worte nur anzudeuten sind: ‚Du‘ – ‚Ich‘ – ‚Ja‘. Tränen der Seligkeit. Seligkeit ohne Tränen. – Ganz behutsam ließ die Erfahrung mich zur Erde zurück. Ich wußte nun, welche Liebe der Sinn der irdischen Liebe ist. Ich wußte alle Gefahren, alle Schrecken, aber in dieser Erfahrung waren sie keine Schrecken ... Ich war jetzt ein völlig anderer geworden: der, der ich immer gewesen war“ (Der Garten des Menschlichen. München –Wien 1977, S. 595).

Was bedeutet diese Wiederkehr des Esoterischen in unseren Tagen? Handelt es sich dabei bloß um eine der rasch wechselnden Moden, wie sie für die nach immer neuen Sensationen haschenden Wohlstandsgesellschaften typisch sind? Ist sie epidemischer Ausdruck einer spätzeitlichen Sucht nach dem Irrationalen und Wunderbaren, die, wie im zu Ende gehenden griechisch-römischen Altertum, keineswegs bloß die „einfachen Leute“, sondern vor allem auch die intellektuell Hochstehenden, Gebildeten und Differenzierten erfaßt? Oswald Spengler spricht von *„zweiter Religiosität“*, die in allen Zivilisationen auftrete, sobald diese ihre Blüte überschritten haben und in den Zustand geschichtsloser Dämmerung eintreten (Der Untergang des Abendlandes. München 1973, S. 941 ff.). Der Gedanke selbst taucht schon im achtzehnten Jahrhundert bei Vico auf. Sind wir Zeugen einer allgemeinen geschichtlichen Rhythmik, gemäß der die Zeitalter des Bewußtseins, der Aufklärung und des rechnenden Denkens gesetzmäßig von solchen abgelöst werden, in denen ein mystisches, symbolisches oder magisches Weltverständnis vorherrscht? Beweist die periodisch wiederkehrende „Schlammflut des Okkulten“, von welcher der Rationalist Freud einmal verächtlich sprach, wie sehr Goethe recht hatte, als er zu Riemer sagte: „Der Mensch kann nicht lange im bewußten Zustand oder im Bewußtsein verharren, er muß sich wieder ins Unbewußte flüchten, denn darin lebt seine Wurzel“? Offenbart somit der sich in den verschiedensten und bisweilen bizarren Formen äußernde Drang zum Esoterischen eine echte Not, ein menschliches Urbedürfnis, auf das die heiligen Schriften der Juden und Christen mit dem Wort hinzielen, daß der Mensch nicht vom Brot allein lebe, sondern von jedem Wort aus Gottes Mund (Dtn 8,3; Mt 4,4)?

Man darf mit guten Gründen vermuten, daß in dem gegenwärtigen Hang zum „Esoterischen“ alle diese Bedürfnisse, Antriebe und anthropologischen sowie kulturgeschichtlichen Gesetzmäßigkeiten zum Tragen kommen. Auch noch in dem, was überwiegend bloß Mode und oberflächliche Spielerei zu sein scheint, kann ein tieferes, wenngleich noch ungeläutertes, fehlgeleitetes und sich selbst nicht verstehendes Verlangen wirksam sein. Trunksucht ist ein Laster, doch der Durst, der jemanden zum Rausche treibt, mag geradezu ein Zeichen menschlichen Adels sein, ein sich ins Dunkle verirrt habendes Streben nach dem, was „wirklich“ und wirklich „anders“ ist, eine Sehnsucht nach transzendenter Entgrenzung und Einheit. In diesem Sinne heißt es auch bei Meister Eckhart, dem wohl überragendsten Esoteriker des christlichen Abendlandes: „Nimmer würde ein Mensch, der Durst nach Wein hat, so sehnlich seiner begehren, dafern nicht etwas von Gott in ihm wäre.“

Mißverständnisse

Das *Wort* Esoterik kommt aus dem Griechischen; die Sache selbst ist hingegen nicht nur in allen Hochkulturen, sondern auch in primitiven Gesellschaften und höchstwahrscheinlich bereits in der frühesten Menschheit nachweisbar (vgl. Doris F. Jonas, Richard Fester, A. David Jonas: Kinder der Höhle. München 1980). Das griechische *eiso*, *eso* bedeutet „innerlich“, „drinnen“, „hinein“, „nach innen zu“ und im übertragenen Sinne auch „geheim“; im Gegensatz dazu bezeichnet *exo* das, was „außen“, „außerhalb“, „draußen“ ist. Esoterik besagt allemal, daß bestimmten Bereichen ein Innenaspekt eignet, der verborgen ist und sich dem nach außen gewendeten Blick entzieht. Esoterisch hat mit „Innerlichkeit“ zu tun, wobei freilich sofort hinzuzufügen ist, daß wir diesen Begriff nicht psychologisch-subjektivistisch mißverstehen dürfen, wenn wir der Gefahr entgehen wollen, schon bei einem vorläufigen Versuch einer Annäherung uns zu verirren. Vielfältig sind die Versuchungen, bereits mit den ersten Schritten vom rechten Weg abzukommen, sich wie Dante im ersten Gesang seiner Divina Commedia in einem von gefährlichen Tieren bewohnten Waldesdickicht zu verlaufen. Wenn wir also von esoterischer Innerlichkeit sprechen, dann seien wir davor auf der Hut, uns in die Gefilde der Psychologie oder gar unverbindlicher Stimmung zu begeben. Hilfreich ist es hingegen, wenn wir uns eines Rilkeschen Begriffs entsinnen, dem des „Weltinnenraums“.

> *Durch alle Wesen reicht der eine Raum:*
> *Weltinnenraum.*
> (Es winkt zu Fühlung fast aus allen Dingen)

Doch auch das schöne Dichterwort „Weltinnenraum“ kann uns hinderlich sein, wenn wir uns allzusehr von seiner „räumlichen“ Assonanz betören lassen. Innerlichkeit im Sinne der Esoterik ist nicht einfach ein Raum, der sich sozusagen hinter der Mauer der alltäglichen Wirklichkeit befindet. Ein solches „vergegenständlichendes“ oder auch „geometrisches“ Mißverständnis drängt sich um so eher auf, als das Verhältnis zwischen Esoterik und Exoterik von jeher – insbesondere auch von esoterischen Schriftstellern selbst – gerne mit Doppelbildern wie denen von Kern und Schale, Licht und Spiegel, Wein und Becher, Perle und Fassung veranschaulicht wird. „Willst du den Kern, so mußt du die Schale zerbrechen“, heißt es bei Meister Eckhart, und Goethe dichtete das „Ultimatum“:

> *Du prüfe dich nur allermeist,*
> *Ob du Kern oder Schale seist!*

Diese Bilder haben ihren tiefen Sinn, ja sie drängen sich dem menschlichen Verstand fast unvermeidlich auf, und dennoch ist es unerläßlich, sich der Tatsache bewußt zu sein, daß sie nur symbolisch und analogisch genommen werden dürfen. „Innerlichkeit" meint nicht einen Raum „hinter der Wirklichkeit", sondern eher eine bestimmte „Dimension", die aller Wirklichkeit zukommt, ja sie überhaupt erst Wirklichkeit sein läßt. Deshalb vermag Rilkes Wort vom „Weltinnenraum" uns besonders dann hilfreich zu sein, wenn wir es ins Licht der Goetheschen Verse aus dem Zyklus „Gott und Welt" gehalten haben.

Nichts ist drinnen, nichts ist draußen;
Denn was innen, das ist außen.
So ergreifet ohne Säumnis
Heilig öffentlich Geheimnis.

Paradoxien

Das Wort „heilig öffentlich Geheimnis" deutet die Schwierigkeiten an, wenn das Esoterische zur Sprache gelangen soll. Es läßt sich nur in paradoxen Aussagen fassen, in denen der jeweils nächste Satz das zurücknimmt, was der vorangehende behauptet hat. Alle Esoterik, die sehr wohl von geheimnistuerischem Obskurantismus zu unterscheiden ist, hat mit dieser Schwierigkeit gerungen, verdankt sich dem Bemühen, diese Schwierigkeit sowohl zu überwinden als auch zu bewahren. Das Tao Te king, in dem die gesamte chinesische Esoterik wurzelt, beginnt mit den Versen:

Das Tao, das enthüllt werden kann, ist nicht das ewige Tao.
Der Name, der genannt werden kann, ist nicht der ewige Name.
Das Namenlose ist der Ursprung von Himmel und Erde.

Der 56. Spruch hat die Eingangszeilen:

Der Wissende redet nicht,
Der Redende weiß nicht.

Der geheimnisvolle Urgrund des Universums, *Tao*, ist unaussprechlich. Zu dieser Einsicht schwang sich auch die indische Esoterik auf. Die Bereiche der Formen (*rūpa*) und der Namen (*nā-*

man), des Greifbaren wie des Begrifflichen, sind nur bloße Spiegelungen einer Wirklichkeit, die sich jeder Definition widersetzt; sie ist daher, nach der klassischen Formel Yājñavalkyas, *neti neti*, „weder das noch das“ oder dasjenige, wie es in den Upanishaden heißt, „vor dem Worte und Gedanken umkehren, denn sie erreichen es nicht“. In der Kabbala, der jüdischen Esoterik, ist Gott das Sein an sich, das Über-Sein und das alles, was ist, überragende Nichts. Seinen Namen auszusprechen ist Frevel. Der Kern des esoterischen Islam, des Sufismus, ist der *Tauhid*, die Lehre von der Einheit des göttlichen Seins, welche sich auf ein einziges Wort einschränken läßt: *Allah*. Als der heilige Franziskus von seinen Ordensbrüdern gebeten wurde, ihnen nach dem Vorbild der gelehrten Dominikaner das Studium zwecks besserer Erfüllung des Predigeramtes zu gestatten, zögerte er lange. Als er zuletzt der Bitte willfahrte, sagte er: „Aber vergeßt nie, daß es nichts gäbe, worüber ihr predigen könnt, wenn nicht Brüder lebten, die zu demütig sind, um als Prediger aufzutreten.“ Man darf diesen Ausspruch doch wohl so deuten, daß Gott auch und vornehmlich durch Schweigen verehrt werden kann und daß ohne eine tragende Auslese von Verschwiegenen und Stillen alle Predigt und Theologie zu bloßem Geschwätz zu entarten droht. Auf diesen Punkt wird noch zurückzukommen sein.

Wie dem auch sei: Wer das Esoterische als eine unaufhebbare Wirklichkeit zur Sprache bringen will, läßt sich auf ein schwieriges, anspruchsvolles, ja im Grunde paradoxes Unterfangen ein. Die Paradoxie liegt darin, daß etwas zur Aussage kommen soll, was sich nicht bloß aus Zufall, sondern vom Wesen her der Logik sowohl der alltäglichen als auch der wissenschaftlichen Rede entzieht. Esoterik meint etwas Unverfügbares, es ist Geheimwissen schlechthin, „Gnosis“ und „Mysterium“ im strengen Sinne, deshalb nicht durch „Information“ zu vermitteln, sondern nur durch „Initiation“.

Individualität und Liebe

Nietzsche sagt: „Der Exoteriker sieht die Dinge von unten hinauf, der Esoteriker von oben herab." Gleichwohl mag es mehr als ein bloßer Zeitvertreib sein, sondern vielleicht sogar ein möglicher Zugang zur Wirklichkeit des Esoterischen, wenn wir, ohne jeden Anspruch auf Vollständigkeit, an einige menschliche Widerfahrnisse, Verhaltensweisen und Einstellungen erinnern, die uns vertraut und in denen zumindest keimhaft esoterische Züge enthalten sind. Wir begeben uns damit auf die Ebene einer bescheidenen, alltäglichen Esoterik oder, um es weniger paradox zu sagen, auf eine Ebene, wo der Esoterik analoge Erscheinungen anzutreffen sind.

Hier ist zuvörderst die Tatsache zu erwähnen, daß der Mensch als Person in seiner Subjektivität grundsätzlich eine „esoterische" Dimension aufweist. In einem mehr oder weniger großen Ausmaß entzieht er sich dem Zugriff und Anspruch seiner Mitmenschen. Daran hat auch die moderne Psychologie nichts geändert. Im Gegenteil, man hat sogar den Eindruck, daß der heute zum Zeitvertreib herabgekommene Drang, sich selbst psychologisch zu durchleuchten, nur dazu führt, daß man sich um den grundlegenden Geheimnischarakter der eigenen Existenz betrügt und dadurch noch undurchsichtiger wird. Man darf hinzufügen, daß die überragende Bedeutung, die ein glaubens- und überlieferungsloser Humanismus dem Menschen zuspricht, nur dem einsichtig gemacht werden kann, der sich wenigstens eine Ahnung davon bewahrt oder errungen hat, daß der Mensch, ob er es weiß oder nicht weiß, ob er es wahrhaben will oder nicht, ein esoterisches Wesen ist. Der Glaube an unabdingbare Rechte des Menschen, an seine ihm unabhängig von Rasse, Klasse, Stand, Intelligenz und Moral zustehende Würde kann mit rein humanistischen Argumenten überhaupt nicht gerechtfertigt werden. Er ist nur zu begründen durch Anerkennung eines Esoterischen in ihm, eines ihn mit der Dimension des Transzendenten oder Heiligen verbindenden Privilegs. Urkunden einer solchen Anerkennung sind der die gesamte jüdische und christliche Esoterik durchwaltende biblische Satz vom Menschen als „Bild und Gleichnis Gottes"; der Gedanke des Meisters Eckhart, der menschlichen Seele eigne „ein Etwas" – er nennt es „Fünklein“, „Bürglein“ oder auch „Licht des Geistes“ –, das Gott gleich sei; die Aussprüche des Propheten Mohammed: „Nicht kann Mich Mein Himmel fassen, noch kann es Meine Erde, doch fassen kann Mich das Herz Meines gläubigen Knechts“ und „Das Herz des Menschen ist Gottes Thron“; oder auch das kühne Wort eines mystischen Theologen unserer Tage: „Die Schöpfung ist in ihrer Tiefe keine antlitzlose Masse. Die Schöpfung läuft in ein Antlitz hinaus“ (Josef Sudbrack).

Ist schon der Mensch als solcher ein esoterisches Wesen, ein *homo absconditus*, dessen Innerstes ein Geheimnis bleibt, so zeichnet sich auch jede tiefergehende menschliche Beziehung durch eine gewisse Esoterik aus. Nur durch sie wird sie überhaupt lebbar und dauerfähig.

Es gibt eine Esoterik der Liebe. Diesen esoterischen Nimbus hat nicht nur *le divin imprévu* der ersten Begegnung; er braucht auch in einer sich daraus entfaltenden Gemeinschaft keineswegs zu verschwinden. Insbesondere differenzierte Menschen vermögen durch körperlich-seelische Vertrautheit sich auszeichnende Verhältnisse nur dann als sinnvoll und beglückend zu erfahren, wenn die noch so innige Nähe, gleichzeitig und abwechselnd, auch Phasen der Distanz und der Zurückhaltung einschließt. Da die meisten Menschen einzig durch die Liebe ihr Innerstes zu enthüllen imstande sind, erliegen sie nur zu oft der Gefahr, sich im ersten Überschwang völlig vorbehaltlos aneinander zu verlieren. Solche jeden Abstand verneinende Heftigkeit bedroht die Liebe in ihrer Substanz. Und dies aus zwei Gründen. Zum einen können nur diejenigen Menschen sich *ganz* offenbaren und verschenken, die sich überhaupt nicht ganz offenbaren und verschenken *können*, und dies sind unleugbar jene wenigen, die mit einem unerschöpflich quellenden Reichtum der Seele begnadet sind. Zum andern verletzt eine jeder Diskretion sich begebende Liebe die Ordnung der Liebe selbst, die zutiefst dialektisch ist. Ihr Verlangen geht nach innigster Gemeinschaft, ja Einheit; doch wenn sie nicht den geliebten Anderen als unverfügbares Du zu bejahen vermag, ist sie nicht Liebe, sondern Zudringlichkeit oder gar Vergewaltigung. Sie tritt ihm dann, wie es im Deutschen überaus plastisch heißt, zu nahe. Sie mißachtet schamlos das Geheimnis des Anderen. Sie hat kein Organ für die sich in ihm verkörpernde Entelechie. Liebe, die nicht von vornherein scheitern will, indem sie banal oder zudringlich wird, bedarf jener zarten esoterischen Disziplin, die sie hinter jedem offenbarten Letzten noch ein geheimnisvolles Allerletztes ahnend ehren läßt, so daß ihr beides gelingt: sich zu enthüllen und trotzdem Geheimnis zu bleiben.

Kunst

Eine esoterische Dimension besitzen auch viele Schöpfungen großer Kunst. Dies gilt durchaus nicht nur für jene Werke, in denen wir Spuren traditionsgemäßer religiöser und metaphysischer Esoterik begegnen, wie in Wolframs Parzival-Epos, Dantes Divina Commedia oder auch bei Shakespeare und Blake. Es gibt eine doppelt verschwiegene Esoterik, die, auf die überlieferten Symbole verzichtend, noch in anscheinend belanglose Alltäglichkeiten darstellenden Gebilden das Geheimnis des Seins aufleuchten läßt. Manche niederländische Stilleben, die nichts als Blumen, Früchte und Muscheln, Musikinstrumente, Becher und anderes Gerät darstellen, sind ehrwürdiger, frommsinniger, ja heiliger als viele barocke Altarbilder mit ihren spektakulären Darstellungen aus biblischer Geschichte und Legende. Vermeer van Delft, der nur das malte, was sich ihm in der Zurückgezogenheit einer bürgerlichen Wohnung offenbarte, ist esoterischer als seine in kirchlichen Diensten stehenden Zeitgenossen mit ihren Madonnen, Kreuzigungen und Jüngsten Gerichten. Seine Intérieurs sind Mysterienbilder, auf denen Tisch, Leuchter und Perlenwaage die sakrale Glorie kultischer Geräte umschwebt.

Stille

Es gibt eine Esoterik der Stille. Nicht umsonst spricht man von heiliger Stille und heiligem Schweigen. Auch Schweigen kann Gebet sein. Das schweigende Gebet, die *oratio spiritualis*, wie der heilige Augustinus es nennt, gehört zu den Elementen jeder Esoterik. Bereits das Schweigen als solches, sofern es nicht Ausdruck seelischer Verkrampfung oder bösartiger Verschlossenheit ist, hat einen Zug ins Esoterische. Dann gehört es zu den höchsten Stufen menschlicher Reife und Selbsttranszendenz. Denn der Mensch, so wie er von Natur ist und wenn er, sich selbst überlassen, wild aufwächst, scheint zur Stille unfähig zu sein. Er ist der geborene Radaumacher und Ruhestörer, und je mehr er die Welt bevölkert, desto ohrenbetäubender und geistkränkender wird das von ihm ausgehende Schreien, Kreischen, Brüllen, Dröhnen, Grölen, Quietschen und Rasseln. Mit ihm beginnt der große Krach, erzeugt durch Mundwerk und Handwerk, Technik und Industrie, Politik und (ein verräterisches Wort!) Zeitvertreib. Lärm ist der menschliche Normalzustand. Lärm ist nicht bloß exoterisch, sondern schlechthin anti-esoterisch. Nicht zufällig haben Heilige, Mystiker und Weisheitslehrer aller Zeiten, Völker und Kulturen die Stille als etwas Übermenschliches, Göttliches, Himmlisches empfunden. Die Gnosis kennt sogar eine eigene Gottheit des Schweigens: *Sigé*. Esoterik beruht auf Sigetik, auf der Logik des Schweigens. Durch die Jahrtausende zieht sich die heilige Überlieferung der Stille, des Schweigens, der Verschwiegenheit. „So ihr stille bliebet, würde euch geholfen", sagt der Prophet Jesaja. „Nimm deine Zuflucht zum Schweigen!" mahnt Ephraim, der größte syrische Kirchenlehrer, im vierten Jahrhundert. Fast ein Jahrtausend später lehrt Meister Eckhart, daß nur in lautloser Stille das „verborgene Wort" geboren werde, das dem Menschen Erleuchtung schenke: „In allen Kreaturen gleicht nichts Gott so sehr wie die Ruhe." – „Nur in der Stille spricht Gott sein ewiges Wort in der Seele." Eckharts Schüler, der deutsche Mystiker Johannes Tauler, sagt: „Man vermag dem Worte nicht besser als mit Schweigen und Hören zu dienen." Alle Gebete, die sich in Worten äußern, seien ähnlich trokkenem Stroh im Vergleich zu köstlichem Brot. In seinem „Cherubinischen Wandersmann" hat Angelus Silesius diese Weisheit in immer neuen, oft paradox zugespitzten Sinnsprüchen zusammengeballt: „Schweigen übertrifft der Engel Getöne", „Das Höchste ist Stillesein." Goethe bekennt: „Das Beste ist die tiefe Stille, in der ich gegen die Welt lebe und gewinne, was sie mir mit Feuer und Schwert nicht nehmen können." Im neunzehnten Jahrhundert, als die große esoterische Überlieferung des Christentums fast schlagartig abbrach, faßt Kierkegaard diese Jahrtausende durchziehende Tradition in dem Satz zusammen: „Jeder Mensch, der zu schweigen versteht, wird ein Gotteskind; denn im Schweigen liegt die Besinnung auf seine göttliche Herkunft." – „Wie traurig, wenn der Mensch mehr und mehr vergißt, daß er, wenn alles schweigt, bei Gott sein kann im Verborgenen." Er fügt die Diagnose hinzu: „Die Stillen sind das einzige bißchen Christentum, das wir noch haben."

Mystik dieser Art wird von dem Wort des russischen Dichters Aleksander Blok nimmer getroffen, daß sie „die Bohème der Seele" sei. Sie gehört vielmehr zu jener grundlegenden esoterischen Disziplin, durch die der Mensch überhaupt erst gottfähig wird. Denn Er kann nur erkannt werden, wenn das ichbezogene, triebhafte und geschwätzige Wesen des Menschen seine ptolemäische Selbstüberschätzung ablegt, sich nicht für eine Gottheit neben Gott hält, sondern im Sinne Franz von Baaders anerkennt: *Cogitor, ergo sum*, „Ich werde (von Gott) erkannt, und deshalb bin ich."

Von Kierkegaard, der mit den Werken Baaders vertraut war, wird berichtet: „Als sein Gebet immer andächtiger wurde, da hatte er immer weniger und weniger zu sagen. Zuletzt wurde er ganz still, ja, was womöglich ein noch größerer Gegensatz zum Reden ist, er wurde ein Hörer. Er meinte erst, Beten sei Reden; er lernte aber, daß Beten nicht bloß Schweigen ist, sondern Hören. Und so ist es: Beten heißt nicht, sich selbst reden hören. Beten heißt stille werden und stille sein und harren, bis der Betende Gott hört" (zit. bei Karlfried Graf Dürckheim: Vom doppelten Ursprung des Menschen. Freiburg i. Br. 1974, S. 169).

An Kierkegaard erfüllte sich das wunderbare Wort des Apostels Paulus, des neben dem Evangelisten Johannes größten Esoterikers der urchristlichen Kirche: „Wir wissen ja nicht, was rechtes Beten ist. Da tritt der Geist mit seufzendem Flehen für uns ein, das sich gar nicht in Worte fassen läßt" (Röm 8,26). Das tiefste Gebet – das esoterische Gebet schweigenden Lauschens – ist im Grunde ein Selbstgespräch Gottes, und der in andächtiger Stille Versunkene gleichsam der Ort, das Organ dieses göttlichen Selbstgesprächs. Der Geist Gottes selbst betet in uns, wenn wir nur stille werden.

Erscheinungsweisen

Jede Mystik ist esoterisch. Doch Esoterik ist mehr als Mystik. Sowenig eine noch so aufmerksame Wahrnehmung einer Tatsache bereits als Naturwissenschaft gelten kann, so wenig erfüllt mystische Erfahrung allein den gesamten Kreis esoterischer Disziplin. Hinzu kommen als wesentliche Elemente: *Überlieferung* und *Autorität.* Davon ist in diesem Band wiederholt die Rede. Die drei Momente Mystik, Überlieferung und Autorität bedingen einander und sind miteinander verschränkt. In äußerster Anspannung kann man alle in der Idee der „Uroffenbarung" zusammenfassen, die „am Anfang" stattfand und sich im Lauf der Geschichte fortsetzt „wie eine Perlenkette, wo keine Perle die andere sein kann, jede aber eine Perle ist". Diese Worte Frithjof Schuons, eines inspirierten Autors, dem es gegeben ist, nicht nur über Esoterik, sondern selber aus dem Geist der hohen esoterischen Überlieferung zu schreiben, bezeichnen auch die Richtung, in der allein die Vielfalt der Erscheinungsformen der Religion auf religiöse – und nicht bloß religionsgeschichtliche oder kirchenpolitische – Weise verstanden werden kann:

„Viele Menschen unserer Zeit denken so: Da die verschiedenen Religionen – oder die verschiedenen, in einer gewissen Religion enthaltenen geistigen Betrachtungsweisen – einander widersprechen, können sie nicht gut alle recht haben, folglich hat keine recht. Das ist genau, als ob jemand sagen würde: Jeder einzelne Mensch behauptet, ‚Ich' zu sein, also können nicht alle recht haben, und folglich ist keiner ‚Ich'. Dieses Beispiel zeigt die Unsinnigkeit des gegen alle Religion gerichteten Einwandes, indem es daran erinnert, daß eine wirkliche Entsprechung zwischen der unvermeidbaren Begrenztheit der glaubensmäßigen Sprache und der nicht weniger unvermeidlichen Begrenztheit des menschlichen Ichs besteht. So zu folgern, wie es die Rationalisten mit dem eben erwähnten Einwand tun, heißt praktisch, sowohl die Verschiedenheit der erkennenden Subjekte als auch die Verschiedenheit der Anblicke des zu erkennenden Objektes zu verneinen, geradeso, als gäbe es nur einen einzigen Menschen, der einen Berg sieht, und als hätte der Berg nur eine einzige Seite, die man sehen kann … Es ist möglich, anzunehmen, daß alle Materialisten sich geirrt ha-

ben, aber es ist nicht möglich, anzunehmen, daß alle Religionsstifter, alle Heiligen und alle Weisen im Irrtum gewesen seien und andere zum Irrtum verleitet hätten."
Diese Worte Frithjof Schuons, 1961 in Japan gesprochen, sind heute ebenso zeitgemäß wie vor zwei Jahrzehnten. Sie verdeutlichen, in welchem Geist der zweiundvierzigste Band der INITIATIVE konzipiert und erarbeitet wurde. Er führt hin zu den esoterischen Überlieferungen der Juden, Christen und Moslems und läßt doch ahnen, daß hinter der Vielfalt der Dogmen, Symbole und Riten nur *eine* Offenbarung oder Erleuchtung wirksam ist.

Esoterisches Christentum

So gewiß das Christentum von seinem Stifter her beauftragt ist, das Evangelium „allen Völkern" zu predigen, und sich deshalb von den zahlreichen spätantiken Mysterienkulten unterscheidet, die nur ausgesiebten Minderheiten zugänglich waren, so wenig konnte auch diese Religion einer eigenen Esoterik entraten. Es ist eine religiöse Urerfahrung, daß bestimmte Einsichten, Lehren und Riten, die Gott betreffen, nicht jedermann und nicht ohne eine mehr oder minder lange Vorbereitung des Adepten mitteilbar sind. Mögen auch die späteren Kirchenväter im Kampf gegen einen häretischen Gnostizismus (der sich unter dem Vorwand, über von Christus geoffenbarte initiatorische Geheimnisse zu verfügen, in die ecclesia einzuschleichen versuchte) die esoterische Dimension des Christentums bewußt heruntergespielt oder gar geleugnet haben – die uns erhaltenen Urkunden und Zeugnisse widersprechen dieser kampfbedingten Meinung. Bereits das Markusevangelium berichtet, daß Jesus sowohl exoterisch als auch esoterisch zu unterweisen pflegte. Bei Matthäus heißt es, daß es nur den Jüngern gegeben sei, „das Geheimnis des Himmelreiches" zu vernehmen; den anderen aber „ist es nicht gegeben". Die Jünger erscheinen als besonders Vertraute, als „Eingeweihte", denen er den verborgenen Sinn seiner Gleichnisse enthüllt. Der Evangelist Johannes verschweigt die Einsetzung sowohl der Taufe als auch des Abendmahls, obwohl er auf beide anspielt. Nach Origenes „haben die Evangelisten die Erklärung, die Jesus von den meisten Gleichnissen gab, verborgen gehalten" (Com. Mt. 14,2). Noch deutlicher spricht Clemens von Alexandria, der um 200 wirkende Theologe und Philosoph, wenn er auf seine Lehrer hinweist, „welche die wahre, unmittelbar von den heiligen Aposteln Petrus und Jakobus, Johannes und Paulus stammende Überlieferung der seligen Lehre unversehrt bewahrten, indem immer ein Sohn sie von seinem Vater übernahm, und die mit Gottes Hilfe auch zu uns kam" (Stromateis I, 1, 11,3). Es handelt sich um Belehrungen, die einer Minderheit von Gläubigen vorbehalten sind und die mündlich überliefert werden und geheim bleiben müssen. Clemens, Christ *und* Gnostiker im kirchlich legitimen Sinne, erinnert uns mit diesen Worten an die esoterisch-exoterische Zwiefältigkeit des Christentums: neben der die Amtskirche prägenden bischöflichen Sukzession gibt es auch eine davon verschiedene mystisch-gnostische Sukzession spiritueller Lehrmeister. Beide haben eine gemeinsame Wurzel im Evangelium, in der charismatischen Überlieferung der Jünger Jesu. Schon früh kommt es zur Unterscheidung und Gliederung der Gemeinde einerseits in Priester und Laien, andererseits in Eingeweihte und Uneingeweihte, wobei festzuhalten ist, daß diese beiden Kategorien nicht gleichgesetzt werden dürfen. Eine Hildegard von Bingen, ein Franziskus, ein Niklaus von der Flüe, um nur diese drei zu nennen, hatten überhaupt keine amtskirchlichen Würden inne; und dennoch überragen sie an Einfluß und Weisungskraft ganze Jahrhunderte von Päpsten.

So besteht durch die Jahrtausende neben dem institutionellen ein esoterisches Christentum. Es hat seine Ursprünge bereits in der Urkirche, in den Schriften des Neuen Testaments – insbesondere im Johannesevangelium, in der Apokalypse und in den Briefen des Apostels Paulus. Nicht nur verwendet Paulus häufig das religiöse Vokabular hellenistischer Esoterik – *gnosis, mysterion, sophia, pneuma* –, sondern er hört auch bei seiner Entrückung ins Paradies „unaussprechliche Worte", die ein Mensch nicht sagen darf (2 Kor 12,4). Ein Zeichen christlicher Esoterik ist auch die Bestimmung Hippolyts von Rom, daß die Ungläubigen von den Geheimnissen der Taufe und des Abendmahls nichts erfahren sollen. Die Chrysostomos- und Basilius-Liturgie der östlich orthodoxen Kirche haben den esoterischen Charakter der Eucharistie noch deutlich bewahrt, indem sie zwischen Katechumenen- und Gläubigenmesse unter-

scheiden. Einen Arkancharakter hatte auch das Glaubensbekenntnis, dessen Wortlaut den Adepten zum Teil erst bei der Taufe mitgeteilt wurde, mit anschließendem Gelöbnis, „das Geheimnis nicht den Ungläubigen zu verraten".
Mochte auch die sich festigende und schließlich im Abendland zur Herrschaft gelangende Kirche die Arkandisziplin mehr und mehr aufgeben, so lebte dennoch eine gewisse esoterische Tradition innerhalb des Mönchtums fort. Und was wäre ein Christentum ohne diese bis in unser Jahrhundert fließende Quelle mystischer Überlieferung?
Esoterik ist gleich weit entfernt von fundamentalistischer Engherzigkeit, missionarischer Intoleranz und einem nivellierenden Synkretismus. Die Einheit der Religionen – die Religion in und über den Religionen – muß nicht erst „hergestellt" werden, sei's durch den unwahrscheinlichen Sieg einer bereits bestehenden oder erst zu gründenden Religion, sei's durch den „ökumenischen" Zusammenschluß aller Religionen auf der Grundlage eines dogmatisch-ethischen Minimums. Diese Einheit ist bereits da, wenngleich verhüllt und getrübt durch menschliche Leidenschaften und Vorurteile, aber auch in sich vielfältig gegliedert infolge der unaufhebbaren Unterschiede zwischen den Kulturen, Rassen und Entwicklungsstufen der Menschheit. Esoterik ist die Erinnerung an diese Einheit und zugleich deren Unterpfand.
Solche Esoterik kann freilich niemals die Massen ergreifen. Sie war, ist und wird immer sein eine Angelegenheit von wenigen. Nichts ist in gewisser Hinsicht so „elitär" wie strenge Esoterik, von der allein in diesem Band die Rede ist. Anders als dem fälschlicherweise als „esoterisch" bezeichneten Mystizismus, von dem am Eingang dieser Überlegungen gesprochen wurde, haftet strenger Esoterik das Stigma des Unpopulären an. Auf sie trifft Laotses Wort über die verschiedenen Einstellungen zum „Tao" zu:

Hört die höchste Menschenart vom Tao, bemüht sie sich in ihm zu wandeln;
Hören Mittelmäßige vom Tao, so behalten sie es bald, bald verlieren sie es;
Hören niedrige Menschen vom Tao, lachen sie schallend.
Lachten sie nicht, wäre es nicht das Tao.

Der Herausgeber

FRITHJOF SCHUON

Sophia perennis

Unter „Philosophia perennis“ versteht man bekanntlich die anfangslose, in allen Weisheitsformen sich gleichbleibende Metaphysik. Vielleicht wäre es besser oder vorsichtiger, hier von einer „Sophia perennis“ zu reden, da es sich ja nicht um willkürliche Gedankenbauten handelt, wie dies bei der Philosophie allzuoft der Fall ist; oder man könnte auch die sich stets treu bleibende Urweisheit „Religio perennis“ nennen, und zwar im Hinblick auf ihr gewissermaßen gottesdienstliches und geistig verwirklichendes Wesen. Im Grunde haben wir am Wort „Philosophie“ nichts auszusetzen, denn die Alten verstanden darunter jegliche Art von Weisheit; tatsächlich aber hat der Rationalismus, der mit wahrer geistiger Schau ja nichts zu tun hat, dem Wort „Philosophie“ eine sehr einschränkende Färbung gegeben, so daß man mit diesem Wort nie wissen kann, wovon eigentlich die Rede ist. Wenn Kant ein „Philosoph“ ist, dann ist Plotin kein „Philosoph“, und umgekehrt.

Bei der Sophia perennis handelt es sich um folgendes: Es gibt Wahrheiten, die dem menschlichen Geist angeboren sind, die jedoch in der Tiefe des „Herzens“ – im reinen Intellekt – gewissermaßen vergraben und nur dem geistig Schauenden zugänglich sind; und dies sind die metaphysischen Grundwahrheiten. Diesen Zugang hat der „Gnostiker“, „Pneumatiker“ oder „Theosoph“ – im ursprünglichen, nicht sektiererischen Sinne dieser Benennungen –, und diesen Zugang hatten ja auch die „Philosophen“ im eigentlichen und noch unschuldigen Sinne des Wortes: ein Pythagoras, ein Platon und zum großen Teil auch ein Aristoteles.

Wenn es keinen Intellekt, keinen schauenden, unmittelbar erkennenden Geist, kein „Herzenswissen“ gäbe, dann gäbe es auch keinen schlußfolgernden Verstand; die Tiere haben keinen Verstand, weil sie der Gotteserkenntnis unfähig sind; mit anderen Worten: Der Mensch besitzt den Verstand oder die Vernunft – und damit die Sprache – nur deshalb, weil er grundsätzlich zur übervernünftigen Schau befähigt ist, und somit zur unzweifelhaften metaphysischen Wahrheit.

* * *

Der Grundgehalt dieser Wahrheit ist das Unbedingte, das metaphysische Absolutum; das letzte Eine, welches gleichzeitig das unbedingt Gute ist, der platonische Agathos. Nun liegt es aber im Wesen des Unbedingten, Unendlichkeit und daher Allmöglichkeit zu sein, und in diesem Sinne sagt Augustinus, es liege in der Natur des Guten, sich zu übermitteln; wenn es eine Sonne gibt, dann gibt es auch Ausstrahlung; und damit ist die Notwendigkeit des Gott verkündenden Kosmos gegeben.

Wer aber Ausstrahlung sagt, der sagt auch Entfernung von der Lichtquelle: da Gott das unbedingte und unendliche Gute ist, kann dasjenige, was nicht Gott ist – also die Welt als solche – nicht unbedingt gut sein. Die Nichtgöttlichkeit des Kosmos bringt in dessen Grenzen das Phänomen des Übels mit sich; des Übels oder des Bösen, das durch seine Gegensätzlichkeit das Wesen des Guten um so mehr hervorhebt. „Je mehr er lästert, desto mehr lobt er Gott“, sagt Eckhart.

Das Wesentliche ist hier die Unterscheidung zwischen Ātmā und Māyā, zwischen der als „Selbst“ gesehenen Wirklichkeit und der als „Weltspiel“ aufgefaßten Verhältnismäßigkeit: da das Unbedingte unendlich ist – ansonsten es nicht das Unbedingte wäre –, muß es eine Māyā, eine „mindere Wirklichkeit“ und gewissermaßen eine „Täuschung“, bewirken. Ātmā ist der Grundsatz – der Ursatz möchte man sagen –, und Māyā ist die Kundgebung oder Auswirkung; strenggenommen ist auch Māyā irgendwie Ātmā, da es ja letzten Endes nur Ātmā gibt, und deshalb müssen beide Pole in sich übergreifen, müssen miteinander verschlungen sein in dem Sinne, daß in Ātmā Māyā irgendwie vorgezeichnet ist, während umgekehrt Māyā auf seine Weise Ātmā nachbildet oder widerspiegelt. In Ātmā ist Māyā das weltschöpfende Sein, der persönliche, sich der Welt offenbarende Gott mit all seinen Kundgebungsmöglichkeiten; in Māyā ist Ātmā jegliche Spiegelung des Göttlichen, so der Avatāra, die Heilige Schrift, das Gott übermittelnde Sinnbild.

Im Bereich der Māyā, der Verhältnismäßigkeit, gibt es nicht nur „Raum", sondern auch „Zeit", vergleichsweise oder metaphorisch gesprochen: es gibt nicht nur Gleichzeitigkeit und Aufstufung, sondern auch Wandel und Reihenfolge; es gibt nicht nur Welten, sondern auch Weltalter, Zyklen. All dies gehört zum „Spiel" der Māyā, zur gleichsam „magischen" Entfaltung der im Ur-Einen verborgenen Möglichkeiten.

* * *

Nun gibt es jedoch im Weltall nicht nur das Erkannte, es gibt auch das Erkennende; in Ātmā ist beides ungeteilt, eines ist unzertrennlich im anderen, während in Māyā dieses Eine in zwei Pole zerfällt, in Objekt und Subjekt. Ātmā ist das „Selbst", man kann es aber auch das „Sein" nennen – nicht in einschränkendem Sinne –, je nach dem Standpunkt oder der Beziehung: es ist als Wirklichkeit erkennbar, es ist aber auch die uns innewohnende Erkenntnis alles Wirklichen.

Mit dieser Gegebenheit hängt folgendes zusammen: das Erkennen des Einen, Ganzen, erfordert seinem Wesen gemäß ein einendes, ganzes Erkennen; es erfordert über unser Denken hinaus unser Sein. Und damit ist das Ziel alles geistigen Lebens gegeben: Wer das Unbedingte erkennt – oder wer „an Gott glaubt" –, kann nicht bei dieser gedachten Erkenntnis oder bei diesem gedachten Glauben stehenbleiben, er muß weitergehen und sein ganzes Sein in diese Erkenntnis oder in diesen Glauben einbeziehen; nicht insofern, als Erkenntnis und Glaube gedacht sind, sondern eben insofern, als sie ihrem eigentlichen Wesen nach und durch ihren Inhalt mehr fordern und mehr geben als bloßes Denken. Der Mensch muß „werden, was er ist", gerade dadurch, daß er „werden muß, was er ist". Diese auf der Hand liegende geistige Notwendigkeit umfaßt die schlichteste Religion und die tiefgründigste Metaphysik, jedes auf seine Weise.

Und all dies geht ja schon daraus hervor, daß der Mensch nicht nur ein Erkennender, sondern auch ein Wollender ist; zur Fähigkeit, das Unbedingte zu erkennen, gehört auch diejenige, es zu wollen; zur Ganzheit des Geistes gehört die Freiheit des Willens. Die Willensfreiheit hätte keinen Sinn ohne ein im Unbedingten vorgezeichnetes Ziel; sie wäre ohne die Gotteserkenntnis weder möglich noch von Nutzen.

* * *

Der Mensch besteht aus Denken, Wollen und Lieben: er kann das Wahre oder das Falsche denken, das Gute oder das Schlechte wollen, das Schöne oder das Häßliche lieben. Hier muß betont werden, daß man den guten Häßlichen um seiner inneren Schönheit willen liebt, und diese ist unsterblich, während die äußere Häßlichkeit vergänglich ist; andererseits darf man nicht übersehen, daß äußere Schönheit trotz etwaiger innerer Häßlichkeit von der Schönheit an sich zeugt, die himmlischen Wesens ist und in keiner ihrer Kundgebungen verachtet werden darf.

Das Denken des Wahren – oder die Erkenntnis des Wirklichen – erfordert einerseits das Wollen des Guten und andererseits das Lieben des Schönen, also der Tugend, denn diese ist nichts anderes als die Schönheit der Seele; nicht umsonst gehörte bei den Griechen die Tugend zur wahren Philosophie. Ohne Schönheit der Seele ist alles Wollen unfruchtbar, es ist kleinlich, selbstsüchtig, eitel und scheinheilig; und ähnlich: ohne geistige Arbeit, also ohne Einbeziehung des Willens, bleibt alles Denken letzten Endes oberflächlich und nutzlos. Das Wesen der Tugend ist ein der höchsten Wahrheit entsprechendes Gefühlsleben: daher beim Weisen ein Schweben über den Dingen und über sich selbst; daher seine Selbstlosigkeit, seine Seelengröße, sein Adel und seine Großmut; die metaphysische Wahrheit als Bewußtseinsinhalt verträgt sich nicht mit Kleinlichkeit, Anmaßung, Ehrgeiz und dergleichen. „Seid vollkommen, wie euer Vater im Himmel vollkommen ist."

Und dann: man könnte irdische Werte nicht lieben, wenn sie nicht im Göttlichen verwurzelt wären; in den irdischen Dingen liebt man unbewußt Gott. Der geistige Mensch tut es bewußt, das irdische Gute lenkt ihn stets zum Göttlichen zurück: einerseits liebt er nichts mehr als Gott – oder liebt er nichts so sehr wie Gott –, und andererseits liebt er alles Liebenswerte in Gott.

Es gibt etwas, was der Mensch wissen oder denken muß; und etwas, was er wollen oder tun muß; und etwas, was er lieben oder sein muß. Er muß wissen, daß Gott das notwendige, sich selbst genügende Sein ist, dasjenige, das nicht nichtsein kann, und daß die Welt nur das Mögliche ist, dasjenige, das sein oder nichtsein kann; alle anderen Unterscheidungen und Wertschätzungen leiten sich von diesem metaphysischen Distinguo ab. Ferner muß der Mensch dasjenige wollen, was ihn unmittelbar oder mittelbar zu Gott führt, und dabei dasjenige unterlassen, was ihn von Gott entfernt; der Hauptinhalt dieses Wollens ist das Gebet, die Antwort an Gott, und darin ist alle geistige Tätigkeit inbegriffen, auch die metaphysische Besinnung. Und dann, wie gesagt wurde, muß der Mensch lieben, was Gott entspricht; er muß das Gute lieben, und da das Gute seine eigene Ichheit zwangsläufig übersteigt, muß er diese seine enge und schwache Ichheit zu übersteigen trachten. Man muß das Gute an sich mehr lieben als das Ich, und diese Selbsterkenntnis und selbstlose Liebe macht den ganzen Adel der Seele aus.

* * *

Das Göttliche ist Unbedingtheit, Unendlichkeit und Vollkommenheit. Die Māyā ist nicht nur die Gott kundgebende und durch die Kundgebung zwangsläufig von Gott wegstrebende Strahlung, sie ist auch der Grundsatz – oder das Werkzeug – der Lichtbrechung und Vervielfältigung: sie gibt das Göttliche nicht nur durch das eine Dasein kund, sondern auch durch die zahllosen im Dasein schimmernden Formen und Eigenschaften. Und da wir diese Werte wahrnehmen und als Werte erkennen, wissen wir, daß es nicht genügt, die Gottheit das Unbedingte und das Unendliche zu nennen; daß sie auch in ihrer Unbedingtheit und Unendlichkeit das Vollkommene ist, von welchem alle kosmischen Vollkommenheiten herrühren und von dem sie in tausendfältiger Sprache zeugen.

* * *

Reiner „Dogmatismus“ und bloße „Spekulation“, könnte mancher einwenden. Das ist es ja eben: eine metaphysische Aussage erscheint als rein gedankliches Phänomen, wenn man nicht weiß, daß ihr Ursprung nicht eine Gedankenarbeit oder eine seelische Haltung, sondern eine von Vermutungen, Schlußfolgerungen oder Glaubensbekenntnissen völlig unabhängige, sich im reinen Intellekt – durch das „Auge des Herzens“ – vollziehende Schau ist. Die metaphysische Aussage ist nicht deshalb wahr, weil sie logisch ist

– sie könnte es der Form nach auch nicht sein –, sondern sie ist an sich logisch, das heißt wohlbegründet und folgerichtig, weil sie wahr ist. Der metaphysische Gedankengang ist nicht künstliche Stütze einer zu beweisenden Vermutung. Er ist bloße, den Regeln des menschlichen Denkens angepaßte Beschreibung; seine Beweise sind Hilfsmittel und nicht Selbstzweck.

Thomas von Aquin meinte, man könne das göttliche Sein nicht deshalb nicht beweisen, weil es unklar wäre, sondern im Gegenteil wegen seines „Übermaßes an Klarheit". Nichts ist törichter als die Frage nach der Beweisbarkeit des Übersinnlichen: denn einerseits kann man dem geistig Begabten alles beweisen, und andererseits ist der Unbegabte auch für die besten Beweise blind. Das Denken ist ja nicht dazu da, um die Wirklichkeit in Worten zu erschöpfen – wenn es dies könnte, wäre es selber die Wirklichkeit, eine an sich widersprüchliche Annahme –, sondern seine Rolle kann nur darin bestehen, Schlüssel zur Wirklichkeit darzubieten; der Schlüssel ist nicht die Wirklichkeit, er kann es nicht sein wollen, aber er ist ein Weg zu ihr für diejenigen, die ihn beschreiten können und wollen; und im Wege ist schon etwas vom Ziele enthalten, so wie in der Wirkung etwas von der Ursache enthalten ist.

Daß das zu Unrecht noch „philosophisch" genannte Denken sich mehr und mehr von der als „scholastisch" empfundenen Logik entfernt und mehr und mehr „psychologisch" oder gar „biologisch" bestimmt sein will, entzieht sich nicht unserer Kenntnis, kann uns jedoch keineswegs daran hindern, so zu denken oder zu sein, wie es die gottesbildliche Natur des Menschen und daher der zureichende Grund des Menschseins erfordern. Man spricht heutzutage viel vom „Menschen unserer Zeit" und beansprucht für ihn das Recht, die Wahrheit von der „Zeit" her zu bestimmen, als ob der Mensch eine „Zeit" wäre und als ob die Wahrheit nicht für den Menschen als solchen gelte. Was am Menschen wandelbar ist, das gehört eben nicht zum Menschen an sich; was das Wunder „Mensch" ausmacht, das ist keinem Wandel unterworfen, denn es gibt am Bild Gottes kein Weniger und kein Mehr. Und daß der Mensch dieses Bild ist, geht schon aus der einfachen Tatsache hervor, daß er den Begriff des Unbedingten, Absoluten hat; in diesem einen Urbegriff liegt des Menschen ganzes Wesen und daher auch seine ganze Berufung.

HANS KÜRY

Esoterischer Kosmos

Ist die Welt wirklich eine *Schöpfung?* Oder ist sie etwas mehr oder weniger *zufällig* Gewordenes – Natur –, von vielerlei sich widersprechenden Gewalten Hin- und Hergerissenes? Ein „Chaos“, dem unter Aufgebot größter Kräfte hie und dort Inseln der Ordnung abgerungen worden sind? Ein Schlachtfeld feindlicher Grundsätze, von denen keiner endgültig gesiegt hat?
Man müßte geistig blind sein, um die Welt nicht als planvoll, als ein sinnreich angelegtes Ganzes zu erkennen. Es genügt ja, um zu diesem Schlusse zu kommen, einen Blick auf die Hartnäckigkeit zu werfen, mit der in der Welt gewisse Formen, Gestalten und Erscheinungen immer wieder auftreten; es herrscht ein bezeichnender Stil vor; es zeigen sich ausgesprochene Vorlieben, von denen sich auf einen ganz bestimmten schöpferischen Willen zurückschließen läßt.

Gott und die Kugel

Denken wir zum Beispiel an die Folgerichtigkeit, mit der in den verschiedensten Bereichen der Welt die Kugelform angestrebt wird. Die Welt begnügt sich nicht damit, irgendwo einmal oder hie und da *auch* eine Kugel hervorzubringen; sie sucht vielmehr

ganz deutlich, möglichst oft diese Form zu verwirklichen: die Sonne, der Mond, die Sterne, die Erde sind annähernd rund, und wollte man einwenden, diese Gestirne seien sozusagen von selbst, durch ihre kreisförmige Bahn, wie auf einer Töpferscheibe, zurechtgeschliffen worden, so verschiebt sich die Frage nur: Weshalb, lautet sie dann, der – annähernd – kreisförmige Weg der Weltenkörper? Und die Bevorzugung der Kugel gibt sich ja auch in anderen Bereichen kund: Bei den Pflanzen erscheint sie in der Gestalt von Früchten und Samen sowie im Stand von Blüten, Zweigen und Ästen; in der Tier- und Menschenwelt haben die edelsten Teile, wie Kopf oder Auge, Kugelform; auch das Ei, die eigentliche Urzelle des Lebens, zeigt sie ganz oder nahezu.
Aber noch in einem weiteren Sinne bestimmt die Kugel den Bau der Welt: Als eines der Grundgesetze der Kugel könnte man die allseitige Spiegelbildlichkeit nennen (Symmetrie), und diese wiederum findet sich überall in der Welt, sei es im Aufbau der Kristalle, sei es in den Körperformen der Lebewesen. Wie die Schalen einer geöffneten Kugel streben überall spiegelbildlich angeordnete Hälften oder Viertel zueinander.
Mag ein mit Wissensstoff überfütterter zeitgenössischer Mensch die Neigung der Welt zur Kugelform stumpf als Tatsache hinnehmen, ohne darüber nachzudenken, so verhält sich der den Ursprüngen Nahe, der Früh- oder „Natur"-Mensch, hellhöriger. Er merkt unmittelbar, daß ihm mit dem häufigen Vorkommen dieser Form ein Zeichen gesetzt ist. Hören wir hierzu einen alten Indianer, Hehaka Sapa, den Schwarzen Elch, einen Gottesmann vom Gepräge eines hebräischen Propheten: „Du hast bemerkt, daß alles, was der Indianer tut, Kreisform hat, und das ist so, weil die göttliche Macht immer in Kreisen wirkt und alles rund zu sein versucht... Alles, was die göttliche Macht tut, geschieht in Kreisform. Der Himmel ist rund, und man sagt mir, die Erde sei rund und wie eine Kugel, und desgleichen sind die Sterne rund. Der Wind, wenn er am machtvollsten ist, zeigt Wirbel. Die Vögel bauen ihre Nester rund, *denn sie haben dieselbe Religion wie wir.* Die Sonne erscheint und verschwindet in einer Kreisbahn, ebenso der Mond, und beide sind rund. Sogar die Jahreszeiten bilden in ihrem Wandern einen Kreis und kehren immer wieder dahin zurück, wo sie vorher gewesen sind. Das menschliche Leben bildet einen Kreis

von Kindheit zu Kindheit, und so ist es in allem, was von der göttlichen Macht bewegt wird. Unsere Tipis (Zelte) sind wie Vogelnester, und sie sind immer in einem Kreis angeordnet, dem Ring des Volkes, einem Nest aus vielen Nestern, in dem der Große Geist will, daß wir unsere Kinder aufziehen."

Sinn-Bild der Unendlichkeit

Wie ein Kunstwerk die „Persönlichkeit" des Künstlers ausdrückt, so spiegelt die Schöpfung die Eigenschaften Gottes wider, Eigenschaften, die allerdings den Begriff „Persönlichkeit" bei weitem sprengen; denn Gott ist *un-endlich,* ohne Ende, und zwar das Wort nicht nur in seinem räumlichen Sinne verstanden, sondern weit darüber hinaus im Sinne der Freiheit von jedweder körperlichen, seelischen oder geistigen Einschränkung. *Persönlich* ist Gott, insofern Er die Quelle aller irgendwie denkbaren Werte ist, die eine Persönlichkeit be-„gründen" können; *überpersönlich* jedoch ist Er, insofern Ihm alle eingrenzenden Züge fehlen, ohne die eine menschliche Persönlichkeit unvorstellbar bliebe.

Den Widerspruch, daß sich die Un-Endlichkeit Gottes in der Schöpfung mindestens andeutungsweise kundzugeben vermag, obwohl diese selber doch endlich ist, löst *unter anderem* die Form der Kugel: Sie ist der prallste aller Raumkörper, das heißt, mit der kleinsten Oberfläche verbindet sie den größten Inhalt. So ist sie zwar kein Abbild, wohl aber ein *Sinn-Bild* der Fülle und damit der Unendlichkeit Gottes, des denkbar sattesten Reichtums also, ein Sinn-Bild seiner All-Umfassendheit, ein Wort, das nicht umsonst wiederum das Bild der Rundung, des Kreises oder der Kugel heraufbeschwört, die, wenn auch nicht das All, so doch einen verhältnismäßig großen Flächen- bzw. Rauminhalt „umfassen".

Diese göttliche Sinn-Bildlichkeit der Kugel bestätigt Mechtild von Magdeburg in ihrer Schrift „Das fließende Licht der Gottheit" mit folgenden Worten: „Wo war Gott, bevor Er irgend etwas erschuf? Er war in sich selbst, und Ihm waren alle Dinge gegenwärtig und offenbar, so wie sie heute sind. Wie war unser Herr und Gott damals gestaltet? In gleicher Weise wie eine *Kugel,* und alle Dinge waren in Gott, ohne Verschluß und Türe, beschlossen. Der untere

Teil der Kugel ist eine grundlose Festung, tiefer als alle Abgründe. Der oberste Teil der Kugel ist eine Höhe, über die nichts geht. Der Umkreis der Kugel ist ein unbegreiflicher Zirkel. Aber noch war Gott nicht zum Schöpfer geworden. Als Er aber alle Dinge schuf, wurde die Kugel aufgeschlossen. Ist dann ein Riß entstanden? Nein, sie ist noch ganz und wird immer ganz bleiben. Als Gott Schöpfer ward, wurden alle Kreaturen in sich selbst offenbar: der Mensch, um Gott zu minnen, zu verkosten und zu erkennen und gehorsam zu bleiben; Vögel und Tiere, um ihre Natur zu erkennen, die toten Naturen, um in ihrem Wesen zu stehen."

Die geistige Form

So kündet uns denn die Kugelgestalt, ob sie nun beim Regentropfen, bei einem Kinderkopf oder bei Gestirnen auftrete, überall in der Welt von der Un-Endlichkeit dessen, der kraft seines unermeßlichen inneren Reichtums alles geschaffen hat. Auch die Entstehung aller Dinge aus Gott, ihre Abhängigkeit von Ihm und ihre schließliche Rückkehr in seine Mitte versinnbildet treffend die Kugel. Sie ist die geistige *Form* schlechthin, insofern sie sich von allen Seiten der Mitte zuwendet, so wie sich die Hindus am heiligen Ganges sammeln, die Juden sich zur Klagemauer in Jerusalem begeben, die christlichen Dome des Mittelalters sich nach der aufgehenden Sonne richten, die Moslems sich beim Gebet nach Mekka wenden.

Wenn man die Kugel als Gleichnis für die geistige und den Weg zu Gott suchende Menschheit wählt, kann man die Punkte auf der Kugeloberfläche als Sinn-Bilder für die Seelen der Einzelmenschen nehmen, sind doch diese Punkte gleichsam Spiegelbilder des Kugelmittelpunktes, so wie der Mensch das Ebenbild Gottes ist. Jeder Punkt auf der Kugeloberfläche kann überdies als deren Mittelpunkt betrachtet werden, und dreht man die ganze Kugel um ihn und eine Achse, die ihn mit dem Kugelmittelpunkt verbindet, herum, so wird er zum festen Pol, ein Zustand, der auch einer geistigen Möglichkeit der menschlichen Einzelseele entspricht: Auf einer hohen Stufe der „Ent-werdung", der Loslösung von der Welt, der Vergeistigung wird sie gleichsam zur Nabe des um sie herumkreisenden Weltenrades, zum unabhängigen, unverrückbaren Maßstab inmitten des unaufhörlichen Wechsels aller Dinge. In diesem Sinne sagt Kungfutse: „Wer kraft seines Wesens herrscht, gleicht dem Nordstern. Alle Sterne kreisen um ihn."

Polarstern und geistiger Weg

Für die Umdrehung der Welt um einen festen Pol gibt uns die Schöpfung ein Bild im langsam und stetig kreisenden Sternenhimmel, und für den unbewegten geistigen Angelpunkt, um den herum sie ihre Bahn beschreibt, schenkt sie uns das Gleichnis des Polarsterns. Dank der festen Achse, die unser Auge mit dem Leitstern am Himmelszelt verbindet, nimmt die Bewegung der Sternbilder für uns die Gesetzmäßigkeit eines Kreislaufes an, der Himmel wird dadurch zur drehenden Kugel, sie lehrt uns, daß alles immer wieder an seinen Anfang zurückkehrt und bebildert damit die erste und letzte aller Weisheiten: „Wahrlich, wir sind Gottes, und wahrlich, zu Ihm kehren wir zurück!" (Koran.)

Weg und Führung

Die Tatsache, daß innerhalb der Welt alles unaufhörlich in Bewegung begriffen ist, vom Tanz der Gestirne bis zum Wachsen oder zum Wandern der Lebewesen und zum Jagen des Pulses, gehört ebenfalls zu den Zeichen Gottes, die zu Unrecht als Selbstverständlichkeiten hingenommen werden, da sie Geheimnisse über das Wesen der Welt enthüllen. Die Deutung, die Dante dem Gang der Himmelskörper gibt, nämlich im Vers „Die Liebe, die die Sonne treibt und die anderen Sterne", betrifft im Grunde alle geschaffenen Dinge: Sie sind bewegt von der Sehnsucht nach Gott und von dessen Anziehungskraft. Daß sich die geschaffenen Dinge nicht aus eigenem Antrieb und aus eigenem Wissen, sondern unter der Leitung Gottes bewegen, ersehen wir schon aus ihrer merkwürdigen Fähigkeit, obwohl sie selber blind sind, den richtigen Weg zu finden.
Die Sterne haben weder Augen noch andere Sinneswerkzeuge, und doch rollen sie ihre Bahnen, ohne sich gegenseitig zu behin-

dern. Und auch das Wasser sieht und hört nichts, dennoch vollendet es die Reise vom Meere über Wolken und Regen ins Grundwasser und in die Quellen, bis es mit den Strömen wieder zum Meer zurückkehrt. In der Pflanzen-, Tier- und Menschenwelt schreiben wir den Lebewesen gerne die Fähigkeit zu, ihren Weg allein zu finden. Und doch gibt es Beispiele genug, die auf eine geheime Führung hinweisen. Man denke an Baumwurzeln, die auf unerklärliche Weise verborgene Wasseradern aufspüren und manchmal mit großer Gewalt den Zugang zu ihnen erzwingen. Wir wissen auch, daß Katzen, die man in einem dunklen Korb an einen fernen Ort gebracht hat, sicher wieder heimkehrten, obgleich sie den Weg nicht hatten sehen können. Das gleiche gilt von Vögeln, man denke an die Brieftauben. Junge Schildkröten, die man versuchsweise fern vom Ufersand des Flusses hatte ausbrüten lassen, strebten nach dem Ausschlüpfen sofort in der Richtung des Gewässers.

Polarstern und Weltachse

Unter den Menschen kann man an die Schlafwandler erinnern, die sogar sicher über Dächer gehen. Aber auch abgesehen von dieser Ausnahme, die in mancher Hinsicht aufschlußreich ist, wird dem Menschen schon rein äußerlich, im erdkundlichen Sinne, und erst recht im inneren, geistigen Sinne eine deutliche Wegweisung zuteil: Zur Zurechtfindung auf dem Meere oder in der Wüste hat Gott den Polarstern aufgerichtet, ein Gestirn, das wegen seiner Gleichläufigkeit mit der Erde, von dieser aus gesehen, als unbewegter Richtpunkt erscheint, und dazu verlieh Er dem Menschen seit Urbeginn als einzigem irdischem Lebewesen die Eignung zur Sternbeobachtung, so daß er jenes Zeichen auch nutzen konnte. Wenn der Mensch unter den Geschöpfen der König ist, so darf man die Fähigkeit, in den Himmel zu blicken und sich dessen Ordnung einzuprägen, sozusagen als seine Krone bezeichnen. Ovid sagt in den „Verwandlungen“:

> „Und da im Staub vorwärts die anderen Leben hinabschaun,
> Gab er dem Menschen erhabenen Blick, und den Himmel betrachten
> Lehret er ihn, und empor zum Gestirn aufheben das Antlitz.“

Noch über Jacob Grimm berichtet sein Neffe: „Er hatte die Neigung, zu den Sternen zu sehen, von Jugend auf. In einem Brief an Lachmann aus den ersten zwanziger Jahren klagt er, daß ihm bei einem Umzug durch die veränderte Lage seines Zimmers nun der Blick auf das herrliche Siebengestirn genommen sei. In seinem Alter, wenn er nicht schlafen konnte, stand er zuweilen auf und trat ans Fenster, um den Himmel zu betrachten."
Die Lust, in den Himmel zu sehen, geht beim Urmenschen übrigens Hand in Hand mit der Erkenntnis des Weltenbaues und der Stufenfolge der Wirklichkeitsebenen; der gestirnte Himmel ist sozusagen die Jakobsleiter, auf welcher der den Ursprüngen nahe Seher in unmittelbarer Schau bis zu den Engeln und bis zum Throne Gottes hinaufgeführt wird.

Der Pfau: Sinnbild des Staunens

Die Betrachtung des Sternenhimmels ist für den Urmenschen auch der Hauptanstoß zum Staunen oder zur Verwunderung, die von den beiden großen Gegenpolen der griechischen Philosophie, Platon und Aristoteles, einmütig als Anfang jeder Weisheit gepriesen wurde. Im Gespräche „Theaitetos" sagt Sokrates: „ ... Denn gar sehr ist dies der Zustand des Freundes der Weisheit, die Verwunderung, ja es gibt keinen andern Anfang der Philosophie als diesen, und wer gesagt hat, Iris sei die Tochter des Thaumas, scheint diese Abstammung nicht übel getroffen zu haben."
Wenn Plato hier Iris und Philosophie einander gleichsetzt, so beweist dies, daß er unter Philosophie etwas anderes verstand, als wir Spätmenschen darunter verstehen. „Iris" heißt ja der Regenbogen und ist die Botin, die den Menschen die Eingebungen der Götter überbringt. Sie verbindet – wie der Regenbogen – Himmel und Erde; es ist also unter Philosophie die himmlische Weisheit oder mit dem Fremdwort die „Esoterik" zu verstehen. Der Vater der Iris ist laut Platon Thaumas, das bedeutet sprachlich aber: die Verwunderung oder das Staunen. Am größten muß das Staunen bei der Entstehung der Welt gewesen sein, als diese aus dem Nichts hervortrat, mit endlos vielen Augen oder anderen Sinnen, in Gestalt einer Unmenge von Wesen, sich gegenseitig betrachtend

oder sonstwie wahrnehmend; an dieses allererste Erlebnis erinnert innerhalb der Tierwelt das Pfauenrad mit seinen vielen Augen, das in der Esoterik eine große Rolle spielt. Das ist nicht ein Einfall der Poesie, sondern ein Sinn-Bild in der tiefsten Bedeutung des Wortes, eine unmittelbare Wesensschau. Nicht umsonst haben die Alten Griechen auf der Insel Samos zu Ehren der Himmelskönigin Hera Pfauen gehalten. Die Augen der Pfauenschleppe erinnern an die Gestirne, die ihrerseits die Augen des Himmels darstellen. Das Blau des Gefieders entspricht der Farbe des Himmelsgewölbes, jedoch farbenlehrlich („psychologisch“) auch dem Staunen.
Nun ist es kein Zufall, daß Samos nicht nur die Insel der Göttermutter, sondern gleichzeitig das Geburtsland des Pythagoras, des göttergleichen Urvaters der griechischen Esoterik, war. Die Kette geht weiter: In seinen „Annales“ berichtet der römische Dichter Ennius (239–169 v. Chr.), der Vorläufer Vergils, daß ihm Homer im Traum erzählt habe, seine Seele sei durch verschiedene Wesen gewandert und schließlich in einem Pfau auferstanden, ehe sie sich nun in Ennius selber niederlasse. Das ist eine deutliche Anspielung auf die Zugehörigkeit sowohl Homers als auch des Ennius zu einer esoterischen Kette, zu der später zweifellos auch Vergil und – so seltsam es klingen mag – auch noch Dante gehörten. In seinem „Leben Dantes“ berichtet Boccaccio von einem Traum, den Dantes Mutter vor dessen Geburt gehabt haben soll: „Es war der edlen Frau in ihrem Traum, als befände sie sich unter einem hohen Lorbeer auf einer grünen Wiese neben einer klaren Quelle, und dort fühlte sie, daß sie einen Sohn gebar, der in kurzer Zeit, sich einzig von Beeren nährend, die vom Lorbeer fielen, und von der Flut der Quelle, ihr ein Hirte zu werden schien ... und derweilen er sich darum bemühte, schien es ihr, als sähe sie ihn fallen; doch wie er aufstand, schien er ihr nicht mehr ein Mensch, sondern zu einem Pfau geworden zu sein.“
Das Fallen Dantes kann man ohne Schwierigkeiten als Sinnbild für seinen Abstieg in die Hölle deuten. Die Verwandlung in den Pfau stellt seine geistige Eroberung der Planetensphären dar. Jedenfalls ist dieser Traum würdig eines der letzten Vertreter der abendländischen Esoterik und wirkt wie ein später Nachklang des Pythagoreismus.

Heilige Berge

Die innere geistige Führung des Menschen, wie sie die offenbarten Religionen gewährleisten, schließt dicht an die oben genannte, auf Beobachtung des Polarsterns fußende Weisung des Weges an; und so ist es denn kein Wunder, daß zwischen den Himmelserscheinungen und den heiligen Zeichen und Ordnungen der Religionen mannigfache Beziehungen bestehen. Nach den Hindu steht der Weltenberg Meru genau unter dem Polarstern, und bei den Ägyptern besitzt die Cheopspyramide, die man ebenfalls eine Art von Berg nennen kann, einen Schacht mit dem Blick auf den Polarstern.

Der Berg bedeutet die feste Achse, den durch den Pol bestimmten richtigen Weg. Heilige Berge finden sich überall, man denke an den Fudschijama oder den Olympos; sie sind die natürlichen Vorläufer der Kirchtürme, die man ihrerseits als künstliche Berge oder als „Bilder von Weltachsen“ bezeichnen kann. Wenn viele Dome zwei Türme haben, so weil man Sonnen- und Mondberg unterschied, der eine entsprach einem mehr männlichen, der andere einem mehr weiblichen Anblick des geistigen Weges. Immer aber kann man sie mit Strahlen, mit „Radien“ vergleichen, die vom Kugelmantel in den Kugelmittelpunkt hineinführen, von der Welt zu Gott. Und in dieser Hinsicht entsprechen sie den Engeln, der sonnenhafte Turm dem Erzengel Michael und der mondhafte dem Erzengel Gabriel. Die Engel selber sind mitte-los, nehmen aber an der göttlichen Mitte durch das Lob Gottes und an der menschlichen Mitte durch die Erleuchtung der Herzen teil. Sie sind Achsen, Wege.

Wenn Moses auf den Berg Sinai hinauf Jahwe entgegenging oder wenn umgekehrt Engel den Propheten Botschaften überbrachten, so weisen beiderlei Begebnisse auf ein Zeitalter hin, da gleich dem Regenbogen der Versöhnung – nach der Sintflut – zwischen Gott und der Menschheit noch Brücken bestanden. Mit dem Satz „Der Glaube vermag Berge zu versetzen“ gab sich der Heiland als „Herz Gottes“ kund, als Mitte, von der die Weltachsen, die „Berge“ ausstrahlen und abhängig sind, so daß sie miteinander ausgetauscht werden können.

Ein schönes Gleichnis in der Schöpfung für den geistigen Weg sind die Saftmale der Blütenblätter, die Zeichnungen und Tupfen, die den Insekten den Weg ins Innere zeigen. Die Blütenblätter gleichen den Strahlen von innen nach außen, und umgekehrt weisen die Spuren von außen nach innen, zum Nektar, zum geistigen Geheimnis der Mitte. An diese Saftmale erinnern auf den Sonnen, welche die Indianer malen, Fußstapfen, die sie mitten zwischen den Strahlen anbringen: dem Ausstrahlen antwortet der Weg nach innen, der Offenbarung die Ent-werdung, die geistige Verwirklichung.

Und wie Gott den Sternen, den Pflanzen, den Tieren und anderen Wesen einen Sinn für den Weg mitgegeben hat, so hat er ins Herz des Menschen das Gewissen gelegt, das Gespür für den eigenen geistigen Pfad. Jeremia gründet eine seiner Anklagen auf diese Entsprechung: „Ein Storch unter dem Himmel weiß seine Zeit, eine Turteltaube, Kranich und Schwalbe merken ihre Zeit, wann sie wiederkommen sollen, aber mein Volk will das Recht des Herrn nicht wissen."

Sternenuhr und Schattenuhr

Gestirn und Berg sind Gegenpole: Die Sterne leiten uns in der Nacht, wozu sie kraft ihres Leuchtens imstande sind; im Sonnenglanz des Tages hingegen geht ihr Licht unter, und es gibt keine Weghilfe mehr. Dafür werfen die Berge Schatten, die wie Zeiger einer Uhr den Sonnenstand melden und uns die Himmelsrichtung zeigen; in deutschen Landen zum Beispiel fällt der kürzeste, der Mittagsschatten, stets nach Norden.

Die Ablösung, wenn man so sagen darf, der Sternenuhr der Nacht durch die Schattenuhr des Tages ist wiederum ein Sinn-Bild der göttlichen Führung. Wir können sagen: In der „nox profunda", in der Nacht der Tiefe, in der alles Einzelne in Dunkelheit verschlingenden Sammlung des Herzens, in der Entrückung aus der vielheitlichen und geschäftigen Tagwelt sind die göttlichen Eigenschaften, die heiligen Namen der Wahrheit, der Liebe und der Tugend unsere Leit*sterne,* während in der Wachheit und Angespanntheit des Lebens nach außen alle Dinge kraft ihrer Sinnbildlichkeit einen *„Schatten"* werfen, das heißt auf die Sonne, auf den

„Sinn“ hinweisen, wobei wir sprachlich darauf aufmerksam machen, daß „Sinn“ ursprünglich „Richtung“ hieß (wie noch ersichtlich im Wort „Uhrzeigersinn“), und diese Richtungen lesen wir aus den Schatten ab. Die Schatten sind die eigentlichen Sinn- oder Richtungsbilder.
Wenn Peter Schlemihl seinen Schatten dem Teufel verkauft, so heißt das nichts anderes, als daß er sich der „Sinnlosigkeit“ oder „Richtungslosigkeit“ verschreibt, mit einem anderen Wort: dem Satanismus. Seine kopflose Flucht durch alle Länder hängt mit der Richtungslosigkeit zusammen und ist das genaue Gegenteil der geistigen Reise nach innen.

Nox profunda

Mit dem Gleichnis des Wechsels von Sternen- und Schattenuhr zeigt der Schöpfer dem darüber Nachdenkenden die beiden Antlitze der Weisheit: Das eine Antlitz ist der Ewigkeit zugewandt; dann, wenn die meisten Menschen nicht mehr zu schauen pflegen, weil sie müde sind und schlafen, in der Nacht, der „nox profunda“, das will aber sagen, in der Einsamkeit und Stille des Herzens, zu der nur wenige hinabzutauchen die Kraft finden, blickt der Weise empor zu den göttlichen Wahrheiten, die aus sich selber leuchten, so wie die Sternenbilder aus sich selber strahlen und deshalb unmittelbar erkennbar sind: „Wachet und betet, damit ihr nicht in Anfechtung fallet.“

Sinn-Bildlichkeit

Das andere Antlitz der Weisheit jedoch richtet sich auf die Werke Gottes in der Schöpfung: Sie mißt diese Werke gleichsam an ihren „Schatten“, daran also, was sie aus dem Licht aussparen: Die Schatten zeigen aber nicht nur den Umriß der Dinge, sondern auch ihre „Stunde“, ihren „Stand“ (die Wörter sind nicht umsonst so nahe verwandt), ihren „Sinn“. Den Schatten beobachten, den ein Ding wirft, heißt, es in bezug auf die Sonne, auf die göttliche Mitte einordnen oder es als Sinnbild verstehen. Im Jenseits, das durch den

Sternenhimmel versinnbildet ist, gibt es reines und klares Licht; in der Welt der Dinge jedoch, dargestellt durch die Schatten, gibt es nur mehr oder weniger Dunkelheit.

Schattenspiel

Das bedeutungstiefe Schattenspiel des Tages besteht darin, daß sich in der Morgendämmerung die Schatten aus der Urmutter Nacht zu lösen beginnen; sie werden kürzer, das Licht wird voller, bis auf die Höhe des Tages, dann verlängern sich die Schatten immer mehr, bis sie schließlich abends wieder mit der Nacht verschmelzen. „Wahrlich, wir sind Gottes, und wahrlich, wir kehren zu Ihm zurück." Wie die sich um die Weltachse drehenden Sterne verkünden uns somit auch die Schatten den Weg alles Geschaffenen, vom göttlichen Ursprung zum göttlichen Ziel, den gesetzmäßigen Kreislauf, wie er mit der Kugelgestalt alles Gewordenen übereinstimmt. Aus dieser Schau begreift sich der Hinweis des Korans auf die Demut der Schatten, die sich zur Ehre Gottes niederwerfen: „Haben sie denn nicht gesehen, wie die Schatten eines jeden Dings, das Allah schuf, von rechts und von links sich wenden, sich niederwerfend vor Allah und sich demütigend?" (Sure 16, Vers 49.) Auch in dem uralten ostasiatischen Schattenspiel lebt der Vergleich von Mensch und Schatten, so wie Horaz sagt: „Schatten sind wir und Staub" („Pulvis et umbra sumus").
Allerdings besteht daneben auch die im wörtlichen Sinne „finstere", verneinende, böse Bedeutung des Schattens, ist er doch „Nicht-Licht", „Nicht-Sonne", „Nicht-Farbe". So gesehen, ist er Abzeichen der diesseitigen Verhärtung, der Gottlosigkeit, des sich selber überlassenen irdischen Wesens, so daß Gerhard Tersteegen mit Recht dichtete:

„Drum, ob der Schattenleib zerbricht,
Ich werd' ein edles Haus erlangen,
Drin ich, durchstrahlt von Gottes Licht,
Werd' ewig ohne Schatten prangen."

Auf diesen Zustand weist uns der Schöpfer mit der Erschaffung der durchsichtigen Edelsteine und Kristalle hin: aus ihnen ist das himmlische Jerusalem gebaut, die Stadt der ewigen Freude.

Licht und Gericht

Das erste, was Gott schuf, war das Licht, wobei dieser Begriff nicht eng „physikalisch", nicht nur als stoffliche Schwingung verstanden werden darf, sondern viel umfassender gesehen werden muß. Auch die Fähigkeit der Lichtwahrnehmung durch die Lebewesen gehört dazu, denn ohne das Sehen wäre das Licht tote Finsternis; wie Goethe frei nach Plotin sagt:

> „Wär' nicht das Auge sonnenhaft,
> Wie könnten wir das Licht erblicken?
> Lebt nicht in uns des Gottes eigne Kraft,
> Wie könnt' uns Göttliches entzücken?"

Es wäre falsch, die Gleichsetzung von „Licht" und „Göttlichkeit" in diesem Spruch nur als dichterischen Vergleich zu werten. Das Wesen des Lichtes besteht in der Macht Gottes, das Verborgene an den Tag zu bringen, und auf dieser Macht beruht letzten Endes die Fähigkeit Gottes zur Schöpfung, das heißt die Fähigkeit, sichtbar oder besser „wahrnehmbar" zu machen, was vorher unsichtbar oder nicht wahrnehmbar gewesen ist. In diesem Sinne soll auch, nach der islamischen Überlieferung, Gott selber die Schöpfung erklärt haben mit den Worten: „ICH war ein verborgener Schatz und wollte erkannt werden."
Vom Menschen aus gesehen, ist Gott der Weltenrichter, vor dem auch noch der heimlichste Gedanke offen daliegt. Man vergleiche hierzu Pred. 12, 14: „Denn Gott wird alle Werke vor Gericht bringen, alles, was verborgen ist, es sei gut oder böse." Mehr auf die Gnade als nur auf das Gesetz bezogen, könnte man – tiefer – sagen, Gott hebe die Welt in das göttliche Licht empor, um den Lebewesen deren unerhörte Wunder und die ihnen zugrunde liegende, alles Irdische übersteigende Weisheit zu zeigen.
In sich selber ist Gott strahlende Klarheit, es kann in Ihm keine

„Schatten" geben, die sich seinem Licht zu entziehen vermöchten. „Und das ist die Verkündigung, die wir von ihm gehört haben und euch verkündigen, daß Gott Licht ist, und in ihm ist keine Finsternis" (1 Joh 1,5). Und aus diesem Grunde heißt es auch (Mt 10,26): „Es ist nichts verborgen, das nicht offenbar werde, und es ist nichts heimlich, das man nicht wissen werde."

„Licht" und „Gericht" reimen sich im Deutschen, was kaum ein Zufall ist. Nur weil wir Spätmenschen zwar ein Gehirn, aber keine Augen mehr im Kopf haben, sind wir blind für die so deutliche und eindringliche Lehre des „physikalischen" Lichtes in der Welt, und doch erinnert es uns Tag für Tag an das göttliche Licht und an das alles sehende Auge Gottes. Aus kosmischer Einfühlung spricht Goethe im Faust vom „Donnergang" der Sonne.

„Licht" reimt jedoch auch auf „Sicht", und auch dieser Gleichklang ist vielsagend. Er möchte uns ein anderes Erlebnis in Erinnerung rufen, das in der Spätzeit verblaßt ist: das wunderbare Geschenk des Lichtes an unsere Augen, welche es sehend macht, denen es die Sicht gibt.

Wohl verstanden: Wir spielen hier nicht etwa mit Wörtern, es ist vielmehr ein Geheimnis der Sprache, daß sie mit Hilfe von Klängen „Assoziationen" (Gedankenverbindungen) weckt, die lebenswichtig sind. Man denke an einen Reim wie „Schuld" und „Huld": der durch Schuld Bedrückte soll an die versöhnende Gnade erinnert werden. Oder „Sein" und „Schein", Gegensätze, die man im Denken miteinander verbinden soll, und anderes mehr.

Das Licht als Weg zu Gott

Der Loslösung des Lichtes aus Gott folgt, gleichsam wie eine Antwort, seine Rückkehr zu Ihm, entsprechend dem Kreislauf der Welt und nach dem Satz: „Wahrlich, wir sind Gottes, und wahrlich, wir kehren zu Ihm zurück!" Die Schöpfungsgeschichte hält diese Bewegung fest mit dem Wort: „Und Gott sah, daß das Licht gut war!" Mit dem Blick Gottes auf das von Ihm Geschaffene drückt die Heilige Schrift die Wiederherstellung des ursprünglichen Gleichgewichtes der Schöpfung, ihre Zurücknahme in den reinen göttlichen „Gedanken", die „Apokatastasis", aus.

Kraft dieses göttlichen Blickes wird das Licht wie alle Werke der Schöpfung zu einem Weg nach innen: Es leitet zu Gott zurück, ist es doch ein göttlicher Name und erinnert deshalb mitten in der Finsternis der Welt an die Klarheit Gottes. Aber noch in einem engeren Sinne ist das Licht ein Wegweiser: Nur in seiner Helligkeit findet der Gottespilger seinen Pfad. „Wandelt", heißt es, „dieweil ihr das Licht habt, daß euch die Finsternis nicht überfalle" (Joh 12,35). Abermals ist hier Licht allheitlich verstanden als göttlicher Name, als Christus, als „Wort", was aber nicht verhindert, daß die den Weg weisende Kraft auch schon dem gewöhnlichen, sinnlichen Licht innewohnt. Äußerlich könnte man dabei an den Polarstern oder an die Sonne denken, die dem Reisenden die Himmelsrichtungen angeben. Im inneren, heiligen Bereich darf man sich die Feuersäule in Erinnerung rufen, die in der Wüste dem Volk Israel voranleuchtete, oder den Stern, der die drei Magier nach Bethlehem führte. Auch die Ordnung des Sternenhimmels ist ein Zeichen für die Menschen. Nach ihm ordneten sie ursprünglich Staat, Gesellschaft und Religion. Sie war eine unmittelbare Offenbarung des „Tao", des für alle Wesen geltenden Weges des Heiles, der Ent-werdung, der Annäherung an Gott.
Nach der chinesischen Überlieferung hob der erste König der Welt, Pao-hi, ehe er zu herrschen begann, die Augen gegen den Himmel und betrachtete die Sterne, dann senkte er den Blick und sah, was sich auf Erden zutrug: Er betrachtete den Schmuck der Tiere und Vögel und ihre Anpassung an verschiedene Umgebungen. Erst dann entwarf er die Ordnung der Menschen. Im Alten China waren – wie anderswo – alle Bauwerke durch eine Nord-Süd-Achse gekennzeichnet, um die sich die Räume gruppierten. Daneben gab es eine ost-westliche Querachse. Wie die Bauten waren aber auch die höfischen und staatlichen Feiern und schließlich die ganze Gesittung nach dem Himmel ausgerichtet.

Das Sehen

Der Satz „Und Gott *sah,* daß das Licht gut war" verbindet „Sehen" und „Licht" miteinander. Erst durch das Sehen wird das Licht aus einer blinden Schwingung zum lebendig leuchtenden Träger der Wahrnehmung. Das Sehen kann man geradezu als die Rückkehr

des Lichtes zu Gott bezeichnen. Das Sehen erst hebt das Licht in unser Bewußtsein; was aber ist unser Bewußtsein anderes als – wenn auch eine noch so ferne – Ausstrahlung der göttlichen Wirklichkeit? So kehrt das Licht durch unser Auge in die göttliche Wirklichkeit zurück. Was und wie wir sehen, ist nur eine sehr unvollkommene Teilnahme an diesem Vorgang; im Grunde ist das Sehen viel größer als unser Ich. Käme es nur auf unser Ich an, könnten wir dann ein so unbegreiflich schönes Bild wie den Sternenhimmel überhaupt wahrnehmen? Übersteigt dieser Eindruck nicht unser Ich; ist er nicht ein Geschenk Gottes, der in der Mitte unseres Wesens und an unserer Statt sieht? Nicht umsonst bezeichnet der Koran Allah als „den Sehenden und den Hörenden".
Mit der Versenkung in Gott verwandelt sich unser Sehen schrittweise; je tiefer wir in Gott eintauchen, desto paradiesischer und desto durchdringender wird unser Sehen. Der „Seher" im alten Sinne des Wortes als Prophet ist der Mensch, der in seiner Seele dem göttlichen Sehen kein Hindernis in den Weg stellt; er überläßt es Gott zu sehen und sieht mit Gottes Augen durch das Äußere hindurch bis in das Innerste hinein. Die äußere Blindheit bei Sehern wie Teiresias oder Dichtern wie Homer bedeutet, daß an die Stelle des menschlichen das göttliche Auge getreten ist.

Religion und Esoterik

Dieser Blick nach innen oder das Getragenwerden des menschlichen Sehens durch das göttliche Sehen ist zugleich die denkbar höchste Stufe der geistigen Innerlichkeit, das heißt der „Esoterik" an sich, als auch die denkbar höchste Stufe der „re-ligio", der Rückverbindung zum göttlichen Ursprung.
Die Religionen sind gleichsam Brücken, die sich vom Ufer der Vielheit, der Zersplitterung, des Tones zu demjenigen der Einheit, der Sammlung und der Stille hinüberschwingen. Wir kommen zum Gleichnis der Kugel zurück, von dem wir ausgegangen sind. In ihrem Mittelpunkt treffen die einzelnen Religionen gleichsam wie Kegel zusammen, deren Grundflächen auf dem Kugelmantel liegen: Die allen gemeinsame Spitze ist die Unerschaffene Weisheit, *Sophia perennis;* sie allein ist das Merkmal, welches das Reich des Menschen von demjenigen des Tieres unterscheidet.

Der ganze riesige Dom der Welt ist wie eine ungeheure erleuchtete Kugel, deren strahlender Mittelpunkt in uns selber liegt; dieser ist die Unerschaffene Weisheit, die Gott in uns hineingehaucht hat, als Er uns aus einem Erdenkloß zu seinem Ebenbild erhob. Und sie ist es, die, durch die heiligen Lehren nach außen strahlend, dem Menschen hilft, auch noch im Zustand des Gefallenseins in der Welt einen Tempel Gottes zu sehen, auf daß sich das Wort erfülle: „Der Herr ist in seinem heiligen Tempel. Es sei stille vor Ihm alle Welt" (Hab 2,20).

LEO SCHAYA

Die Kabbala

Vom Wesen jüdischer Esoterik

Das geistig Wesentlichste des Judentums ist in seiner „Innenlehre" oder Esoterik enthalten, und das Innerste derselben ist das, was die besondere Form des Mosaismus übersteigt und in die gemeinsame Urwahrheit aller echten Religionen einmündet: das Einzigwahre und Allwirkliche. „Seid stille und erkennet, daß Ich Gott bin" (Ps 46,11), „daß man erkenne, von der Sonne Aufgang bis zu ihrem Untergang, *daß es nichts gibt außer Mir*" (hebräisch: *ki-ephes biladai)* (Jes 45,6).

Grundlegende Definition

Die Verwirklichung dieses Gebotes ist das eigentliche Ziel des rein geistigen Weges Israels, und die in diesen Schriftstellen offenbarte Wahrheit ist der Kern der „esoterischen Weisheit" *(chochmat-ha-nistar)* des jüdischen Volkes. Die zu dieser Verwirklichung Berufenen und in diese Wahrheit Eingeweihten sind die „Stillen" oder „Verborgenen" *(chaschaim)*, „welche die verborgene Weisheit kennen" *(jode chochmah nistara)*, „die um die Wahrheit Wissenden" *(chachme haemeth)*, „die im Geheimnis des Herrn Stehenden" *(maamadim besod Adonai)*, „die von Gott Angenommenen"

(mequballim liphne haschem), diejenigen, die selber Gott „angenommen" und „empfangen" haben.
Das hebräische Wort Kabbala *(qabbalah)* bedeutet diese „Annahme", „Aufnahme" und „Empfängnis" Gottes und ist deshalb schließlich zum Inbegriff der jüdischen Esoterik geworden. Dieses Wort, das von *qibbel* herrührt, also von „empfangen", „aufnehmen", „annehmen", ist auch mit den Formen *qewal, qawel* und *qabbal* verbunden, die „angesichts", „gegenüber" und „in Gegenwart von" bedeuten. Es weist also im Rahmen der Innenlehre auf die unmittelbare geistige Empfängnis des Alleinwirklichen durch den in dessen wahre Gegenwart versunkenen Menschen hin. In Wirklichkeit ist es Gott selber, der Sich im Menschen empfängt – im Menschen, der so „still" geworden ist in Ihm, daß sein Einzelwesen innerlich „aufgehört" *(niwtal)* hat dazusein und sich dem „Einen oder Zweiten"*(hu echad ween scheni)* beizugesellen. Denn der endliche Mensch kann nicht als solcher den „Unendlichen" *(En-Soph)* als solchen empfangen; er muß in Ihm geistig sterben und als das alles Endliche übersteigende Wesen des ewigen, Gotteinigen „Urmenschen" *(Adam qadmon)* – als Unendliches im Unendlichen – auferstehen. „Denn der Mensch kann Mich nicht sehen und leben" (Ex 33,20).
Die Erkenntnis, daß es „nichts gibt außer Ihm" *(en od milwado)* (Dtn 4,35), erfordert also vom Kabbalisten das geistige „Aufhören seines Daseins" *(bittul hayesch)*, insofern er es außerhalb der göttlichen Alleinwirklichkeit erlebt – im Widerspruch zur überlieferten Lehre, wonach „der Heilige, gesegnet sei Er, der Ort der Welt ist" *(Bereschith Rabba* 68,9) und daß „sein Volk ein (integrierender) Teil seines (unendlichen und unteilbaren) *Wesens (JHWH)* ist" (Dtn 32,9)[1]. Die eschatologische „Auferstehung der Toten" wird hier zu einer rein rein geistigen Auferstehung im göttlichen Allsein, im unendlichen „Ich bin" *(Eheyeh)* Gottes und dadurch auch in seinem Über-Sein oder „Nicht-Sein" *(Ain)*, das „mehr ist als alles (was ist)" *(jeter min hakol)*, das jedoch als das unbedingte Wesen des Seins von diesem nicht getrennt ist. Und es ist hernach auch die Auferstehung des Menschen in seinem fürderhin geistig nicht mehr von Gott getrennten Dasein; er kehrt aus dem göttlichen „Nichts", aus seiner ihn geistig vernichtenden „Kontemplation des Nichts" *histakluth el haAin)* zu seinem immer noch le-

benden Leibe als ein Licht vom Lichte des Einzigwahren und Allwirklichen zurück. Durch sein Entwerden ist er geworden, was er in Wirklichkeit ist: reines Sein und Über-Sein, überlichte Finsternis des göttlichen Nichts und strahlendes Licht Gottes; durch seinen geistigen Tod hat er verwirklicht, daß „die Seele des Menschen Licht des *göttlichen Wesens (JHWH)* ist“ (Spr 20, 27).

Kabbala als Form der Uroffenbarung

Das schwerwiegende Wort *qabbalah,* das in der „Empfängnis“ Gottes den Tod und die Auferstehung im Geist mit einbegreift, wurde auch von der *Exo*terik oder allgemeinen Theologie und Gesetzeslehre Israels – die den Gegenstand des öffentlichen „Studiums“ *(Talmud)* der Heiligen Schrift bildet – gewählt, um nicht nur die rein geistige „Überlieferung“ des Empfangenen, sondern auch die Geburt des Judentums schlechthin zu bezeichnen. So heißt es in den talmudischen *„Sprüchen der Väter“ (Pirqe Aboth* 1, 1): „Mose *empfing (qibbel)* die *Torah* (das „Gesetz“ und die „Lehre“, die den Mosaismus begründen) am Sinai ...“ Das war nicht nur die Empfängnis der grundlegenden Offenbarung der hebräischen Bibel, sondern vor allem der sich offenbarenden Gegenwart Gottes. Diese Theophanie, deren Licht und Wort sich in den Buchstaben der Heiligen Schrift kristallisierten, erlebte Mose nicht allein, sondern in Gegenwart des ganzen jüdischen Volkes. Ganz Israel empfing diese Selbstoffenbarung Gottes – „Ich bin *JHWH* ...“ (Ex 20, 2) –, dessen Worte als „mündliche Lehre“ *(Torah schebal-peh)* gehört und als „schriftliche Lehre“ *(Torah schebichtaw)* geschaut wurden. Israel vernahm, verstand, erkannte, was es schaute – oder es sah, was es hörte: „Und das ganze Volk sah den Donner, die Flammen, den Ton der Posaune und den rauchenden Berg“ (Ex 20, 18); und ein jeder nahm die Gottesgegenwart im Maß seiner geistigen Empfänglichkeit in sich auf, woraus die zahlreichen – richtigen – Deutungen der Offenbarung entsprangen, von der rein metaphysischen bis zu der am heiligen Wort oder Buchstaben hängenden Auslegung. So entstand einerseits die nachherige Esoterik oder Einweihung in die göttlichen „Mysterien der Lehre“ *(Sithre Torah)* und andererseits die Exoterik oder für die Mehrheit des Volkes bestimmte Religion.

Die Empfängnis war also verschiedener Art, aber der sich Offenbarende war der Eine Gott: „Alle Israeliten schauten am Berg Sinai die Wahre Gegenwart ihres Herrn von Angesicht zu Angesicht“, heißt es im *Sepher ha-Sohar* (II, 82b)[2], und „die Seelen aller früheren, aller damals auf Erden lebenden und aller zukünftigen Israeliten waren zugegen ... und jede Seele empfing die Worte (Gottes) gemäß ihrer Stufe (geistigen Empfänglichkeit)“ (ebd. 83b). Wie aber konnte Israel die sich offenbarende Gegenwart Gottes schauen und empfangen, wo doch „der Mensch Ihn nicht sehen kann und leben“? Darauf antwortet der *Sohar* ausführlich – und wir geben die Antwort hier zusammengefaßt wieder: „Als der Heilige, gesegnet sei Er, sich selber offenbarte und zu reden begann, da wurden alle Wesen von oben und unten furchtbar erschüttert, und die Seelen der Israeliten trennten sich von ihren Leibern ... und stiegen zum Thron der Wahren Gegenwart empor, um für immer dort zu bleiben“; da hielt der *Torah* Geist Fürsprache vor Gott, damit Israel hienieden lebe und ihren Inhalt verwirkliche, worauf die zu Gottes Herrlichkeit entflohenen Seelen wieder in ihre irdischen Hüllen zurückkehrten (ebd. 82b, 84b–85a).

Die *qabbalah* oder Empfängnis Gottes am Sinai verlangte also ebenfalls einen geistigen Tod, dank dem das wahre Israel aus *JHWH* geboren werden sollte wie ehemals der Erzvater Jakob. Dieser ward zu *Israel,* dem „Gottesstreiter“, als er im Dunkel der Nacht von der sich ihm in Gestalt eines Mannes kundgebenden göttlichen Gegenwart überwältigt wurde; da rang er mit Ihm, den er „von Angesicht zu Angesicht schaute“ und den man „nicht sehen kann und leben“. Sein geistiger Tod war seine Auferstehung im Geist; „als die Morgenröte anbrach“ und „ihm die Sonne aufging *(wajisrach-lohaschemesch)*“ – die göttliche Sonne der großen Erleuchtung – hatte er „gesiegt“: seine „Seele war heil“ in Gott und im Leibe. Nur „das Gelenk seiner Hüfte ward über dem Ringen mit Ihm verrenkt“ (Gen 32,25–33), was auf die Einbeziehung des ganzen Menschen – also nicht nur seines Geistes und seiner Seele, sondern auch seines Leibes – in das Ringen um Gott hinweist. „Du sollst lieben *JHWH,* deinen Gott, mit deinem ganzen Herzen, deiner ganzen Seele und all deinem Vermögen“ (Dtn 6,5).

Alle Seelen Israels – die des heutigen wie jedes vergangenen und zukünftigen Geschlechtes – haben Gott geschaut, sind geistig in Ihm gestorben und wieder auferstanden. So auch die Erzväter, also nicht nur Jakob, sondern auch Abraham und Isaak, deren gemeinsames Opfer ihrer beider inneren Tod erheischte; und ebenso Adam, der nach seiner Vertreibung aus dem paradiesischen Garten Gottes wegen seiner inneren Trennung von Ihm „sterben" mußte (Gen 2,17), um Ihn wiederzuschauen. Dieses Gesetz blieb für alle seine Nachkommen bestehen, und die Geistigsten unter ihnen erfahren es schon inmitten ihres Aufenthaltes hienieden. Rabbi Mosche von Kobryn (gest. 1858) gab auf seine Weise ein Beispiel davon, als ihn jemand über das Wesen der Kabbala befragte; er antwortete: „...‚ Wenn einer sagt: Der Herr ist mein Gott, das heißt: Er ist mein, und ich bin sein – wie geht ihm da die Seele nicht aus dem Leibe?' Sowie er dies gesprochen hatte, fiel er in eine tiefe Ohnmacht."[3]

Die in allen Seelen Israels verborgene sinaitische Gottesschau, die sich ihnen wieder auftut, wenn sie die *Torah* bis auf den Grund – „bis in den Tod" – verwirklichen, ist eine geschichtliche Kundgebung der Schau Gottes, die allen Seelen überhaupt jenseits der Zeit, im Himmel, zuteil wird, ehe sie sich hienieden verkörpern. Diese Schau, darin auf der höchsten Stufe die Schauenden ihre ewige Einheit mit dem Geschauten erkennen – diese Einheit selbst ist der Grund, warum alle wahren Religionen und Geisteslehren auf die Notwendigkeit der „Erinnerung" des Göttlichen im Menschen hinweisen. Was den Seelen vor und nach ihrem Erdendasein im Himmelsparadiese gegeben ist, erlebte der erste Mensch im irdischen Paradies; und diese den Garten Eden erfüllende Theophanie erneuerte sich *mutatis mutandis* – der Kabbala gemäß – am Sinai. Die Urschau Gottes durch den Menschen gehört zum Innersten Seiner Offenbarung oder Ausstrahlung; und die ganze jüdische Esoterik beruht auf der Möglichkeit der ständigen Erneuerung dieser Urerkenntnis, weshalb sie ihre Lehre, durch diejenige Mosis und der Erzväter hindurch, ausdrücklich auf das Gotteswissen Adams zurückführt. Wie ich es also von Anfang an sagte, übersteigt das Wesentliche der Kabbala die besondere Form des Mosaismus und mündet in die Urwahrheit aller Religionen, in das Urlicht des Einzigwirklichen ein.

Es heißt im *Sohar*[4], daß die dem ersten Menschen geschenkte Offenbarung sowohl das Mysterium der höchsten, unbedingten Jenseitigkeit oder Transzendenz Gottes als auch dasjenige seiner Einwohnung oder Immanenz in sich schloß – sowohl das „Geheimnis der höchsten und ewigen Weisheit" als auch das „Licht, darin Adam die Welt von einem Ende zum andern schaute". Diese Uroffenbarung wird im *Sohar* sinnbildlich auch ein „Buch" genannt, das die göttliche Weisheit und die geistigen Schlüssel enthielt, die sogar den Engeln verborgen blieben bis zum Tage, da Adam ihnen auf ihr Drängen hin einiges davon anvertraute. Als er aber sündigte, „flog das Buch weg"; da „weinte" er, tat Buße und bat Gott, ihm das Buch wiederzuschenken, was geschah, aber „in vermindertem Maße": Die Ausstrahlung Gottes war nunmehr verhüllter. Der gefallene Mensch mußte „im Schweiße seines Angesichts" (Gen 3, 19) den Boden seines Geistes wiederbefruchten. Es war an sich dasselbe Licht, das aber nicht mehr von einem Ende der Welt zum andern erstrahlte und den Leib Adams erfüllte und überströmte; es hatte sich in dessen Innerstes zurückgezogen, wo es entdeckt werden wollte. Der eine sollte dem andern in mündlicher Lehre davon sprechen, damit ein jeder es in sich verwirkliche; am Ende der Zeiten aber soll das Urlicht für die Getreuen Gottes wieder hell aufleuchten, nicht nur auf einem Berg, wie dem Sinai, sondern in der ganzen Welt, in allen reinen Herzen. „Ich selber werde meine *Torah* in ihr Inneres tun, und in ihre Herzen werde Ich sie schreiben und werde ihr Gott sein, und sie werden mein Volk sein. Und keiner wird seinen Nächsten mehr belehren, keiner seinem Bruder sagen: Erkenne *JHWH!* Denn alle werden Mich erkennen, von den Kleinsten bis zu den Größten..." (Jer 31, 32–33).

Adam überlieferte das mit der weißen Tinte des göttlichen Lichtes geschriebene „Buch", das heißt die ihm endgültig geschenkte Offenbarung der höchsten Weisheit, seinem Sohne Seth; von diesem gelangte sie zu Henoch, Noah und den Erzvätern, dann zu Joseph und den geistig Erlesenen der zwölf Stämme Israels[5]. Dem Mose und seinem Volk wurde sie hernach als Kern der *Torah* neu offenbart; sie bildete fürderhin deren Innenlehre, eingehüllt vom Gesetz und der Außenlehre. In den ersten Tafeln Mosis war das

Gesetz auf ein Mindestmaß beschränkt: sie waren das kristallisierte Licht der Einung Israels mit Gott, eine neue Form des paradiesischen Lebensbaumes, eine Offenbarung der messianischen, unmittelbar in die Herzen geschriebenen *Torah:* Es war das von JHWH dem ganzen Volk offenbarte Innerste der Religion, die zusammengefaßte Innenlehre. Diese Tafeln „zerbrachen" jedoch der Anbetung des Goldenen Kalbes durch einen verblendeten Teil Israels wegen und mußten durch andere Tafeln ersetzt werden, deren Inhalt dasselbe Gotteslicht war, aber tief verhüllt hinter den Buchstaben des hernach stark entwickelten Gesetzes. Der Baum des Lebens oder der Einung mit Gott war nunmehr völlig überschattet und umschlungen vom wirren Geäst des Baumes der Erkenntnis des Guten und Bösen, wie von einer Schmarotzerpflanze. Der Mensch hatte aufs neue sein Eigendasein dem Allsein Gottes entgegengestellt, es davon abgesondert und dadurch das dem höchsten Gut widersprechende Böse erweckt. Die Ursünde hatte sich im neuen sinaitischen Paradies wiederholt, so daß – gemäß der Kabbala – der „Messias wegflog" wie das erste „Buch" im Edengarten, als Adam sich dem Einen widersetzte. Adam hatte geweint und Buße getan, und Mose flehte seinerseits den Höchsten an, Israel zu verzeihen; und so wie Gott dem ersten Menschen sein „Buch" wiederschenkte, darin aber das Licht nunmehr verhüllt war, so erhörte Er auch Mose und gab Israel abermals Tafeln der *Torah.* In diesen war jedoch der reine Geist, die Innenlehre, tief unter den Buchstaben der Schrift verborgen, die der gesetzesstrengen Exoterik dienen sollten, um die von Gott getrennten Menschen zu seiner Einheit zurückzuführen. Der Buchstabe, die Schrift, war nunmehr der Ausgangspunkt des Übergangs vom Äußeren ins Innere, von der Exoterik zur Esoterik, von der Zweiheit zum Einen und Einzigen.

Mose überlieferte sowohl den schriftlichen Inhalt der zweiten Tafeln und der sie ergänzenden Offenbarungen als auch deren grundlegende esoterische und exoterische Erklärung – Quell der ganzen mündlichen Überlieferung. Diese bezog somit die Einweihung in die „Mysterien der *Torah*" ein, die Mose – wie auch in einem gewissen Maß sein Bruder Aaron – unmittelbar von Gott empfangen hatte und die er vor allem seinem ersten geistigen Nachfolger, Josua, zuteil werden ließ. So wurde die „Kette der (esoterischen) Empfängnis (der höchsten Wahrheit)“ *(schalscheleth haqabbalah),* die an sich bis zu Adam zurückreicht, von Mose weiter übertragen, wie es die vorerwähnten „Sprüche der Väter“ (1, 1) andeuten: „Mose empfing *(qibbel = qabbalah)* die *Torah* am Sinai und überlieferte sie (sowohl in ihrem Buchstaben als auch in ihrem Geist oder ihrem exoterischen und esoterischen Gehalt) dem Josua, Josua den Ältesten, die Ältesten den Propheten, und die Propheten überlieferten sie den Männern der Großen Versammlung.“

Zum besseren Verständnis dieser in großen Zügen festgehaltenen Überlieferungskette möchte ich folgende Einzelheiten hinzufügen: Den siebzig Ältesten Israels schenkte Gott Geist vom Geiste Mosis (Num 11,16 – 17,25) und sogar prophetischen Geist, wenn sie auch, um die Sendung ihres Führers nicht zu beeinträchtigen, es unterließen zu prophezeien; im übrigen wurden sie, der Überlieferung gemäß, nicht nur von Mose, sondern auch von dessen Stellvertreter Josua belehrt. Die Ältesten, die Josua überlebten (Jos 24,31), gaben die *Torah* samt ihrer esoterischen und exoterischen Erklärung den von Gott eingesetzten Richtern (Ri 2,16.18) weiter, von denen die heilige Kette auf Samuel, den „getreuen Propheten“ *JHWHs,* überging (1 Sam 3,19–21). Als dieser den Davids (ebd. 7, 1–17; 12,1–15) und gab unter anderem dessen den letzteren herab, um fürderhin auf ihm zu ruhen (ebd. 16,13). Ein anderer Prophet namens Nathan erschien später im Leben Davids (ebd. 7,1–17; 12,1–15) und gab unter anderem dessen Sohn den Namen *Jedidjah,* „Liebling Gottes“. Das war der zukünftige König Salomo, der große inspirierte Weise und Tempelbauer, der als Zeitgenossen den die Spaltung seines Reiches weissagenden Propheten Achija von Schilo hatte (1 Kön 11,29–39). Die Schrift erwähnt im übrigen andere Propheten und „Männer Gottes“, an die der Herr sein Wort richtete, sowie die Schüler der ersteren, die „Söhne der Propheten“ *(b’ne hanewiim).* Auf die Propheten Achija und Jehu folgte Elija, der lebendig zum Himmel auffuhr und von dem es in der hebräischen Bibel, wie im Evangelium, heißt, er werde wiederkommen; die Kabbalisten betrachten ihn als ihren ständigen, verborgenen Meister, der manchmal herniedersteigt, um einige von ihnen in die göttlichen Mysterien einzuweihen. Ihm folgten namentlich die Propheten Elischa, Jesaja,

Jeremia, Ezechiel, Hoschea, Joel, Amos, Obadja, Jona, Micha, Nachum, Habakuk, Zefanja, Haggai, Sacharja und Maleachi. Neben den prophetischen Büchern wurden die von David, Salomo, Daniel, Esra und Nehemia sowie *Ijob, Ruth* und *Ester* als „Hagiographien" *(ketuwim)* in die jüdische Bibel einverleibt.
Die Hagiographen Israels, die also ihrerseits als von Gott inspiriert betrachtet wurden, waren wie die Propheten selbstverständlich Meister der Innenlehre. Unter ihnen waren es Esra und Nehemia, die mit den letzten Propheten Israels, Haggai, Sacharja und Maleachi, zusammen die „Große Versammlung" *(hak'nesseth hagedolah)* gründeten, die im Lauf der Zeit hundertundzwanzig geistige Häupter des Judentums umfaßte. Diese – *Sophrim,* „Schriftgelehrte", genannt – sollten nicht nur die vierundzwanzig heiligen Schriften der hebräischen Bibel, sondern auch deren esoterische und exoterische Auslegung sowie die Hauptgebete und Segenssprüche den zukünftigen Geschlechtern Israels überliefern, und zwar zuerst den *Tannaim* oder „Lehrern" des ersten bis dritten Jahrhunderts der christlichen Zeitrechnung, zu denen die großen kabbalistischen Meister Akiba und Simon ben Jochai gehörten. Nach dem Tod des letzten *Tanna,* Jehudah, des „geistigen Fürsten" Israels, wurde die innere und äußere mündliche Lehre – die er in ihrer exoterischen Form als *Mischnah* oder „Wiederholung" der öffentlich überlieferten Auslegung der *Torah* schriftlich niedergelegt hatte – durch die *Amoraim* oder geistigen „Wortführer" der Überlieferung des dritten bis fünften Jahrhunderts weitergegeben. Diese lehrten nicht mehr wie die *Tannaim* „im eigenen Namen", sondern beriefen sich auf die letzteren; und ihre exoterischen Kommentare wurden schließlich als *Gemarah* oder öffentliche „Ergänzung" der *Mischnah* ebenfalls schriftlich festgehalten. So entstand am Ende des vierten Jahrhunderts der *Jerusalemische Talmud,* das eine der beiden grundlegenden Sammelwerke des exoterischen „Studiums" der *Torah,* während das andere, der *Babylonische Talmud* – die babylonische *Gemarah* der *Mischnah* –, nach dessen Bearbeitung durch Rab Aschi (352–427) am Ende des fünften Jahrhunderts durch Rabbina fertiggestellt wurde. Von den rabbinischen Nachfolgern der *Amoraim* stammen die *Midraschim,* die weiteren „Auslegungen" der schriftlichen und mündlichen Lehre, nicht nur exoterischer, sondern auch esoteri-

scher Art, denn es gab auch unter diesen *Rabbanim* oder „Meistern“ solche der Innenlehre.
In dieser von Mose – und an sich vom ersten Menschen – ausgehenden Kette der Überlieferung wurde die Esoterik oder Kabbala, im Gegensatz zum exoterischen *Talmud,* lange nicht aufgeschrieben, sondern insgeheim durch mündliche Einweihung übermittelt. Während der Zerstreuung Israels zog sich diese Kette ins Abendland hinein, wo die Kabbala im Mittelalter und unmittelbar darauf eine Blütezeit sowie eine reiche schriftliche Darlegung erlebte; es soll neben den wenigen veröffentlichten Werken viele Hunderte von der großen Leserschaft unbekannten Manuskripten davon geben. Nach einigen beschränkten heterodoxen Auswüchsen, die die reine Überlieferung nicht beeinträchtigen, erhielt die Innenlehre im achtzehnten und neunzehnten Jahrhundert eine starke Wiederbelebung durch den osteuropäischen, eso-exoterischen Chassidismus, die mystische Bewegung der *Chassidim* oder „Frommen“, unter denen es heute noch, namentlich in Israel, wahre Meister der kabbalistischen Einweihung geben soll. Über die mittelalterliche und bis zur Neuzeit reichende Geschichte der Kabbala hat Gershom G. Scholem mehrere maßgebende Werke geschrieben, die es mir erübrigen, hier darauf einzugehen. Mein eigenes Buch „Ursprung und Ziel des Menschen im Lichte der Kabbala“ [6] gibt seinerseits ein Bild vom Wesentlichen ihrer Lehre, worüber ich im beschränkten Rahmen dieses Kapitels nur das Allerwesentlichste sagen kann.

Talmudistische und kabbalistische Schriftauslegung

Die *Kabbala* als Lehre besteht wesentlich in der esoterischen Auslegung der in die Buchstaben der Heiligen Schrift geprägten Gottesoffenbarung, während der *Talmud* und die für die große Gemeinde bestimmten *Midraschim* deren exoterische Erklärungen sind. Diese doppelte mündliche Lehre geht, wie gesagt, durch eine ununterbrochene Überlieferung ihres grundlegenden Gehaltes auf Mose – und in ihrer geistigen Quintessenz auf Adam – zurück. Nun besteht die mosaische Überlieferung nicht nur in der offenbarten Schrift und ihrer doppelten Auslegung, sondern auch in den heiligen Regeln der letzteren, wovon ich hier nur diejenige der fortschreitenden Ergründung der *Torah* mittels der vier wesentlichen Stufen ihrer Deutung erwähnen will. Es sind die Stufen des „Paradieses“ *(Pardes)* der Gotteserkenntnis – eine Stufenleiter zunehmenden Lichtes, darauf des Menschen Geist, gleich den Engeln auf der Jakobsleiter, „auf- und absteigt“, um die Wahrheit auf den verschiedenen Ebenen ihrer Kundgebung zu beschauen. Die vier Konsonanten des Wortes *PaRDeS* sind die Anfangsbuchstaben der Namen dieser vier Stufen; so bedeutet *P* die unterste Stufe namens *Peschat,* die „einfache“, aber genaue sprachliche Auffassung der offenbarten Worte Gottes, die die Kenntnis ihrer allfälligen vielfachen Bedeutung voraussetzt; *R* ist *Remes,* die „Andeutung“, das heißt die in jedem Satz, Wort, Buchstaben und Schriftzeichen der *Torah* verborgene Sinnbildlichkeit, die ihrerseits jedesmal vielfältig sein kann und unter anderem den Zahlenwert der Buchstaben, ihre Stellungen in einem Wort und ihre Umstellungsmöglichkeiten in Betracht zieht; *D: Derasch,* die ausdrückliche, öffentliche „Darlegung“ der Schriftdeutungen, die sich nicht nur aus den beiden vorangehenden Stufen, sondern auch aus allen möglichen, mit der *Torah* übereinstimmenden Vernunftschlüssen ergeben; und *S: Sod,* das „Geheimnis“, die geheime Einweihung in die *Chochmah* oder offenbarte „Weisheit“ Gottes, die im Hinblick auf ihre lehrliche Übermittlung und geistige Empfängnis *Chochmat haqabbalah,* die „Weisheit der Esoterik“, genannt wird.

Die auf dieser vierten und höchsten Stufe stehenden Kabbalisten stützen sich in ihrer Schriftauslegung einerseits auf die drei unteren Stufen, auf denen sich die Talmudisten oder Exoteriker bewegen, übersteigen sie aber andererseits dank ihrer Kenntnis der überlieferten, inspirierten Geheimlehre und ihrer eigenen unmittelbaren Empfängnis der geistigen Eingebung oder ihrer persönlichen Verwirklichung des in der *Torah* verborgenen Einzigwahren und Allwirklichen. Da sie dabei alles benützen, was der Exoterik dient, sind sie oft sowohl deren Wortführer als auch Meister der Kabbala; für sie gibt es in der Tat keinen inneren Widerspruch zwischen der kabbalistischen und der talmudistischen Deutung der offenbarten Wahrheit, selbst wenn sich die exoterische Auslegungsweise manchmal der esoterischen widersetzt. Mit anderen Worten kann es einen etwaigen Gegensatz von seiten der Außenlehre her geben, der aber für die Innenlehre an sich nicht besteht, da sie in ihrer allumfassenden Schau der Wahrheit sämtliche Anblicke der Gottesworte bejaht und durch deren allfällige geistige Übersetzung und Vertiefung harmonisch in das Alleinwirkliche eingliedert. Sie trägt den Grenzen des Verständnisses und der Anwendung der Wahrheit, deren die große Masse fähig ist, Rechnung und behält das Unbegrenzte, Unendliche – welches das Opfer des Endlichen mit einbegreift – für sich selber vor.

Ein Beispiel davon ist die Schöpfungslehre, die von der Exoterik in der ausschließlichen Formel der *creatio ex nihilo (berijah jesch meAin)* festgehalten wurde, ohne daß diese in der Heiligen Schrift irgendwo ausdrücklich offenbart wäre. Christliche Schrifterklärer berufen sich in ihrer Bejahung der „Schöpfung aus dem Nichts" auf 2 Makk 7,28, aber dieses jüdische Buch, das die Christen – außer den Protestanten – in das Alte Testament ihrer Bibel eingegliedert haben, wird von den Juden selber nicht als von Gott offenbart oder inspiriert, also nicht als heilige Schrift anerkannt. Von einem unbekannten Autor in griechischer Sprache verfaßt und unmittelbar für die griechisch sprechenden Juden Ägyptens geschrieben, ist dieses Buch lediglich eine Zusammenfassung der von Jason von Kyrene weit ausführlicher dargestellten entsprechenden Geschichte. Diese Schrift wurde somit, als rein menschliches, geschichtliches Werk, von der geistigen Obrigkeit Israels nicht in die hebräische Bibel einverleibt. Wenn sie aber auch keine heilige Schrift ist, so zeugt ihre fragliche Stelle nichtsdestoweniger von der allgemeinen jüdisch-exoterischen Auffassung einer wörtlich genommenen *creatio ex nihilo:* „... hebe die Augen zum Himmel und zur Erde, betrachte alles, was sich darin befindet, und wisse, daß Gott es aus Nichtseiendem gemacht hat und daß dies auch für das Menschengeschlecht gilt".

Das läuft der kabbalistischen Schöpfungslehre nur insofern zuwider, als man das Nichtseiende als ein Nichts im wörtlichen Sinne auffaßt; für die Kabbala ist es das Übersein Gottes, daraus sich sein Sein – das alles Seiende, also auch das erschaffene Dasein, enthält – als solches selber bestimmt: „Ich bin, der Ich bin." Das göttliche Sein ist seine eigene Ursache *(causa sui)* und folglich auch diejenige von allem, was irgendwie ist; und diese seine Selbst- und

Allverursachung ist es, die von der Kabbala als die „Schöpfung“ Gottes betrachtet wird – die Schöpfung all seines Seienden aus seinem Nicht- oder Übersein. „Er machte aus seinem Nichts sein Sein“ *(asah Aino Jeschno),* heißt es im *Sepher Jezirah,* dem „Buch der Gestaltung“ (2,6), einer der ältesten esoterischen Schriften des Judentums. „Sein Nichts“ ist in der Tat, wie wir es eingangs sahen, „mehr als alles, was ist“; das kann gar nicht anders sein, da es das Nichts im wörtlichen Sinne nicht gibt. Ein Nichts, das ist, ist etwas Seiendes und nicht nichts, etwas Wirkliches von der unendlichen Allwirklichkeit Gottes, außer der es – der Schrift gemäß – „nichts gibt“, auch nicht das Nichts. Kein Nichts ist außer- oder innerhalb Gottes; und alles, was ist, ist in Ihm, entweder in seiner Transzendenz oder in seiner Allgegenwart.

Nur scheinbar gibt es ein Nichts, das im Allwirklichen das Sein vom Übersein und das Dasein vom Sein trennt. An sich ist dieses scheinbare Nichts das Übersein Gottes und in Hinsicht auf die Schöpfung das *tohu wabohu* der Bibel (Gen 1,2). Seine „formlose und leere“ Selbstempfänglichkeit, Sein reiner Spiegel, der Er selber ist und darin Er selber erscheint mit allem, was sich an Ihm offenbaren will. Es ist das ungreifbare Gefäß seiner Selbst- und Allerkenntnis, seiner Selbst- und Allbestimmung und -verursachung, ein Gefäß, das in bezug auf den daraus entstehenden stofflichen Anblick des Erschaffenen der „Uräther“ *(Avir qadmon)* genannt wird: Es ist die unerschaffene, nichtstoffliche, göttliche Ursache allen Stoffes. Es ist das *Tohu* oder „Formlose“ und zugleich das *Bohu,* das „Leere“ oder „Formempfängliche“, das, wo es vom Licht des göttlichen Seins Form empfängt, sich als etwas fest Bestehendes, stofflich Gestaltetes kundgibt. In diesem Sinne heißt es im obengenannten *Sepher Jezirah:* „Er bildete aus dem Formlosen das, was festen Bestand hat *(jezer me-tohu mammasch)*... und hieb große Säulen (die Urformen des erschaffenen Alls) aus dem ungreifbaren Äther“ *(wechazaw amudim gedolim me-awir scheeno nitpas).* Der zweite Bibelvers „Und die Erde war formlos und leer...“ bedeutet also esoterisch, daß der erschaffene, gestaltete Stoff zuinnerst dieser „formlose und leere“ Äther ist, leer nicht im Sinne eines Nichts, sondern der Formempfänglichkeit. Diese ist ihrerseits zuinnerst die Selbst- und Allempfänglichkeit Gottes, darin alles Erschaffene aus Seinem Licht entsteht und darin es auch besteht und vergeht, um in Seine reine Wesenheit – die das wahre, ewige und unendliche Wesen alles Endlichen ist – zurückzukehren.

Von der göttlichen Allwirklichkeit

Die vorübergehende, rein äußerliche Trennung des Endlichen von seinem göttlichen, unendlichen Wesen geschieht in der Selbst- und Allempfängnis Gottes durch seine Selbst- und Allerkenntnis oder -bestimmung. Nicht nur schaut Er seine Einheit, sondern Er unterscheidet in dieser auch seine Unendlichkeit von deren endlichen und erschaffenen Kundgebungen: Er „scheidet" dieselben von sich selber als etwas anderes als Er, das an sich nichts anderes ist als Er. Das Andere ist tatsächlich, daseinsmäßig anders als Er, aber wesentlich, ewig ist es Er selber. Gemäß der Bibel (Gen 1,6) „scheidet" Er die „oberen", unerschaffenen „Wasser" von den „unteren", erschaffenen, die aber nicht aufhören „Wasser" zu sein: Wasser des ewigen Lebens, Wirklichkeit des an sich reglosen Meeres der göttlichen Allwirklichkeit. Seine Wellen oder in vergänglichen Stoff gestalteten Formen allein sind erschaffen; wo diese sich aber in ihr eigenes Wasser auflösen – weil Gott sie nicht mehr von sich selber unterscheidet – sind sie nichts mehr als sein unbewegtes Urmeer, sein unerschaffenes Wesen. Die ganze Schöpfung besteht als ewiges Urbild – als göttlicher „Gedanke" – und entsteht und vergeht als bloße Tatsache in Gottes Selbst- und Allerkenntnis, in seiner Selbstschau und Allunterscheidung, in seiner Selbst- und Allempfängnis. Er empfängt die in Ihm gewordene wie die in Ihm entwordene Welt; sie verläßt ihn nie, selbst unter dem vergänglichen, trügerischen Anblick eines daseinsmäßigen Andern als Er – ein Anblick, den der *Prediger Salomo* (1,2) das „All-Eitle" nennt. An sich ist es eins mit dem Allerkennenden und Allwirklichen, wie es der große kabbalistische Meister Rabbi Mosche Cordovero (1522–1570) lehrt: „Der Schöpfer ist allzumal Erkenntnis, das Erkennende und das Erkannte. In der Tat besteht seine Erkenntnis nicht darin, sein Denken auf Dinge zu richten, die außerhalb seiner sind; Er kennt und schaut alles, was ist, indem Er sich selber kennt und weiß. Es gibt nichts, was nicht eins wäre

mit Ihm und das Er nicht in seinem eigenen Wesen fände“ (*Pardes Rimmonim,* „Der Garten der Granatäpfel“).
Diese Wahrheit der Selbst- und Allerkenntnis Gottes, darin sich alles Dasein befindet, wird von der Kabbala (*Tiqqune Sohar* 19) auch unter dem Anblick seiner Selbst- und Allempfängnis beschrieben. Diese erscheint hier sinnbildlich als die „Leere“, die Gott in sich durch ein „Zusammenziehen“ *(Zimzum)* seines unendlichen Lichtes vergegenwärtigt; sein Licht gibt sich dann in seiner Leere – dem „Orte der Welt“ – und, durch diese Leere selber „abgeschwächt“, als Schöpfung kund. „Wenn man bedenkt, daß der Heilige, gesegnet sei Er, unendlich ist und alles (mit sich selber) anfüllt, versteht man leicht, daß jegliche Art von Schöpfung unmöglich gewesen wäre ohne die ‚Zusammenziehung‘ *(zimzum)*. Wie, in der Tat, Wasser in ein Gefäß tun, das schon voll ist bis zum Rande? So hat der Heilige, gesegnet sei Er, das heilige Licht, das sein eigenes Wesen ist, zusammengezogen; nicht daß Er sich dadurch etwa verringert hätte – Gott bewahre uns vor einer solchen Ansicht! –: Da Er die Allwirklichkeit ist, kann Er weder größer noch kleiner werden. Aber da Gottes Licht von solcher Reinheit und Ausstrahlung ist, daß es alles andere in Finsternis taucht, selbst die höchsten Engel ... hat der Heilige, gesegnet sei Er, sein übermächtiges Licht zum Teil in sich selber zurückgezogen ... um daselbst das Licht zu schwächen und den Seelen, den Engeln und den Erdenwelten ihr Dasein zu ermöglichen ...“ (*Tiqqune Sohar,* ebd.). Desgleichen sagt der Baal-Schem-Tow, der berühmte Meister des „Guten Namens“ Gottes und Gründer der ostjüdischen eso-exoterischen Bewegung der *Chassidim* (oder mystisch „Frommen“), Rabbi Israel ben Elieser (1700–1760): „Gott, der Schrankenlose, tat die Einschränkung *(zimzum)* in sich und setzte Ort *(maqom)* in sich selber, um die Welten darin zu erschaffen.
Diese rein sinnbildliche Selbsteinschränkung und -entleerung Gottes – die an sich nichts anderes ist als seine erkenntnismäßige Selbst- und Allbestimmung – birgt also die Unterscheidung oder verhältnismäßige „Scheidung“ zwischen seinem unendlichen Wesen oder Licht und dessen „Schwächung“ oder Verendlichung in der Leere oder dem „Ort“ seiner Selbst- und Allempfängnis in sich. Es ist eine Unterscheidung oder „Scheide“, die der Sohar auch durch den „Vorhang“ *(pargod)* versinnbildlicht, den der

„Alte der Alten vor sich zog und worauf das Bild seines Reiches entstand“ (*Idra Rabba Qadischa,* „Die Große Heilige Versammlung“). Dieser Vorhang ist der „finstere Abgrund“ (Gen 1,2), die dunkle Leere seiner Selbstempfänglichkeit, die Er mit seiner lichten Allkundgebung, dem allweltlichen Dasein, erfüllt. So ist alles in Gott, der alles ist und „mehr als alles, was ist“; aber alles ist nicht Gott, insofern es nicht, wie Er, die Allwirklichkeit ist. Alles, was anders ist als Er, „das alles ist eitel“ (*hakol hawel;* Pred. 1,2); erst da, wo die Andersheit des Andern, die Endlichkeit des Endlichen zu Ende ist, ist es, was es in Wahrheit ist, nämlich seine eigene, unendliche Wirklichkeit. Das Einzigwahre und Alleinwirkliche wird somit in der Kabbala streng von der erschaffenen Scheinwirklichkeit unterschieden. Entweder erkennt diese ihren Schein als Abglanz des ewigen Lichtes, als „Gottes Bild“ und bejaht ihren göttlichen Urquell als ihr höchstes Gut, oder sie huldigt ihrem Schein in „Eitelkeit“ als einem „andern Gott“ und verfällt dadurch dem Bösen. Wie Gott „das Licht von der Finsternis schied“ (Gen 1,4), so unterscheidet die Kabbala zwischen Gutem und Bösem, Wahrem und Falschem, Wirklichem und Scheinwirklichem; sie vermischt nicht das „Eine“ mit dem „Anderen“, wenn sie auch darauf hinweist, daß das Andere in seinem tiefsten Wesen nichts anderes ist als das Alleinwirkliche. So lehrt die jüdische Esoterik keinen immanentistischen Pantheismus oder eine pantheistische Emanation, darin das Unendliche ohne jede Scheide zum Endlichen wird, so daß man Gott mit der Welt, das Wahre mit dem Trug, das Gute mit dem Bösen verwechselt.

Nur ist die „Scheidung“ zwischen dem Alleinwirklichen und dem Scheinwirklichen insofern nicht unbedingt, als das Unendliche das von Ihm getrennte Endliche völlig durchdringt und enthält; wäre sie unbedingt, so wäre sie das Nichts selber, das den Allein- oder Allwirklichen in ein Bruchstück seiner selbst, ja in dieses Nichts verwandeln würde. Denn es kann nicht zwei Unbedingte geben – das Einzigwirkliche und das Nichts. Jedes davon würde das andere ausschließen. Es gibt nur ein einziges Unbedingtes und Unendliches, das alles Verhältnismäßige und Endliche durch eine bedingte und vorübergehende Scheide in sich entstehen und vergehen macht. Entgegen dieser esoterischen Lehre bejaht die Exoterik eine unbedingte Unterbrechung zwischen dem Unendlichen und dem

Endlichen, ein Nichts zwischen Gott und seinen aus diesem Nichts erschaffenen Geschöpfen. Dieses Nichts trennt die Geschöpfe auch in ihrem innersten Wesen ewig von Gott, der wohl ihr höchstes Ziel ist, aber im Sinne eines nimmer endenden Gegenüberseins in der seligen Schau seiner Ausstrahlung. Für die Esoterik hingegen ist das Endziel alles Erschaffenen seine höchste, ewige und unbedingte Wesenseinheit mit dem „Einen ohne Zweiten", selbst wenn diese von den Kabbalisten, der Exoterik wegen, im allgemeinen nur verhüllt, als „inniges Anhaften" *(dewequth)* am Einzigen, formuliert wird. Diese Vorsicht fällt weg, wenn die Kabbala die innere, wirkliche Beziehung und ewige Wesenseinheit zwischen dem verhältnismäßig von Gott getrennten Erdenmenschen und dem mit Gott völlig eins seienden, unerschaffenen „Urmenschen" *(Adam qadmon)* oder „Höchsten Menschen" *(Adam ilaah)* lehrt. Es ist Gott selber, der als dieses ewige Urbild des Menschen aus seinem Übersein oder „Nicht-Sein" *(Ain)* in sein eigenes Sein hinabsteigt und als „Himmelsmensch" (vgl. Ez 1,26–28) alle erschaffenen Welten umfaßt und beherrscht; und dieser Himmelsmensch gibt sich schließlich als „erster Mensch" *(Adam harischon)* im irdischen Paradiese kund, das er von einem Ende zum andern mit seinem geistigen Licht erfüllt. Auch nach der Ursünde blieb in ihm sein göttliches Urbild und Wesen verborgen und kann, mit der Hilfe Gottes und der Innenlehre, heute noch vom Menschen verwirklicht werden.

Wesentliche Anblicke des Gegenstandes kabbalistischer Kontemplation

Das ist das Ziel der Kabbala, gemäß der das ewige Urbild und Wesen des Menschen eins ist mit Gottes Eigenschaften und verborgener Wesenheit. Deshalb kontemplieren die Kabbalisten Gottes Anblicke, die Er in zehn Ur- oder Selbstbestimmungen seines an sich unbestimmbaren Wesens zusammengefaßt offenbart hat, und zwar in sinnbildlicher Weise als die Glieder des unendlichen Leibes des *Adam qadmon*. Diese zehn Selbst- und Allbestimmungen Gottes, die sich unter anderem in den zehn mosaischen Geboten spiegeln, werden *Sephiroth* – zusammenfassende, rangmäßige „Aufzählungen“ der an sich zahllosen Anblicke Gottes oder des Urmenschen – genannt. Der höchste sephirothische Anblick, *Kether eljon,* die „Höchste Krone“ oder verborgene Einheit des göttlichen Seins und Überseins, ist das alle Erkenntnis übersteigende „verborgene Gehirn“ des *Adam ilaah.* Die daraus fließende göttliche Selbsterkenntnis oder ewige „Weisheit“, *Chochmah* – auch „Vater“ genannt – ist sein „rechtes Gehirn“. Die unendliche und zugleich unterscheidende Empfängnis dieser Selbsterkenntnis des Einen – oder Gott, der sich in seiner Selbstschau selber empfängt mit allen seinen kundgebbaren Wirklichkeiten – ist seine ewige, allbestimmende „Vernunft“, *Binah* – auch „Höchste Mutter“ genannt –: das „linke Gehirn“ des Urmenschen. Diese drei *Sephiroth* sind die höchste Drei-Einheit, das „dreifache Haupt“ des „Höchsten Menschen“ und aller Dinge: *Kether* oder Gottes reine, unbedingte und unendliche Wesenheit; *Chochmah,* seine ewige Selbst- und Allbestimmung, sein „männlicher“ oder „väterlicher“ Anblick; und *Binah,* seine höchste Selbst- und Allempfängnis, sein „weiblicher“ oder „mütterlicher“ Anblick.

Aus der „höchsten Mutter“ entquellen die sieben unteren *Sephiroth* oder ewigen „Schöpfungstage“, auch die „*Sephiroth* des Weltenbaus“ genannt: zuerst die *Sephirah Chessed* oder *Gedullah,* die „Gnade“ oder „Größe“ Gottes, der „rechte Arm“ des *Adam qadmon,* der das endliche Dasein ermöglicht; dann die strenge *Sephirah Din,* das „Gericht“, oder *Geburah,* die „Macht“ Gottes, die das Dasein durch die Kundgebung seiner „Vernunft“ ordnet und beherrscht, der „linke Arm“ des Urmenschen. Hierauf folgt eine in der Mitte stehende *Sephirah,* die in ihrer unendlichen Liebe die Strenge mit der Gnade in Einklang bringt, ja die erste zuweilen in der letzteren völlig verschwinden macht: es ist *Tiphereth,* die „Schönheit“, oder *Rachamim,* die „Barmherzigkeit“ Gottes, das „Herz“ oder der „Rumpf“ des Höchsten Menschen – auch der „Sohn“ genannt, der die sechs tätigen der sieben *Sephiroth* des Weltenbaus in sich zusammenfaßt. Die von ihm ausgehende nächste *Sephirah* ist sein „rechter Schenkel“, seine die Schöpfung bejahende Allmacht, *Nezach,* der „Sieg“ der göttlichen Einheit inmitten aller geschöpflichen Zweiheit, die alle Vielheit in sich vereinigende Immanenz des Einen. Sein „linker Schenkel“ ist die alle

Zweiheit, alle Trennung von Gott verneinende, strenge Urkraft, *Hod,* die göttliche „Majestät". Wiederum kommt dann eine in der – unteren – Mitte befindliche *Sephirah,* die diese beiden göttlichen Mächte wie alle anderen vorangehenden *Sephiroth* mit der von ihnen herrührenden Schöpfung verbindet: *Jesod,* die ewige „Grundlage" oder Vergegenwärtigung der Schöpfung in Gott, die rein geistige Schöpfungstat *in divinis,* das „Zeugungsglied" des *Adam qadmon.*

Darunter befindet sich die letzte *Sephirah,* die zehnte aller *Sephiroth* oder die siebente derjenigen des Weltenbaus. Sie ist die zur Schöpfung hin geneigte Selbstempfängnis Gottes, die „Untere Mutter" – auch „Tochter" genannt –, während seine in sich gekehrte Selbstempfängnis die „Höchste Mutter" oder *Binah* ist. Dieweil diese, als ewige Vernunft, alle göttliche Selbstkundgebung in rein erkenntnismäßiger Weise empfängt, tut es die „Untere Mutter" auch auf schöpferische Art; sie ist die weibliche unter den sieben *Sephiroth* des Weltenbaus, die vom sephirothischen „Zeugungsglied" den „heiligen Samen" empfängt, der sich in ihr zur tatsächlichen Schöpfung gestaltet. Sie gebiert diese in sich selber, in ihrer empfänglichen Leere, weshalb sie auch die unerschaffene „Welt der Schöpfung" *(olam haberijah)* oder *hamaqom,* „der (göttliche) Ort (der Welt)", genannt wird. Ihr sephirothischer Name ist demzufolge *Malchuth,* Gottes „Reich", oder *Schechinah,* seine allgegenwärtige „Einwohnung" in der Welt, welch letztere in Wahrheit Ihm selber innewohnt, in seiner Immanenz, von der alles Erschaffene wieder in seine Transzendenz eingeht. Das ist auch die Bedeutung der *Schechinah* als siebenter „Tag der Ruhe" oder *Schabbath,* an dem alles Untere sich geistig mit dem Höchsten vereinigt. Als Mutter der Schöpfung ist die *Schechinah* der untere weibliche Anblick des Urmenschen, seine kosmische Empfänglichkeit und tatsächliche Empfängnis des Kosmos – durch seine beiden „Füße" versinnbildlicht; sie ist insbesondere seine Formempfänglichkeit, der unerschaffene „Uräther" *(Avir qadmon),* die unstoffliche *materia prima* oder göttliche Ursache alles erschaffenen und durch Gottes Licht in ihr gestalteten Stoffes. Als unterer Anblick der Selbst- und Allempfängnis Gottes ist sie wesentlich eins mit deren oberen Anblick, Seiner Vernunft, und ruht mit dieser als geistige Empfänglichkeit zutiefst im Menschen; sie ist die wirkliche Empfängnis Seiner „Weisheit“ *(Chochmah)* durch Seine im Menschen verborgene „Vernunft“ *(Binah),* die alle Seine erkennbaren Anblicke in sich aufnimmt, die erschaffene Vielheit mit inbegriffen.

Die letztere besteht aus den Wesen und Dingen des „Himmels und der Erde“, über deren beiden großen Welten sich diejenige der *Sephiroth* befindet und, innerhalb dieser, die besondere Welt der *Schechinah,* welche alles Erschaffene enthält. So gibt es, der Kabbala gemäß, vier große Welten, deren höchste die der *Sephiroth* ist und die sie die „Welt des Ausflusses“ Gottes *(olam haaziluth)* nennt, das heißt seines transzendenten Ausflusses, der einerseits in seiner höchsten Jenseitigkeit bleibt, naturgemäß geschieden von der daraus entstehenden endlichen Schöpfung, aber ihr andererseits wesentlich und geistig innewohnt. Auch die unerschaffene „Welt der Schöpfung“ *(olam haberijah),* die nichts anderes ist als die schöpferische Selbstempfängnis Gottes oder seine *Schechinah,* gehört zu diesem Bereich seines unmittelbaren Lichtausflusses oder seiner transzendenten Ausstrahlung, weshalb die Kabbala lehrt: „Die beiden ersten Stufen oder Welten sind vom heiligen Licht Gottes erfüllt; alles in ihnen ist Gott und Gott alles. Die beiden unteren Stufen oder (erschaffenen) Welten (des Himmels und der Erde) bilden (hingegen, sinnbildlich gesprochen) den Teil (den Anblick) des (unteilbaren, unendlichen) Wesens Gottes, wo das Licht (durch Seine Unterscheidung zwischen dem Unendlichen und dem Endlichen oder den „oberen“ und den „unteren Wassern“) geschwächt (verendlicht) wurde, um den Seelen, den Engeln und den stofflichen Welten ihr Dasein zu ermöglichen“ (*Tiqqune Sohar* 19). Von diesen beiden erschaffenen Welten ist die obere die „Welt der Gestaltung“ *(olam hajezirah),* das heißt die Welt der ersten, feinstofflichen, geistig-seelischen Gestaltung der Geschöpfe oder die Himmelswelt, während die untere die „Welt der Tat“ oder des letzten schöpferischen „Vollbringens“ *(olam haasijah),* unsere ursprünglich paradiesische, ätherhafte, dann gefallene und grobstoffliche Erdenwelt ist.

Die höchste geistige Verwirklichung

Dank der geistigen Beschauung und Verwirklichung der zehn *Sephiroth,* deren Einheit sein eigenes göttliches Urbild und Wesen ist, erhebt sich der „zum Bilde Gottes" (Gen 1,26) erschaffene Mensch innerlich von der Erde zur Himmelswelt. Er wird zum himmlischen oder kosmischen Menschen, zum Allmenschen, *Metatron,* der die allweltliche „Form" der *Schechinah,* der Gegenwart Gottes oder seines „Reiches", ist; und von dieser die drei Welten der göttlichen Immanenz umfassenden Ebene steigt er schließlich, eins mit dem Willen des Allerhöchsten, zur vierten, transzendenten Welt der *Sephiroth,* zu seiner eigenen, ewigen und unendlichen Wirklichkeit, dem „Höchsten Menschen" – zu Gottes Sein und Übersein empor. Das nennt die Kabbala den kontemplativen *„Weg der Sephiroth" (derech hasephiroth),* der vom „Weg der Namen" Gottes *(derech haschemoth)* ergänzt wird, das heißt von der Anrufung seiner heiligen Namen, dank denen die göttliche Wirklichkeit jeder der zehn *Sephiroth* grundsätzlich im Geist und in der Wahrheit verwirklicht werden kann. *Ehejeh,* „Ich bin" oder „Ich werde sein", ist der Anrufungsname der höchsten *Sephirah, Kether* oder *Kether eljon,* der „Höchsten Krone"; *Jah,* der unübersetzbare Name von *Chochmah,* der „Weisheit" oder des „Vaters"; worauf andere Namen folgen bis zu *Adonai,* „Mein Herr", dem Namen der untersten *Sephirah, Malchuth,* dem „Reich", oder der *Schechinah,* der „Einwohnung" Gottes in der Welt. Dieser Name ersetzt exoterisch und liturgisch den verbotenen Namen *JHWH,* während der letztere esoterisch seine abgekürzte oder zusammenfassende Entsprechung im vorerwähnten Namen *Jah* findet; aber wie gesagt, ruft eine Auslese unter den Kabbalisten das Tetragrammaton selber an, das in zwei verschiedenen Vokalisierungen die *Sephiroth Binah,* die „Höchste Mutter", und *Tiphereth,* ihren „Sohn", bezeichnet.

Dieweil die esoterische Lehre als solche unter anderem die „theoretische Kabbala" *(qabbalah ijunith)* genannt wird, gehört die Anrufung der Namen Gottes und die mit ihr zusammenhängende Verwirklichung seiner Anblicke oder *Sephiroth* zur „praktischen Kabbala" *(qabbalah maasith);* die letztere begreift auch die geistige Verwirklichung der göttlichen Mysterien des ersten Kapitels der Bibel, des „Werks des Anfangs" *(maaseh bereschith)*, sowie des ersten Kapitels des Buches Ezechiel, des „Werkes des (göttlichen Thron-)Wagens" *(maaseh merkabah)*, mit ein. Die Verwirklichung der Geheimnisse des „Anfangs" geht von der Betrachtung und geistigen Vertiefung der Erdenschöpfung, diejenige des göttlichen „Thronwagens" von der Kontemplation der Himmelswelt aus; diese verborgene Welt ruht im Herzen des Menschen selber, weshalb er, wenn er geistig zum Gottesthron emporsteigen und den darauf erscheinenden Himmels- und Urmenschen verwirklichen will, in seinen Herzensgrund hinabsteigen muß. Daraus ergab sich die Bezeichnung *Jorde Merkabah*, „die in den Wagen Hinuntersteigenden" – den Wagen, der sie zu Gott hinaufträgt, ähnlich wie der Feuerwagen den Propheten Elija zum Himmel (2 Kön 2,11).

Wir können hier nicht in alle Einzelheiten der kabbalistischen Methoden eingehen, deren Ziel, wie wir soeben gesehen haben, selbst über die Himmelswelt hinausragt – in die reine, unendliche Gottheit hinein. Die Erreichung dieses Zieles ist möglich, weil es in uns selber verborgen ist, wie Gott es offenbart hat: „Ich werde in ihrem Innern wohnen" *(schachanti betocham)* (Ex 29,46). Dies wurde dem Mose schon vor der großen sinaitischen Theophanie kund, als er die Schafe Jethros in der Wüste von Midian weidete und am brennenden Dornbusch anlangte. Da erschloß sich ihm bereits das Wesentlichste aller kommenden Offenbarung: Die Wahre Gegenwart des einzigen Wesens all dessen, was ist. In Mose tat sich das höchste „Ich bin" *(Ehejeh)* auf, das reine Sein und Übersein: „Ich bin, der Ich bin" *(Ehejeh ascher Ehejeh)* (Ex 3,14), derjenige, der ganz sich selber ist, jenseits und innerhalb des in seiner Allgegenwart befindlichen, erschaffenen Daseins; derjenige, der in seiner höchsten Jenseitigkeit die in sich ruhende, unbedingte Wirklichkeit ist – da, wo sie noch nicht Ursache, Ursein und innerstes Allsein des Daseienden, sondern ein unaussprechliches Übersein, ein Nichtsein ist, das alles Sein ohne Unterschied in sich birgt und unendlich überragt. Denn *Ehejeh ascher Ehejeh* bedeutet nicht nur „Ich bin, der Ich bin", sondern wörtlich auch – und sogar vor allem – „Ich werde sein, der Ich sein werde"; als ob Gott gesagt hätte: „In Meinem höchsten, reinsten Selbst bin Ich noch nicht, denn ‚Ich bin' ist nichts anderes als meine erste Selbstbejahung; Mein Sein ist der strahlende, allerleuchtende ‚Schein' einer ersten Selbstbestimmung und -bedingung meiner an sich unbestimmbaren, unbedingten Wirklichkeit. Diese ist ‚mehr als alles (was ist)' *(jeter min hakol);* und ‚alles ist eitel' *(hakol hawel),* was nicht sie ist, weshalb sie *Ain,* das ‚Nichts' alles Eiteln, alles Nichts, genannt wird." Es ist also, wie wenn Gott dem Mose gesagt hätte: „Ich bin nicht, weil Ich mehr bin als das Sein; aber ‚Ich werde sein' und ‚werde sein, der Ich sein werde', nicht nur in Mir, sondern auch in dir, dem in Meinem Allsein und durch es bestehenden Daseienden: ‚Ich werde mit dir sein' ' *(Ehejeh imach)* (Ex 3,12). Weil der „einzige Gott und Vater" (Mal 2,10) in allen seinen Kindern ist und sie in Ihm sind – wenn sie es auch nicht wissen –, weil sein eigenes Sein und Übersein das innerste, ursächliche und zugleich überursächliche Wesen allen Daseins ist, vermag des Menschen reiner Geist sich grundsätzlich in die erkennbare Wirklichkeit des Höchsten, ja in den Ungrund des göttlichen Nichts zu versenken. Dieses ist die höchste Stufe der *Sephiroth,* die überlichte Finsternis der „Höchsten Krone", darin alle Erkenntnis versiegt. Die geistige Versenkung in sie ist, wie eingangs erwähnt, die „Kontemplation des Nichts" *(histakluth el haAin),* die nicht nur ein einstweiliges Zunichtewerden der menschlichen Vernunft, sondern das vorübergehende, im Geist geschehende „Aufhören des Daseins" *(bittul hajesch)* überhaupt verlangt. Wie gesagt, handelt es sich hier um einen geistigen Tod, der grundsätzlich die unmittelbare Wiederkehr in den überlebenden Leib gewährt. Der chassidische Meister Rabbi Levi Jizchak von Berditschew (gest. 1809) sagte: „Der eine betet Gott mit seiner Vernunft, der menschlichen Vernunft, an, und ein anderer kontempliert das Nichts *(mistakel el haAin),* wenn man sich so ausdrücken kann; und das vermag keiner mit der menschlichen Vernunft, sondern allein mit Gottes Hilfe ... Wenn ein Mensch dazu gelangt, das Nichts zu kontemplieren, wird seine Vernunft zunichte; und wenn er dann wiederkehrt zu der (durch diese Wiederkunft aus dem göttlichen Nichts ins menschliche Dasein) erneuerten Vernunft, findet er sie überfüllt (vom Licht des göttlichen Seins)." Mit anderen Worten: Diese Rückkehr aus dem höchsten „Nichts" oder „Übersein" zum Sein, aus der nicht mehr erkenntnismäßigen Versunkenheit in das erkennende

Allsein bringt die Erneuerung des vorübergehend wie zunichte gewordenen menschlichen Daseins und dessen Erleuchtung mit sich.

Die sogenannte Kontemplation des Nichts übersteigt jeden erkenntnismäßigen Vorgang; sie ist keine geistige Schau mehr und noch weniger eine gedankliche Betrachtung oder Meditation. Sie ist unser Eingehen in die ewige Einheit unseres reinen, höchsten Selbstes mit dem, Der sich aller Erkenntnis entzieht. Es geht also hier nicht mehr um die Vereinigung oder die Einheit eines Erkennenden mit einem Erkannten, sondern um die Einkehr oder Wiederkehr in unser eigenes göttliches Nichts. Hier gibt es kein Ich mehr, das sich selber als das geschaute Du erkennt, kein „Ich bin" oder „Ich bin, der Ich bin", sondern nur ein einziges, unendliches Nichts alles Nichts und Seins – ein Nichts, dessen Kontemplation das Nichts aller Beschauung, aller Betrachtung, aller Besinnung ist. Es ist das Nichts, das mehr ist als alles, was ist: das unbedingt Wirkliche, das überlichte, übererkennbare Wesen aller Erkenntnis, darin alle Bejahung und auch alle Verneinung, jeglicher Unterschied zwischen Sein und Nichtsein überstiegen ist. Der Mensch ist hier kein Mensch und überhaupt kein erfaßbares Wesen mehr. Er ist zurückgewandelt in seine eigene, übermenschliche und namenlose Wesenheit, in das göttliche Überwesen, das in sich selber ruht ohne irgendeine Äußerung, Offenbarung oder seinshafte Kundgebung. Hier ist er mit Gott und allem ewig „im Dunkel verborgen" (Ps 18,12), in einem Dunkel, dessen Klarheit so übermächtig ist, daß sie alles Licht verblendet: „Denn auch Finsternis ist nicht finster bei Dir, und die Nacht leuchtet wie der Tag, Finsternis ist wie das Licht" (Ps 139,12).

Im *Sohar* (I, 254b) heißt es: „Der höchste Quell ergießt sich nicht über die Welt, solange der Mensch im (göttlichen) Nichts verborgen ist." Wenn sein Wesen aber daraus hervortritt, ist es selber dieser Urquell, das eine, reine, strahlende Sein, das unendlich selige Selbstbewußtsein des Einen, die göttliche und allumfassende Selbstkenntnis. Er schaut sich selber als den einen, reinen Urgrund allen Daseins und dieses als seinen geistigen All-Leib; und in der Mitte seines übermenschlichen All-Leibes bildet sich sein erster menschlicher Leib, der himmlischen Wesens ist, und dieser festigt sich zu seinem irdisch-paradiesischen Urleib. So steht sein Erdenleib inmitten seines All-Leibes; und in der Mitte, im Herzen des Leibes hienieden, verbirgt sich die Wurzel seines Allwesens, des übermenschlichen Allmenschen. Er ist dieser Allmensch, in dessen Mitte sein Erdenleib sich zuerst gleich einer von Licht erfüllten „Säule aus ungreifbarem Äther“ offenbart (vgl. Sepher Jezirah, zit.): Es ist der Leib des „zum Bilde Gottes erschaffenen Menschen“, des Urmenschen in Eden. Er steht hienieden in seiner überirdischen Schönheit, seiner himmlischen Vollkommenheit, gleich einem reinen, heiligen Gefäß Gottes inmitten eines reglosen Meeres von Licht, das sein geistiger All-Leib selber ist. Erfüllt und überströmt vom allweltlichen Lichte, gehen von seinem Erdenleib, wie von einer Sonne, Strahlen aus in die Klarheit seines All-Leibes; sein Licht durchdringt sich selber: Es gibt nichts als Licht im Menschen und um ihn herum. Sein Wesen ist wie die Morgenröte aus seinem überlichten Dunkel hervorgetreten und hat alles mit seiner überflutenden Helle erleuchtet. Sein göttlicher Geist, seine himmlische Seele und sein Erdenleib – alles ist Licht im Licht. Noch steigen keine Gedanken in sein Haupt, das eine reine, dem Unendlichen geöffnete und von dessen Klarheit erfüllte Schale ist. Noch gibt es kein Begehren in seinem Herzen, nur die unendliche Liebe Gottes, die übermächtig – als aus Seinem irdischen Gnadenquell – daraus hervorbricht, um alles zu beseligen. Des Menschen Dasein ist noch eins mit seinem reinen, höchsten Sein, und sein Tun ruht noch in seiner reinen Selbst- und Allerkenntnis.

Das Nichts, das mehr ist als alles Seiende, ist unaussprechliche Überseligkeit; das Sein, das sich selber ist, und alles, was ist, ist deren unendlich selige Selbstbejahung. Seiner eigenen, allweltlichen Seinsfülle bewußt sein ist sich selber als allerfüllendes Licht erkennen. Wer das Licht selber ist, ist die Klarheit allen Erkennens. Er denkt und handelt nicht, es sei denn, die Selbstbestimmung seines reinen Seins, der in ihm verborgene göttliche Wille, bewege seine Vernunft und Tatkraft. Dann durchdringt ihn sein lichtes Leben in einer besonderen Schwingung; – es dringt da dieser lebendige Strom des Lichtes von seinem Geist durch die Seele in den inneren, paradiesischen Urleib und von diesem in seine sterbliche Hülle; und der sterbliche Mensch, der mit Gottes Hilfe seine verborgene Unsterblichkeit wiedergefunden hat, denkt und handelt in Seinem Licht. In allen Dingen sieht er das Licht

und schaut im Licht den ewigen, göttlichen Urquell allen Lichtes und Lebens: „Denn bei Dir ist der Quell des Lebens, und in deinem Licht schauen wir das Licht“ (Ps 36,10).
Nur der Mensch, der die offenbarte Wahrheit und den Willen Gottes bejaht und befolgt, der sich einem wahren geistigen Meister anschließt, von ihm eingeweiht und geleitet wird, hat den esoterischen Weg gewählt, der ihn grundsätzlich über alle Stufen des Geistes bis zur höchsten führen kann – den Weg, auf dem er, vom Ich-Wahn befreit und vom göttlichen Selbst erleuchtet und erfüllt, wiederkehren kann aus dem „Nichts des Nichts“ zu allem, was ist, und von allem, was ist, zurück zum Allerhöchsten, Einzigwahren und Alleinwirklichen.
Dieser Mensch hat das Wesentlichste aller Religionen verwirklicht – und als Jude sein Glaubensbekenntnis: „Höre Israel, *JHWH,* unser Gott, *JHWH* ist Eins“ (Dtn 6,4).

Anmerkungen

1 Das Tetragrammaton *JHWH* bedeutet für die jüdische Überlieferung den allerheiligsten Namen Gottes. Vor mehr als zweitausend Jahren wurde den Juden – und vor allem ihrer großen Masse – sein für Unwürdige gefährliches Aussprechen untersagt. Wir lehnen uns hier an den jüdischen Brauch an, diesen Namen ohne Vokalisierung wiederzugeben. Seine Wurzel ist *hajah,* „sein“ oder „wesen“, und er weist mehrere Vokalisierungen auf, wovon jede einem Anblick oder einer Kundgebungsweise des göttlichen „Wesens“ entspricht. Nur eine Auslese unter den eingeweihten Esoterikern ist dazu berufen, die geheime, ununterbrochene Anrufung dieses Namens durch alle Zeiten hindurch fortzusetzen in Erfüllung des Gebotes: „Das ist mein Name ewiglich, dabei soll man Meiner gedenken von einem Geschlecht zum andern“ (Lev 3,15). Diese Eingeweihten allein sind es auch, die genau wissen, wie der allerheiligste Name angerufen werden soll.

2 Der Sohar, das „Buch des Strahlens“ oder „Glanzes“, ist das berühmteste und umfangreichste Sammelwerk esoterischer Schriften des Judentums, das vor allem rein geistige Auslegungen der *Torah* enthält. Seine Urheberschaft ist umstritten. Es wurde zuerst Rabbi Simon ben Jochai (2. Jahrh.) oder seiner Schule und schließlich dem spanisch-jüdischen Meister der Kabbala Rabbi Mosche de Leon (13. Jahrh.) zugeschrieben. Der Sohar ist jedenfalls zum meistverbreiteten und einflußreichsten literarischen Ausdruck der jüdischen Innenlehre geworden. Viele jüdische Mystiker hielten ihn für inspiriert und nannten ihn den „heiligen Sohar“, und in den heutigen esoterischen Kreisen wird ihm immer noch eine ähnliche Verehrung gezollt wie der Bibel.

3 Martin Buber: Die Erzählungen der Chassidim. Manesse Verlag, Zürich 1949, S. 638.

4 I, 31b, 37b, 55b – 56b, 59b, 75b, 76a, b.

5 Siehe u.a. Sohar I, 37b, 55b, 59b, 71b, 75b, 76a.

6 Otto Wilhelm Barth Verlag, Weilheim 1972.

WILLIAM STODDART

Das Sufitum

Anblicke islamischer Esoterik

Esoterik ist das Gegenstück von Exoterik. Letztere ist die äußere und allgemeine Religion der Dogmen und Glaubensvorschriften, die in einer überlieferten Kultur die ganze Gemeinschaft durchdringt und die das Heilsmittel ausmacht. Esoterik dagegen ist, geistig und metaphysisch gesprochen, jene „allumfassende Wahrheit", die hinter den Dogmen der allgemeinen Religion steht – und von ihnen nur sinnbildlich ausgedrückt wird – und gleichzeitig den Schlüssel zu den Glaubensvorschriften bietet und letztlich ihr zureichender Grund ist.

Was in der Exoterik Dogmen und Glaubensvorschriften sind, das wird in der Esoterik zur unbedingten Wahrheit und zu Verwirklichungswegen. In der Exoterik und in der Esoterik sind, von verschiedenen Ebenen aus gesehen, je zwei Pole gegenwärtig: Theorie und Praxis oder Lehre und Methode. Den ersten Rang nimmt in diesem Zusammenhang die Theorie oder die Lehre ein, denn man kann nicht etwas tun, bevor man es verstanden hat. Praxis ohne Theorie ist ohne Beweggrund und ohne Ziel.

Die Exoterik ist nicht unbeteiligt: sie zielt auf die Umgestaltung der ganzen Gemeinschaft und möchte so viele Seelen wie nur möglich retten. Esoterik dagegen ist unbeteiligt und unpersönlich. Als „allumfassende Wahrheit" rettet und erlöst sie a fortiori[1]; aber

während die Exoterik unvermeidlich ein sittenhaftes und eher subjektives Gepräge hat, ist Esoterik leidenschaftslos und gänzlich objektiv.
Was mit einem universalen Standpunkt gemeint ist, kann vielleicht am besten mit dem folgenden Satz zusammengefaßt werden: Alle Religionen kommen von Gott, und alle Religionen führen zu Gott zurück. Der erste Teil dieses Satzes bezieht sich auf die Lehre, der zweite auf die Methode oder den „Weg" oder „Pfad" Dieser Satz setzt voraus, daß von „offenbarten" Religionen die Rede ist und daß diese Religionen ihre Lehrrichtigkeit (Orthodoxie), das heißt ihre Treue zur Wahrheit, bewahrt haben und überlieferungstreu geblieben sind, mit anderen Worten: daß sie keine wesentlichen Neuerungen zugelassen haben.
Vom universalen Standpunkt aus werden die verschiedenen Offenbarungsreligionen bisweilen als Sektoren eines Kreises dargestellt, in dessen Mittelpunkt die Sektoren notwendig zusammentreffen. Die größere und weitere Fläche des Sektors, die an den Umkreis grenzt, stellt die gegebene Exoterik dar, während die kleinere und schmalere Fläche des Sektors, die den Mittelpunkt umgibt, die entsprechende Esoterik veranschaulicht. Der ausdehnungslose Mittelpunkt selbst ist die Esoterik in ihrem reinen Zustand: die allumfassende Wahrheit.
Die gleiche Symbolik kann auch in drei Ausdehnungen an der Form eines Kegels oder eines Berges angewendet werden. Hier gilt zunächst, daß alle Wege auf den Gipfel führen. Der ausdehnungslose Mittelpunkt, für den hier der Gipfel des Berges steht, bedeutet, wie gesagt, die ganze Wahrheit. Der Kegel oder Berg kann in verschiedene Abschnitte eingeteilt werden, von denen jeder eine Religion darstellen soll. Dabei stellt der untere Abhang jedes Abschnitts die gegebene Exoterik dar, während der obere Abhang desselben Sektors die entsprechende Esoterik versinnbildlichen soll. Der Gipfel stellt die Esoterik in ihrem reinen Zustand dar.
Vielleicht ist von allen Sinnbildern, die sich auf die Entstehung, die gegenseitigen Wechselwirkungen und Heilsaufgaben der verschiedenen Offenbarungen beziehen, jenes am unmittelbarsten, das die Esoterik (in ihrem reinen Zustand) mit dem farblosen Licht bzw. mit der farblosen Lichtheit vergleicht und die verschiedenen

Religionen mit Rot, Grün, Gelb und anderen Farben des Spektrums. Entsprechend ihrem Abstand von der Lichtquelle werden die farbigen Strahlen entweder stärker oder schwächer, das heißt mehr esoterisch oder mehr exoterisch sein. Jede Farbe ist eine Form oder ein Träger der Wahrheit, und jede Farbe veranschaulicht die ganze Wahrheit. Aber die überförmliche ganze Wahrheit, die Fülle der farblosen Lichtheit erschöpft sich nicht in einer Farbe allein oder wird durch sie begrenzt.

Diese Symbolik zeigt übrigens, wie wertvoll die Exoterik ist. Ein schwaches farbiges Licht, das in widrigen Verhältnissen aufscheint, reicht aus, wenn wir es wirklich zu sehen versuchen, uns vor äußerer Finsternis zu retten. Ungeachtet der „Lichtbrechung" (und wir erinnern daran, daß es die „Farbe" ist, welche es für die Mehrzahl der Menschen zugänglich macht) und trotz seiner Schwäche ist es dasselbe Licht wie die farblose Lichtheit Gottes selber, und seine barmherzige Aufgabe besteht darin, uns zu dieser unbedingten und unendlichen Quelle zurückzuführen.

Mystik ist der innere geistige Bereich in jeder Religion. Das entspricht genau dem, was auch Esoterik ist. Hier stellt sich die Frage: Läßt der Mystiker, der das Ende des Pfades erreicht hat, die Religion eigentlich hinter sich? Die Antwort lautet ja und nein. Vom Sinnbild der farblosen Lichtheit her, das sich in so viele Farben bricht, kann man sagen, daß er die „Farbe" hinter sich gelassen hat, nicht aber das Licht. Und doch, wenn man bedenkt, daß jede Farbe in der farblosen Lichtheit ganz gegenwärtig ist (in harmonischer Einheit mit all den anderen Farben, die auf diese Weise die ursprüngliche Fülle des Lichts ausmachen), kann man nicht sagen, daß er die Farbe wirklich hinter sich gelassen hat. Er hat nichts anderes getan, als in das Wesen und bis in den Ursprung seiner eigenen Farbe einzudringen, wo sie in grenzenloser Klarheit wesentlich und ganz gegenwärtig ist.

Die farblose Lichtheit, die Quelle aller Farben, wird auch philosophia perennis oder religio perennis genannt. Sie ist dasselbe, was Esoterik in ihrem reinen Zustand ist. Diese Wahrheiten sind für den Anfänger von entscheidender Bedeutung, denn die Meinung, man könne die Religion (Exoterik) aufgeben und bedürfe nur noch der Mystik (Esoterik), weil Mystik oder Esoterik die allen Religionen innere gemeinsame Wahrheit sei, ist in sich selber haltlos.

Vielmehr gilt für den Menschen, daß er aufgrund göttlicher Gnade für wert befunden wurde, sich zur farblosen Lichtheit Gottes kehren zu dürfen, und sich diesem Licht aber nur annähern kann, wenn er den Weg der Farbe Rot oder Grün oder den Weg einer anderen Farbe beschreitet (und sein „Rot" oder sein „Grün" muß so rein und so stark wie möglich sein). Die Annahme, wir könnten zum farblosen Licht Gottes gelangen, ohne jenen Weg des farbigen Lichtstrahls mit Ausdauer beschreiten zu müssen, ist nicht nur Überheblichkeit, sondern Täuschung schlechthin.
An dieser Stelle soll nicht unerwähnt bleiben, daß jegliche Verschmelzung (Synkretismus) und jegliche Pseudo-Theosophie in gleicher Weise in die Irre führt. Aus jeder Religion Teile und Stücke auszuwählen und zu sammeln (angeblich beziehen sich diese Teile auf einen gemeinsamen höchsten Faktor), gleicht dem Versuch, das Unvermischbare miteinander zu mischen. Derartige Versuche führen nicht zur Klarheit, sondern enden fruchtlos in einer trüben Undurchsichtigkeit.

Die vorhergehenden Sinnbilder lassen den Zusammenhang zwischen islamischer Exoterik, islamischer Esoterik und religio perennis deutlich erkennen.
Die islamische Exoterik, die sharī'a, betrifft die ganze Gemeinschaft und ist der corpus von Glaubenssätzen und religiösen Übungen, welcher die Gemeinschaft gestaltet und die einzelnen zum Heile führt.
Islamische Esoterik oder das Sufitum (arabisch: tasawwuf) ist der innere oder geistige Bereich der Religion und ist nur Sache derjenigen, die dazu berufen worden sind.
Vom vollbringenden Standpunkt aus besteht der Hauptunterschied zwischen Exoterik und Esoterik (das heißt, zwischen der äußeren islamischen Religion und dem Sufitum) in folgendem: Während das Ziel der sharī'a das Heil ist, das gewöhnlich nur nach dem Tod als erreichbar gilt – als Begegnung der Heiligen im Paradies –, faßt das Sufitum als seinen Hauptzweck die Erreichung von Heiligkeit oder Befreiung (oder das Betreten des Pfades, der zum Heil führt) schon für dieses Leben, hier und jetzt, ins Auge. Das ist nichts anderes als der Pfad zur Heiligung, dessen Ziel die Einung mit Gott ist, auf welcher Stufe oder in welcher Weise auch immer.

Der Koran sagt: „Wahrlich, wir sind Allāhs, und wahrlich, zu Ihm kehren wir zurück.“ Die Aufgabe des Sufitums (aber auch der allgemeinen Religion, obgleich bei dieser in einer weniger unmittelbaren, weniger tätigen und in einer mehr äußeren Weise) besteht in der Unterweisung, daß diese „Rückkehr“ zum Heil und zur Befreiung notwendig den Willen des einzelnen in Anspruch nehmen muß. Es darf nicht vergessen werden, daß alle Religionen in gleicher Weise lehren, daß das Verderben und die Verdammnis Ergebnis jener Verweigerung des einzelnen ist, am göttlichen Willen, wie er zum Beispiel in der entsprechenden Offenbarungsreligion zum Ausdruck gekommen ist, mitzuwirken. Die Offenbarung ist ja der objektive Pol der Religion, in der sie zum einzelnen von außen her kommt, während sich der subjektive Pol von innen her ergibt. Der subjektive Pol schließt sowohl die Stimme des Gewissens als auch die unmittelbare Zustimmung zu den Wahrheiten der Religion ein, welche den Glauben begründet. Für die Religion und die Geistigkeit sind Offenbarung und Glaube jene zweifache bzw. die objektive und subjektive Quelle der Erkenntnis.

Als einfacher Schlüssel zum leichteren Verständnis der Begriffe von „objektiv“ und „subjektiv“ mag die Lehre der Hindus vom Sat-Chit-Ananda dienen. Im Hindutum ist dieser Ausdruck einer der Namen Gottes. Seine einzelnen Bestandteile werden gewöhnlich als (unendliches) Sein, (unendliches) Bewußtsein und (unendliche) Glückseligkeit übersetzt. Dies ermöglicht uns das Sein als das göttliche Objekt und das Bewußtsein als das göttliche Subjekt zu sehen. Die Glückseligkeit als freudige Zusammenkunft dieser beiden ist die göttliche Einung. Die Übersetzung, die das Wesentliche von Sat – Chit – Ananda am besten wiedergibt, lautet daher: „Objekt-Subjekt-Einung“[2].

Dieser dreifache Anblick der Gottheit ist universal und findet sich in allen Religionen. Im Christentum ist dieser Anblick das Hauptdogma, und Gott wird betrachtet als Vater, Sohn und Heiliger Geist. Die Ähnlichkeit zwischen der christlichen Dreifaltigkeit und „Sein – Bewußtsein – Glückseligkeit“ wird am besten in den lehrhaften Darstellungen der griechischen Kirchenväter deutlich und auch in der Bezeichnung der heiligen Dreifaltigkeit als „Sein – Weisheit – Leben“ durch den heiligen Augustinus. Im Islam, obwohl er eine streng monotheistische Religion ist, erinnern be-

stimmte sufische Formulierungen an ebendenselben dreifachen Anblick der Gottheit.
Darauf wird später eingegangen werden, wenn sich die Frage nach der geistigen Verwirklichung im Sufitum stellt, deren wesentliches Mittel ja in der Anrufung (dhikr) des Namens Gottes besteht. In diesem Zusammenhang ist gesagt worden, daß Gott nicht nur der ist, welcher angerufen wird (madhkūr), sondern in letzter Folgerung auch der, welcher in uns anruft (dhākir); überdies ist der dhikr, da er mit der inneren Tätigkeit Gottes[3] eins ist, selbst göttlich. Wir haben also die Dreiheit madhkūr (der Angerufene), dhākir (der Anrufende) und dhikr (die Anrufung). Das ist das eigentliche Wesen der Theorie und Praxis von Esoterik, sei sie nun islamisch oder eine andere, denn diese „Einung" in divinis ist das Vorbild und Muster der Einung von Gott und Mensch. Die Lehren der Hindus, der Christen und der Sufis sind also darin einig, daß sie in gleichem Maße ausdrücken, wie und warum es so ist.

Das Geheimnis der Einung, von welchem lehrhaften Standpunkt aus man sich ihm auch immer nähern mag, birgt in sich eine unvermeidliche Aufforderung zur geistigen Verwirklichung und ist die Grundlage des mystischen Pfades und der Beweggrund alles geistigen Strebens. Eine jener Lehren, die das Geheimnis der Einung in höchster Weise esoterisch zum Ausdruck bringt, ist die Lehre vom Logos. Diese Lehre hat ihren Ursprung in der Unterscheidung, die in Gott selbst gemacht werden kann, nämlich zwischen Gott und Gottheit oder zwischen „Sein" und „Wesenheit". Diese Unterscheidung findet sich in der Esoterik verschiedener Religionen und besonders in den Schriften solch großer „Gnostiker" wie Shankara, Meister Eckhart und Ibn ‘Arabi[4]. Gewöhnliche Theologie unterscheidet nur zwischen Gott und Mensch, zwischen dem Ungeschaffenen und dem Geschaffenen. In jeder dieser Kategorien macht die Esoterik aber noch eine weitere Unterscheidung. Zum Beispiel gibt es in Gott selbst schon ein Vorbild der Schöpfung, und das ist Gott als „Sein". Gott als „Sein" ist der unmittelbare Schöpfer der Welt. Das ist die Ursache der metaphysischen Unterscheidung zwischen „Über-Sein" („Wesenheit") und „Sein" oder zwischen Gottheit und persönlichem Gott. In gleicher Weise kann diese Unterscheidung im Bereich des Geschaffenen gemacht werden, denn es gibt innerhalb des Geschaffenen etwas, was das Ungeschaffene widerspiegelt (etwas im Verhältnismäßigen, was das Absolute widerspiegelt). Im Christentum ist dies der Erlöser, im Islam der Prophet. Allgemeiner ausgedrückt, ist es die Wahrheit und die Tugend oder das Symbol und das Sakrament.

Diese verschiedenen Ebenen werden durch den Begriff des Logos miteinander verknüpft: das Urbild des Geschaffenen im Ungeschaffenen (dem persönlichen Gott) ist der ungeschaffene Logos. Die Widerspiegelung des Ungeschaffenen im Geschaffenen – oder des Absoluten im Verhältnismäßigen (Erlöser; Prophet; Wahrheit und Tugend; Symbol und Sakrament) – ist der geschaffene Logos. Daher die Unerläßlichkeit des Logos (mit seinen zwei Seiten) als „Brücke" zwischen Geschaffenem und Ungeschaffenem oder zwischen Mensch und Gott.

Ohne den Logos wäre eine Berührung zwischen Mensch und Gott nicht möglich. Dies aber scheint die Position der Deisten zu sein. Ohne den Logos würde es einen grundsätzlichen Gegensatz geben, keine „Nicht-Zweiheit" (Advaita), wie es im Vedanta heißt. Und dies ist in der Tat die Sackgasse, in die uns Descartes (mit seiner unüberbrückbaren Spaltung von Geist und Materie) geführt hat. Diese Lehre kann im folgendem Schema zusammengefaßt werden:

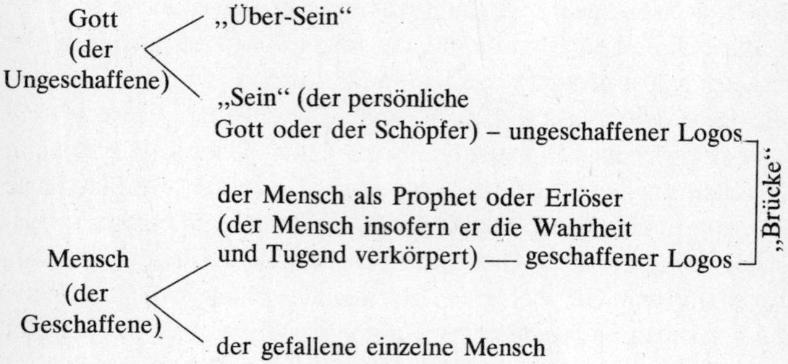

Esoterik stellt also ausdrücklich die Wirklichkeit der mystischen Einung dar, denn durch die Vereinigung mit dem geschaffenen Logos (zum Beispiel in der Eucharistie, in der Anrufung des Göttlichen Namens oder in der Übung der Tugenden) verwirklicht der

Bewerter (der im Sufitum faqir genannt wird) seine Einung mit der ungeschaffenen Gottheit.

Der Logos ist überall und immer derselbe, aber seine Verkörperungen sind in jeder einzelnen Religion in der Gestalt der Gründer einmalig. Jesus und Mohammed sind Verkörperungen des Logos, und diese Tatsache hat sie befähigt, in absoluter Weise zu sprechen. Mohammed sagte: „Wer mich gesehen hat, hat Gott gesehen." Das bedeutet, wer auch immer den geschaffenen (und sichtbaren) Logos gesehen hat, hat sakramental auch den ungeschaffenen (und unsichtbaren) Logos „gesehen", nämlich Gott als „Sein" oder Schöpfer. In ähnlicher Weise hat Jesus gesagt: „Kein Mensch kommt zum Vater denn durch mich." Und dies ist von derselben Bedeutung. Diese Gründe sind es eigentlich, die Mohammed für die Moslems (wie Jesus für die Christen) „absolut" unerläßlich machen. Im Islam ist dies der letzte oder der esoterische Grund für die Übereinstimmung mit der Sunna, dem „Brauch" oder der „Übung" des Propheten. Nach außen ist die Sunna eine Norm für die gesamte islamische Kultur. Für den faqir ist der Einklang mit der „inneren" oder wesentlichen Sunna ein Sakrament und Hauptmittel zur Verwirklichung der Einung. Die Jungfrau Maria spielt mutatis mutandis die gleiche Rolle. Sie ist die weibliche Verkörperung des Logos – oder die Verkörperung des weiblichen Anblicks des Logos – nämlich Reinheit, Schönheit und Güte. Aus diesem Grund wird sie im Christentum „Miterlöserin" (Co-Redemptrix) genannt.

Die bisherigen lehrhaften Betrachtungen lassen erkennen, daß die mystische Einung, auf welcher Stufe oder in welcher Weise auch immer, nur durch den Logos zu verwirklichen ist[5].

Es ist mehr als einmal darauf hingewiesen worden, daß das Sufitum die geistige und metaphysische Auslegung und Anwendung der Religion des Islams ist. Die Hauptbotschaft des Islams ist die Glaubensaussage (shahāda): „Es gibt keinen Gott, wenn nicht Gott; Mohammed ist der Gesandte Gottes" (lā ilāha illā Llāh; Muhammadur Rasūlu'Llāh). Die esoterische Auslegung der shahāda findet sich in der Lehre vom wahdat al-wuǧūd oder der „Einheit des Seins". Nach dieser Lehre bedeutet die shahāda nicht nur, daß „es keinen Gott gibt außer Gott", sondern vielmehr, daß „es keine Wirklichkeit gibt außer der Wirklichkeit". Ein Name Gottes lautet in der Tat al-Haqq, was „Wirklichkeit", „Wahrheit" bedeutet.

Diese Lehre bedeutet auch, daß das Verhältnismäßige nur im Absoluten Wirklichkeit hat. Der Moslem oder Sufi hat Zugang zum Absoluten und Unendlichen durch den Koran (Gottes offenbartes Wort), durch die shahāda und am meisten im Göttlichen Namen Allāh. Er hat auch Zugang durch den Propheten, der in dieser Welt die eigentliche Widerspiegelung Gottes selber ist. Der Name des Propheten wird im zweiten Satz der shahāda mitgeteilt. Der Mensch hat durch diese beiden offenbarten und heiligen Sätze einerseits Zugang zur göttlichen Unwandelbarkeit und andererseits zur mohammedanischen oder prophetischen Norm. In und durch diese beiden shahādas wird das Unvollkommene durch das Vollkommene (die mohammedanische Norm) überwunden, und das Vergängliche wird durch das Unvergängliche (Gott selbst) ausgelöscht. Im Koran heißt es: „Gekommen ist die Wahrheit und vergangen die Lüge. Siehe die Lüge ist stets vergänglich."[6]

Die bisherigen Betrachtungen lassen erkennen, daß die geistige Methode oder die Mittel zur Verwirklichung im Sufitum vor allem in der „Erinnerung an Gott" (dhikr Allāh) bestehen. Die Wurzel dieses Wortes bedeutet in der arabischen Sprache soviel wie Erwähnung oder Anrufung, und die Übung wird daher auch „Anrufung" (das heißt Anrufung des Göttlichen Namens) genannt. Bereits oben wurde darauf hingewiesen. Die geistige Übung der Anrufung leitet sich aus zahlreichen Geboten im Koran ab: „Und gedenke des Namens deines Herrn" (idhkurū'Llāha dhikran kathīran), „... wahrlich die Herzen finden Ruhe im Gottesgedenken" (a lā bi-dhikri 'Llāhi tatma' innu 'l-qulūb) und „Gedenket Meiner, und Ich werde eurer gedenken ..." (idhkurū-nī, adhkurkum).

Dhikr kann nur mit der Erlaubnis und unter der Leitung eines geistigen Meisters oder Scheichs durchgeführt werden. Er kann entweder allein oder in einer Versammlung (maǧlis) von eigens zu diesem Zweck zusammengekommenen fuqarā (Plural von faqir), ausgeführt werden und wird von einem Scheich oder seinem Stellvertreter (muqaddam) geleitet.

Von einem anderen Standpunkt her betrachtet, sollte der dhikr ständig geübt werden. Das ähnelt dem „Gebet ohne Unterlaß" des heiligen Paulus (Jesus-Gebet der Ostkirche) und dem japa-yoga der Hindu. Der unmittelbar praktische Beweggrund für den dhikr liegt in der Tatsache, daß der Mensch ein Gefangener seines Daseins ist. Das Dasein ist zur Vergänglichkeit verurteilt, und diese Vergänglichkeit bringt unvermeidlich Trennung, Leiden und Tod mit sich.

Die islamische Esoterik lehrt, daß allein der göttliche Grund ewig sei und glückselig. Wiederum kommen wir auf die Botschaft der shahāda zurück: „Es gibt kein Ewiges außer dem Ewigen", „es gibt keine Wirklichkeit außer dem Wirklichen."

Die Lehre vom dhikr lautet, der Göttliche Name (Allāh) vermittle unmittelbar den göttlichen Grund und der Gläubige befreie sich vom Dasein und dem mit ihm verbundenen Leiden innerlich, sofern er in inbrünstiger Anrufung eins mit dem Göttlichen Namen werde. Die wesentliche Bedingung für dhikr ist faqr, das heißt „geistige Armut" oder Selbstauslöschung. Ohne faqr ist dhikr nur Selbsttäuschung und Hochmut und für die Seele ein gefährliches Gift. Allein der faqir (derjenige, der „arm im Geiste" ist) kann ein dhākir (einer, der Gott anruft) sein.

Dhikr in einem weiteren Sinne schließt jede Frömmigkeit ein, die als Stütze für die Erinnerung an Gott dient, dazu gehört besonders der wird oder Rosenkranz, den viele fuqarā morgens und abends aufsagen. Der wird enthält drei Formeln aus dem Koran, jede von ihnen wird hundertmal aufgesagt. Die erste Formel bezieht sich auf den einzelnen Menschen, und ihr Ziel besteht in Reue, aber auch in Entschlossenheit. Die zweite Formel enthält den Namen des Propheten und sucht dem faqir jenen vollendeten Zustand zu vermitteln, in dem der Mensch ursprünglich geschaffen war. Die dritte Formel enthält den Namen Gottes und birgt und trägt das Geheimnis der Einung in sich.

Diese drei Formeln entsprechen also den drei „Stufen", die in der Mystik der verschiedenen Religionen als Reinigung, Vollendung und Einung bekannt sind. In ihrem Wesen entsprechen sie den drei grundsätzlichen Anblicken aller Geistigkeit: Demut, Liebe, Wahrheit.

Die zuletzt erwähnten Ausdrücke führen uns unmittelbar zur islamischen Dreiheit, nämlich machāfa, mahabba und ma'rifa, die übersetzt werden kann als „Furcht Gottes“, „Liebe Gottes“ und „Erkenntnis Gottes“. „Furcht“, „Liebe“ und „Erkenntnis“ (oder Gnosis)[7] können entweder als gleichzeitige Anblicke oder als aufeinanderfolgende Zustände betrachtet werden. Sie entsprechen der vielleicht besser bekannten Hindu-Dreiheit: karma-marga (Weg der Handlung), bhakti-marga (Weg der Liebe) und jñana-marga (Weg der Erkenntnis). Im engeren Sinne sind es nur bhakti und jñana (das heißt mahabba und ma‘rifa), die Esoterik begründen, und Esoterik ist entweder der Weg der Liebe oder der Weg der Erkenntnis oder eine Verbindung von beiden.

Weil ein Vergleich mit dem Christentum diese Zusammenhänge verdeutlichen kann, soll aus dem Leben Jesu der Empfang im Hause der beiden Schwestern Martha und Maria nicht unerwähnt bleiben. Was nämlich im Christentum als „Weg der Martha“ bezeichnet wird, das entspricht dem karma-marga, dem Weg der Glaubensvorschriften und guten Werke. Der esoterische oder mystische Weg andererseits ist der „Weg der Maria“, der den bhakti-marga (Weg der Liebe) und auch den jñana-marga (Weg der Erkenntnis) in sich einschließt. Karma als solches ist rein exoterisch, aber es muß nachdrücklich betont werden, daß es auch immer einen karmischen Anteil im bhakti und jñana gibt. Das Sufitum lehrt ausdrücklich, daß der Weg der Liebe (mahabba) und der Weg der Erkenntnis (ma‘rifa) notwendig auch einen Anteil von Furcht oder Ergebung (machāfa) in sich haben müssen. In ähnlicher Weise ist ja im Weg der Erkenntnis die Wirklichkeit der Liebe immer gegenwärtig.

Der Weg der Liebe, der aus Glaube und Inbrunst besteht, enthält indirekt ein Element von jñana oder ma‘rifa, in Gestalt dogmatischer oder spekulativer Theologie. Dieses Element liegt in der intellektuellen Spekulation als solcher und nicht in ihrem Ziel, welches für den Weg der Liebe auf Gott als „Sein“, „Schöpfer“ oder „Herr“ eingeschränkt ist. Wenn das Ziel Gott als „Über-Sein“ oder „Wesenheit“ ist, dann handelt es sich nicht mehr um bhakti (oder mahabba), sondern um jñana (oder ma‘rifa).

Obwohl sich also in jedem „Weg“ Elemente der anderen Wege finden, bilden die drei Wege karma, bhakti und jñana (oder machāfa, mahabba und ma‘rifa) drei bestimmte und voneinander leicht zu unterscheidende Weisen religiösen Strebens.

Was nun die Frage angeht, an welchen dieser drei Wege sich ein Bewerber halten soll, so ist darauf zu antworten, daß dies vor allem eine Frage des Temperaments und der Berufung ist. Es geht ja letztlich darum, daß der Weg den einzelnen sucht und nicht der einzelne den Weg.

Historisch betrachtet, ist das Christentum im großen und ganzen als „Weg der Liebe" zu kennzeichnen, während die islamische Mystik (und auch die Mystik der Hindus) den „Weg der Liebe" und den „Weg der Erkenntnis" in sich begreift. Die Sprache des „Weges der Liebe" ist sich überall ähnlich, in welcher Mystik sie auch immer gesprochen wird. Die eher „gnostischen" Formulierungen der islamischen Esoterik (wie des Vedanta) mögen in den Ohren derer fremdartig klingen, die bloß mit den christlichen oder in jedem Fall bhaktischen Formen der Geistigkeit vertraut sind[8]. Die Tatsache, daß die geistige Methode par excellence in der „sakramentalen" Ansammlung auf den offenbarten Namen Gottes (dhikr Allāh) besteht, zeigt deutlich, daß sich die islamische Esoterik mit ihrer ausübenden Seite streng dagegen wenden muß, der verdorbenen Subjektivität des Menschen ihre Handlungsfreiheit zu lassen. Sie zielt in der Tat darauf ab, diese verdorbene Subjektivität dem maßgebenden und verwandelnden Einfluß des göttlichen „Objekts", des transzendenten Gottes, auszusetzen. Gleichzeitig und mehr esoterisch enthüllt sie den erbärmlichen Egoismus des Menschen, der dann wieder als ein „Objekt" für den vernichtenden und doch erquickenden Einfluß des göttlichen „Subjekts", des immanenten Gottes, gesehen wird. Der Name Gottes (Allāh) ist das transzendente Objekt und zugleich das immanente Subjekt (Madhkūr und Dhākir). Diese beiden voneinander sich abhebenden Haltungen oder „Zustände" (maqām) – geistige Auslöschung vor dem göttlichen Objekt und geistige Wiedergeburt im göttlichen Subjekt – sind die beiden Anblicke, nämlich der objektive und der subjektive Anblick der einenden Erkenntnis (ma'rifa)[9]. In Sufi-Schriften werden sie fanā (Auslöschung) und baqā (Weiterbestehen) genannt[10].

Die Einrichtung oder der Rahmen, in dem das Sufitum geschichtlich lebt, sind die turūq (Plural von tarīqa, was einerseits „Pfad" oder „Weg", andererseits „geistiger Orden" oder „Bruderschaft" bedeutet). Der erste große Sufi-Orden, der in der Form erschien, in der die turūq jetzt bekannt sind, war die Qādiri-tarīqa, die den Namen ihres berühmten Gründers, des Scheichs ‘Abd al Qādir al-Ǧilānī (1078–1166) annahm. Sie war ein Sproß der älteren Ǧunaidī-tarīqa, die von dem großen Ǧunaid aus Bagdad (gestorben 910) abstammt. Unter denjenigen, die bald darauf folgten, befanden sich die Suhrawardī-tarīqa, deren Gründer Shihāb ad-Dīn as-Suhrawardī (1144–1234) war, sowie die verehrungswürdige Shādhilī-tarīqa, gegründet durch eine der größten Leuchten des westlichen Islams, den Scheich Abū’l-Hasan ash-Shādhilī (1196–1285). Ein anderer Orden, der etwa im gleichen Zeitraum geschaffen wurde, war die Maulawī-tarīqa (bekannter unter ihrem türkischen Namen Mevlevi), die nach dem Titel Maulānā („unser Herr“) so benannt wurde, den die Schüler dem Ordensgründer Ǧalal ad-Dīn Rūmī (1207–1273) verliehen, dem Verfasser des Mathnawī und vielleicht allergrößten mystischen Dichter des Islams.

Der namhafteste in Indien entstandene Orden der Sufi ist die Chishtī-tarīqa, die von Mu’īn ad-Dīn Chishtī (1142–1236) begründet wurde, dessen Grab in Ajmer eines der bedeutendsten Heiligengräber auf dem Subkontinent ist, der von Hindus und Moslems gleicherweise besucht und verehrt wird. Ein anderer im ganzen Osten bedeutender Orden ist der Naqshbandī-Orden, der im vierzehnten Jahrhundert von Pīr Muhammad Naqshbandī gegründet worden ist. Ein im westlichen Islam weitverbreiteter Orden ist derjenige der Darqāwī, einer verhältnismäßig jungen Untergruppe der Shādhilī-tarīqa, die von dem marokkanischen Scheich Mulay al-‘Arabī ad-Darqāwī (etwa 1743–1823) gegründet worden ist. Ein bedeutender geistiger Nachkomme von Mulay al-‘Arabī ad-Darqāwī war der algerische Scheich Ahmad al-‘Alawī (1869 bis 1934), „dessen Gelehrtheit und Heiligkeit“, wie A. J. Arberry schreibt, „an das goldene Zeitalter der mittelalterlichen Mystik erinnert“ [11].

Es muß betont werden, daß diese Orden keine Sekten sind, sondern mystische Bruderschaften, deren Ziel darin besteht, die Überlieferungen und das Erbe islamischer Geistigkeit zu tragen und zu bewahren, vor allem aber die Gewähr dafür zu übernehmen, daß die Weitergabe des Einweihungsritus (der von Scheich zu Scheich erfolgt und auf Mohammed selbst zurückgeht, der ihn durch Gottes

Gnade vom Erzengel Gabriel erhielt) das sine qua non für das Betreten und die Gefolgschaft des Sufi-Pfades ist. Ohne diese Einweihung, der eine lange und ausdauernde Jüngerschaft unter einem geistigen Meister folgt, gibt es kein Sufitum und ist keine geistige Wiedergeburt oder Heiligung möglich[12].

Aus dem Englischen übersetzt von Roland Pietsch

Anmerkungen

[1] „Ihr werdet die Wahrheit erkennen, und die Wahrheit wird euch frei machen" (Joh 8,32).

[2] Sat – Chit – Ananda kann auch als „Erkannter – Erkennender – Erkenntnis" oder als „Geliebter – Liebender – Liebe" (beziehungsweise „Geliebte – Liebender – Liebe") gedeutet werden.

[3] Daß diese göttliche Tat durch den Menschen hindurchgeht, ist das Geheimnis der Erlösung.

[4] Dieselbe Unterscheidung findet sich auch bei Gregor Palamas in seiner Lehre von der göttlichen Wesenheit und von den göttlichen Energien.

[5] Diese Darstellung ist den Schriften Frithjof Schuons entnommen. Siehe besonders L'Ésoterisme comme Principe et comme Voie. Paris 1978. Englische Übersetzung: Esoterism as Principle and as Way. London 1980.

[6] Hinsichtlich einer genauen esoterischen Auslegung der shahāda vgl. Titus Burckhardt: Symboles. Paris 1980.

[7] Dieses Wort wird hier rein etymologisch gebraucht und hat nichts mit jenem „Gnostizismus" aus der Zeit des Frühchristentums zu tun. Das griechische Wort Gnosis entspricht dem Sanskritwort jñana (mit dem es verwandt ist) und dem arabischen Wort maʿrifa.

[8] Zu jenen, die im Christentum ausnahmsweise den „Weg der Erkenntnis" verkörpern, gehören solche großen Gestalten wie Dionysius Areopagita, Meister Eckhart und Angelus Silesius. Es ist bezeichnend, daß die Werke der „Gnostiker" im allgemein „bhaktischen" Klima des Christentums Unruhe erzeugten.

[9] Diese Zusammenstellung der beiden Anblicke geistiger Verwirklichung oder Methode ist den Schriften Frithjof Schuons entnommen. Vgl. besonders: Das Ewige im Vergänglichen. Weilheim 1970.

[10] Der sufische Ausdruck fanā al-fanāʾi („Auslöschung der Auslöschung") ist gleichbedeutend mit baqā.

[11] Luzac's Oriental List, Oktober–Dezember (London 1961).

[12] Siehe William Stoddart: Das Sufium. Freiburg i. Br. 1979, S. 56–58. Dieses Buch enthält einen einfachen Bericht und grundsätzliche Angaben über die Hintergründe des Sufitums.

HANS JÜRGEN BADEN

Institution und Innerlichkeit

Die „Innerlichkeit“ hat einen schweren Stand, sie ist das rote Tuch, die permanente Herausforderung für Aktivisten, Weltveränderer, Umstürzler jeder Schattierung. Alle argwöhnen, daß man unter dem Vorwand der Innerlichkeit sich der Verantwortung zu entziehen, die Forderungen des Tages zu verleugnen gedenke. Die Vertreter der Innerlichkeit stehen im Abseits: sie haben die Bühne der Öffentlichkeit verlassen und sind mit ihren narzißtischen Spielereien vollauf beschäftigt. Sie zählen zu den berüchtigten Bewohnern des Elfenbeinturms. Sie lassen sich (oft ohne es zu wollen) von den Mächtigen mißbrauchen – ein Vorwurf, der nach 1945 gegen viele Vertreter der „inneren Emigration“ lautstark erhoben wurde.
Häufig dient die Innerlichkeit als Vorwand, um hinter ihren zarten, dezenten Vorhängen gewalttätige Auftritte vorzubereiten und sich dabei ein gutes Gewissen zu bewahren. Es sei daran erinnert, daß eine maßgebliche Kulturzeitschrift des Nationalsozialismus die Innerlichkeit im Wappen führte, sie durch ihren Titel „Das innere Reich“ unausgesetzt assoziierte – ein sorgfältig aufgemachtes Blatt übrigens mit hoher Auflage, das auf raffinierte Weise den Verdacht zu widerlegen schien, das Dritte Reich sei die Feindin der Künste, des Geistes. Die Innerlichkeit, mit der diese Zeitschrift lockte,

während ringsum die Vergasungsöfen rauchten, diente lediglich zum Alibi für Verbrechen, die ihresgleichen suchten.
So ließe sich eine Geschichte der Innerlichkeit schreiben, die ein erschreckendes Bild ihres Mißbrauchs, ihrer fortgesetzten Perversion entwürfe. Vielleicht ist es deshalb verständlich, daß die Innerlichkeit nie so gründlich in Verruf geriet wie in unserer Epoche – fast ein Reizwort, Gelächter und Zynismus auslösend.
Eine ähnlich zwielichtige Rolle wie im öffentlichen Leben spielt die Innerlichkeit im religiösen Bereich. Auch hier gilt die Berufung auf sie für suspekt, man meidet sie nach Kräften, entschuldigt sich, wenn ihre Zitierung unerläßlich ist. Dies bleibt ein beunruhigender Widerspruch: die ganze abendländische Geschichte hindurch vertrat man die Auffassung, daß Religion, Christentum, Glaube eine Domäne der Innerlichkeit seien – und muß sich nun just vom Gegenteil belehren lassen. Die Theologie beispielsweise, eine Wissenschaft, die neuerdings häufig mit anderen Wissenschaften an Rationalität und Methode wetteifert: sie quittiert Hinweise auf Innerlichkeit im allgemeinen mit Achselzucken. Der Theologe, soweit er auf das Prädikat des Wissenschaftlichen besonderen Anspruch erhebt, zeichnet sich durch subtile Intellektualität und ein entsprechendes (für den normalen Leser oft unverständliches) Vokabular aus; hier bleibt kein Raum für „Innerlichkeit“ und deren Bekundung.
Besonders schwierig wird das Verhältnis zur Innerlichkeit im Raum des verfaßten Christentums. Zusammenstoßend mit (notwendigen) Lehrsätzen, Überlieferungen, Rechten, Privilegien bleibt die Innerlichkeit ein Fremdkörper, entpuppt sich als Widersacher. Immer wieder sprengt sie die traditionellen Hülsen und Vorschriften, überflutet gleich einer Lava die herkömmliche religiöse Landschaft. Alle vertrauten, geheiligten Stätten – freilich nicht durch Transzendenz, sondern durch Gewohnheit geheiligt – können im Handumdrehen von ihrer Glut erfaßt, ihrem Feuer eingeschmolzen werden. Um solchen bedrohlichen Überfällen zu entgehen, muß die Institution ständig auf der Hut sein. Hier zeichnet sich eine Spannung zwischen Innerlichkeit und Institution ab, welche nicht abreißt, sondern ständig von neuem die Leidenschaft entfacht, der sich eine bemerkenswerte Intoleranz verbündet.

Widerspruch von Institution und Innerlichkeit

Der Konflikt von Institution und Innerlichkeit endet meistens damit, daß einer der beiden Partner absolut gesetzt und gegen den anderen ausgespielt wird. Die Verabsolutierung der Institution begegnet häufig; der Buchstabe triumphiert über den Geist, das Gesetz über Freiheit und Gnade. Die spiritualistische Leidenschaft wird vom Boden dürrer Gesetzlichkeit und Konvention aufgesogen. So verbleibt eine reglementierte Frömmigkeit, deren Schematismus ermüdet und die sich dem Sturm des Geistes hartnäckig verschließt. Hier herrscht ein unausrottbares Mißtrauen gegen alle Formen des Rausches, der Ekstase, des religiösen Eros, der Gnosis; in jeder dieser Formen tritt gleichsam der häretische Versucher hinter dem Vorhang hervor und entfaltet eine zugleich faszinierende wie lästerliche Anziehungskraft. So gewahren wir das offizielle Christentum, seit seinen Anfängen, immer wieder in Abwehrstellung gegen solche Entartungen; ein bedeutender gesetzlich-protokollarischer Aufwand wird betrieben, um die Innerlichkeit in Schranken zu halten, den spiritualistischen Wildwuchs zu beschneiden. Bis zu welchen Übergriffen diese Abriegelung gegenüber Innerlichkeit und Spiritualität führt, hat die Inquisition dokumentiert.

Auf der anderen Seite ist es ebenso möglich, daß die Innerlichkeit sich gegen die Institution, das verfaßte Christentum empört und die eigene Position verabsolutiert. Die Innerlichkeit zettelt unaufhörliche Aufstände an und nimmt keinerlei Rücksicht auf Gesetz und Überlieferung. Die Institution wird in aller Form der Feindschaft gegen jede lebendige, ursprüngliche Frömmigkeit bezichtigt; wer solcher Frömmigkeit nachstrebt, muß sich von der Institution abwenden, ihre Formen zerschlagen, ihre Satzungen liquidieren. Der Ketzer erfährt, unter solchem Aspekt, nicht nur Duldung, sondern stürmische Verehrung; wo immer er auf den Plan tritt, Abweichendes behauptet, verficht, dort ist der Geist der Wahrheit eingekehrt. Der Rang des Ketzers führt sich zurück auf eine Unbedingtheit, die kein Opfer scheut. Diese Auffassung hat sich immer mehr durchgesetzt und zu der (fragwürdigen) Identifikation des Ketzers mit dem Wahrheitszeugen, dem Märtyrer geführt. Selten stand der Ketzer so hoch im Kurs; selten auch wurden die Vertreter der offiziellen Frömmigkeit so abgewertet, fühlten sich dem Mißtrauen der Allgemeinheit ähnlich ausgeliefert wie in der Gegenwart.

Immer von neuem wurde – latent oder offen – die These von Gottfried Arnold (1666–1714) wieder aufgenommen, variiert, daß die Geschichte der wahren Frömmigkeit durch die Außenseiter, die Widersetzlichen und Rebellen bestimmt werde; der Strom des Geistes und der Innerlichkeit lasse sich niemals regulieren, sondern er breche sich selbst die Bahn, fernab jeder kirchenamtlichen Vorschrift.

Während also derart bald die Institution, bald die Innerlichkeit auf den Schild gehoben wurde, schien das Problem gelöst – wie alle Probleme, die sich auf ein handfestes Entweder-Oder reduzieren lassen. Die großen Vereinfacher, deren abschätzige Verurteilung durch Burckhardt man nicht vergessen sollte, feierten ihre Triumphe. Die Alternativen-Falle, man hörte sie deutlich ins Schloß fallen und fühlte sich geborgen. Es kam nur darauf an, welche der beiden Parteien man künftig als schwarz oder weiß anzuerkennen gewillt war...

An dieser Stelle stoßen wir auf das Werk von Gerhard Wehr, das ausschließlich um solche und ähnliche Fragen kreist. Wehr hat sich durch eine Reihe von Büchern als Grenzgänger im religiösen Bereich ausgewiesen (C. G. Jung und Rudolf Steiner, 1972; Thomas Müntzer in Selbstzeugnissen und Bilddokumenten, 1972; Th. Müntzer, Schriften und Briefe, 1973; Christusimpuls und Menschenbild, 1974; Wege zur religiösen Erfahrung, 1974; Jakob Böhme, Christosophia, herausgegeben und erläutert, 1975). Wehrs 1975 erschienenes Buch „Esoterisches Christentum“ (Aspekte – Impulse – Konsequenzen, 314 S., Stuttgart: Klett 1975) ist ein Kompendium unserer Probleme, zeugt von bedeutender Kenntnis der einschlägigen Literatur und – wichtiger als alle Belesenheit – einer Spiritualität, welche noch die sprödesten Stoffe einschmilzt und durchsichtig macht.

Wir erfahren, daß Frömmigkeit und Lehre selten übereinstimmen, vielmehr die Frömmigkeit immer wieder auf ihren Entdeckungszügen über die Lehre hinaus vorstößt, erstaunliche Einsichten gewinnend, sammelnd. Die Dynamik der christlichen Wahrheit zeigt sich besonders dort, wo wir uns ihren Grenzbereichen nähern und zu unserer Überraschung erleben, wie sich hier Perspektiven erschließen, von denen wir nichts ahnten. Der Wahrheitssucher betritt zwar einen geistigen Raum, der ihm seit langem vertraut (oft: allzu vertraut) ist. Aber das Licht der Innerlichkeit, mit dem er diesen Raum ausleuchtet, die spirituelle Rücksichtslosigkeit, mit der er immer weiter in seine Höhlen und Kavernen eindringt – dies erweitert die herkömmliche Erkenntnis der Wahrheit um ein Entscheidendes. Der Christ bricht auf, um jene Randbezirke auszukundschaften, in der sich eine neue, völlig überraschende Dimension der Wahrheit auftut.

Der Kern der Wahrheit Christi bleibt unangetastet, aber die Wahrheit wird gleichsam an den Rändern flüssig und taucht ins Unbekannte ein. So wächst der spirituelle Reichtum unablässig – wir werden auf Jakob Böhme verwiesen, desgleichen, in der Neuzeit, auf Rudolf Steiner, Carl Gustav Jung, Teilhard de Chardin, mit denen sich der Autor wohlvertraut zeigt.

Dort also, wo sich die Wächter der Rechtgläubigkeit, der dogmatischen Konvention seit alters postiert haben, um die Grenzgänger einer strengen Kontrolle zu unterwerfen und ihr geistliches Gepäck unerbittlch zu prüfen: dort tauchen jene außerordentlichen Geister auf, welche kühn und leichtfüßig diese Grenzen ohne jede Rücksicht passieren. Man würde fehlgehen, wenn man sie bezichtigte, der Wahrheit Christi abtrünnig geworden zu sein. Auch solche Begriffspaare wie konservativ und liberal, fortschrittlich und rückständig sind hier fehl am Platz. Die Wahrheit Christi wird lediglich, auf Grund innerer Erfahrungen, erweitert, ohne an Substanz zu verlieren. Wie ein Magnet zieht die Wahrheit immer neue unbekannte Wahrheitssplitter aus dem Dunkel hervor, die sie mit ihrer Kraft durchdringt, dem Ganzen einfügt. Das ist ein aufregender Vorgang für alle, die Augen haben zu sehen und Ohren zu hören – die also über ein entsprechendes Sensorium für die geistliche Wirklichkeit verfügen.

In diesem Zusammenhang hat Gerhard Wehr den Begriff des „Esoterischen“ eingeführt (der übrigens auch bei Ernst Benz begegnet, dem unser Autor geistig verbunden ist): „Von christlicher Esoterik kann überall dort gesprochen werden, wo die Fülle der christlichen Botschaft dem Verständnis vieler entzogen, als eine inspirierende, die Erkenntnis vertiefende, das Leben verwandelnde Kraft erfahren wird." In diesem Zitat sind die Punkte aufgezählt, die uns erkennen lassen, worauf es wesentlich ankommt: Inspiration, Vertiefung der Erkenntnis, geistlich-verwandelnde Kraft.

Wo dergleichen abstirbt oder nicht mehr empfunden wird, da bleibt die Institution ohne ihr Gegengewicht; die Innerlichkeit kann sich nicht länger gegen den institutionellen Druck behaupten, das Verhältnis zwischen Institution und Innerlichkeit gerät aus dem Gleichgewicht. Die Innerlichkeit erschlafft, verdorrt. Sie reduziert ihre Erkenntnisgänge, beschränkt sich schließlich auf das überlieferte Arsenal von Sätzen und Formeln. Man wird an die Feststellung C. G. Jungs erinnert: „Das Christentum ist eingeschlafen und hat es versäumt, im Lauf der Jahrhunderte seinen Mythus weiterzubauen. Es hat jenen, die den dunklen Wachstumsregungen der mythischen Vorstellungen Ausdruck gaben, das Gehör versagt." Zweifellos meint Jung nicht, daß der Mythus von Christus mit anderen Mythen vermischt und damit in der Substanz verfälscht werden soll; die christliche Wahrheit liegt von Anfang an fest; aber ihre Kapazität hat sich keineswegs erschöpft; im Grenzbereich empfinden wir, welche spirituellen Möglichkeiten noch offenstehen und was für ein charismatisches Glück dem Suchenden winkt.

Geist und Buchstabe

Indem Gerhard Wehr den Widerspruch von Institution und Innerlichkeit in verschiedenen Phasen der Kirchengeschichte verfolgt, zeigt er, wie diese Antinomie unverändert bleibt, obwohl sie durch immer neue Namen von einzelnen oder Gruppen variiert wird. Diese Institution, ständig in der Gefahr, sich zu verengen und zu verhärten, hält immer wieder den Geist nieder, zähmt den Enthusiasmus, wehrt die Erkenntnis. Im Gegensatz von Geist und Buchstabe, den Paulus entfaltet, ist der Konflikt in der Nuß enthalten. Aus Sorge, man könne ins Abseits der Wahrheit geraten, hat man sich immer wieder auf den Buchstaben berufen, auf das „Es steht geschrieben", an dem nichts zu rütteln ist. Paulus selbst, auf dem Ausgleich von Geist und Buchstabe bestehend, konnte nicht ahnen, wie seine Schüler und Adepten durch die Jahrhunderte hin-

durch, um ihrer Sicherheit willen, dem Buchstaben den Vorrang vor dem Geist erteilten, sich im Ernstfall an den Buchstaben geradezu klammerten. Die sogenannte paulinische Theologie ist häufig ein Musterbeispiel des Versuchs, die Aussagen des Apostels zu systematisieren und dessen eigentliche charismatische Erfahrungen auszuschließen. Hier wurde ein bestimmter Aspekt dieser Theologie, der Rechtfertigungs-Komplex, isoliert und stellvertretend für das Ganze gesetzt: eine Einseitigkeit, welche das Denken der Reformatoren geprägt, es zugleich immun gemacht hat für kosmische und mystische Perspektiven. „Die Exegese der Reformatoren" – so heißt es schon bei Albert Schweitzer (1911) – „legte ihre Ideen in Paulus hinein, um sie mit apostolischer Autorität ausgestattet zurück zu empfangen."
Wehr sagt mit Recht, daß der „Rechtfertigungstheologe Paulus" vom Protestantismus seit Jahrhunderten traktiert worden ist – eine eingleisige Entwicklung, die sich in der „reformatorischen Renaissance" im ersten Drittel dieses Jahrhunderts ständig verfolgen läßt. Die paulinische Theologie ist keineswegs allein auf den Menschen bezogen; sie rückt ihn in den Kosmos und gewinnt erst dadurch ihre universale Weite.
Diesem Vorstoß ins Kosmische entspricht der Einstieg nach innen; hier werden Aspekte einer vor allem mystischen Anthropologie sichtbar, die man immer wieder geflissentlich unterschlagen hat, weil sie nicht ins Konzept einer intellektualistischen Theologie hineinpaßten (das gilt übrigens für beide Konfessionen). Wir haben das Recht, von einer Christus-Mystik des Paulus zu sprechen; „Christus in mir" ist keine Formel, sondern der Niederschlag innerer Erfahrungen, die ständig erneuert wurden, dem Glauben überhaupt erst seine Spannkraft, Leidenschaft, Impulse verliehen. Die Rechtfertigung ist nicht ein juristisches Rechenexempel, sondern in ihrer Mitte steht die mystische Tatsache der Gnade, welcher sich der Mensch öffnen muß, um von ihrer Kraft getragen, ihrem Licht illuminiert zu werden.
An dieser Stelle wird die Grenze der Theologie als Wissenschaft (nach Art der sonstigen Wissenschaften) erkennbar. Die Reflexion kann niemals ersetzen, was dem Menschen aufgrund göttlicher Erleuchtung geschieht; erst der Erfahrung erschließt sich die innere Dimension.

Hier stoßen wir auf das entscheidende Problem, das von Wehr ständig abgehandelt, modifiziert wird. Ihm ist deutlich: die Erleuchtung kann glaubwürdig nur bezeugen, wer sie selbst gemacht hat. Die innere Erfahrung berührt, wie mit einem Zauberstab, die alten Urkunden und erweckt sie zu neuem Leben, läßt sie transparent werden. Das Wort als solches, mag es noch so ehrwürdig sein, besagt nichts, bewirkt nichts, wenn es nicht das Herz des Hörers oder Lesers bewegt. Daß es zu dieser „Bewegung“ kommt, bleibt ein Geheimnis, welches keine Institution vermittelt, keine noch so wendige Intelligenz ergründen kann; dies Geheimnis wurzelt allein in der Innerlichkeit.

Es bleibt die ständige Versuchung des Christen im allgemeinen, des Theologen im besonderen, dieser Innerlichkeit habhaft zu werden, sie rational zu begreifen – was stets auf Kosten des Mysteriums hinausläuft. Die innere Erfahrung besitzt den unbedingten Primat, was im Damaskus-Erlebnis des Paulus zum Ausdruck kommt: „Seit dem Damaskus-Erlebnis lebt in und mit seinem Ich das Ich-bin des Christus.“

Die mystischen Erfahrungen, welche Paulus an vielen Stellen seiner Briefe niedergelegt hat, zählen zu den zentralen Aussagen des Neuen Testaments. Freilich genügt es nicht, dergleichen zu lesen, wissenschaftlich einzukreisen und zu kommentieren. Der innere Bezug muß hergestellt werden; dies aber geschieht nicht durch das philologische, sondern durch das spiritualistische Verständnis der Texte. Leser und Hörer müssen eintauchen in die Tiefe des Gesagten; hier, am Grund des Wortes, wartet auf sie die Fülle des Logos, um sich ihnen zu eigen zu geben und mit ihnen zu kommunizieren. Der Mensch, mit diesen inneren Erfahrungen befrachtet, ist nun wirklich ein Gläubiger im Sinn des Wortes – ein Gnostiker im Gegensatz zum „Pistiten“.

Der Gnostiker – Wächter der Innerlichkeit

Damit stoßen wir auf ein weiteres zentrales Problem, das übrigens so neu nicht ist (ich habe in meinem Buch „Gott ist im Detail“, 1962, eine entsprechende Verteidigung der Gnosis versucht), in diesem Zusammenhang jedoch mit einer bemerkenswerten

Frische herausgearbeitet wird. Die Gnosis ist, fälschlicherweise, seit frühchristlicher Zeit in Verruf gekommen; sie gilt als Inbegriff des Ketzerischen und wird flugs mit Häresie gleichgesetzt. Indessen liegt hier eine Verwechslung von Gnosis und Gnostizismus vor. Die Gnosis ist ursprünglich im Christentum heimisch; Paulus spricht ohne jeden Vorbehalt von einer Gnosis Jesu Christi, wobei man Gnosis zutreffend als Erkenntnis zu übertragen hat. Freilich vollzieht sich diese Erkenntnis – und das ist entscheidend – auf einer anderen Ebene als die historisch-rationale Erkenntnis. Die Gnosis Jesu Christi kann nicht mehr jener verglichen werden, welche die Wissenschaftler betreiben, wenn sie aus den Schuttmassen der Überlieferung die Reste der tatsächlichen Geschichte Jesu zu bergen trachten. Wir kennen dieses Geplänkel um jedes Wort oder Gleichnis, wobei der detektivische Scharfsinn erstaunlich ist, mit dem man bald ein derartiges Fragment als echt, bald als Mythologem zu erweisen sich müht. Kürzlich hat ein Wissenschaftler, verhaltenen Triumphes, erklärt, die Daten des Lebens Jesu gingen auf eine Postkarte – als ob damit für die Gnosis Jesu Christi im eigentlichen Sinn auch nur das mindeste erreicht wäre!
Der wahre Gnostiker entwächst solchen Streitigkeiten; sie werfen für seinen Glauben nichts ab, müssen als Neuauflage jener Probleme erkannt werden, die das tägliche Brot der historischen Wissenschaften sind. Welche Unsumme an Zeit und Scharfsinn wurde, in der Nachfolge Bultmanns und anderer, in die Frage nach der Echtheit, Authentizität dieser oder jener Aussagen Jesu investiert. Der Gnostiker – Wehr würde sagen: der Esoteriker – löst sich mit einer geradezu befremdlichen Leichtigkeit von dieser Ebene der empirischen Forschung. Der Gnostiker vollzieht den endgültigen Aufbruch, er kennt Christus nicht mehr „nach dem Fleisch“, wie sich der Apostel Paulus ausgedrückt hat; er weilt mit seinem Herrn auf dem Berg der Verklärung, wo die historische Verkleidung fällt, die göttliche Herrlichkeit (Doxa) sich unmittelbar enthüllt.
Auf dieser Ebene der Erkenntnis, der gnostischen Schau ist der wahre Glaube zu Hause. Die Wahrheit des Sohnes offenbart sich ihm in jedem Wort, in Taten und Gleichnissen, so daß er mit dem Evangelisten bekennen kann: „Wir sahen seine Herrlichkeit ...“
In solcher Glaubenserfahrung feiert die Innerlichkeit ihren Triumph. Sie ist eingebrochen in den eigentlichen Raum der Erkennt-

nis, wo historische Argumente, Zweifel, Einwände unwesentlich werden. Der Gläubige ist „in Christus“, in ihn hineinversetzt wie in ein leuchtendes unerschöpfliches Medium, und zugleich ist Christus ihm zur Lebensmitte geworden. Wesentliche Aussagen des Neuen Testaments finden hier ihre existentielle Bestätigung.
Wenn ich Gerhard Wehr recht interpretiere, so ist dies die Absicht seines gesamten Buchs, die Innerlichkeit solchen Glaubens vom Urchristentum bis in die Gegenwart aufzudecken, die Kirchengeschichte zu spiritualisieren – und zu zeigen, wie solche Schau dem Gnostiker, dem Bemühten unmittelbar zugute kommt. Wehr ist selbst ein derart Bemühter, ein Wünschelrutengänger, der die geistlichen Kräfte, die sich überall in der Überlieferung bergen, ertastet und durch seine Berührung freisetzt.
Ohne den Funken und die Inspiration der Gnosis ist der Umgang mit der christlichen Überlieferung, mit Urkunden und Riten, mit dem kultischen Reichtum ohne letzte Bedeutung. Man unterrichtet sich wie in einem geistlichen Museum, gewinnt viele Informationen, das Bildungserlebnis ist bedeutend. Aber der Betrachter bleibt letzten Endes, trotz Sympathie und Erschütterung, draußen vor der Tür; er besitzt nicht den Schlüssel des Geistes, der diese Tür öffnet und ihn an den spirituellen Reichtümern teilnehmen läßt.
Die Gnosis also – als Voraussetzung lebendigen Glaubens – wurde aus Unkenntnis immer wieder verdächtigt, verfolgt. Sie ist aber nichts Un- oder Widerchristliches, gar „Heidnisches“, sondern die Erfüllung, die charismatische Frucht dieses Glaubens.
Freilich muß man von ihr den Gnostizismus, als religionsgeschichtliche Entwicklung und Entartung, deutlich scheiden. Im Gnostizismus wurden, unter platonischem und orientalischem Einfluß, die Konturen der Christus-Wahrheit völlig verzerrt, diese Wahrheit selbst verfälscht und in ihr Gegenteil verkehrt. „Das im Gnostizismus anzutreffende dualistische Wirklichkeitsverständnis, das Geist und Materie, Licht und Finsternis streng auseinanderhält, verbaut jedoch den Zugang zur vollen Inkarnation des Christus in Jesus. Gnostizisten sprechen daher von einer nur scheinbaren Verkörperung Jesu, von einer scheinbaren Passion, von einem angeblichen Scheintod usw.“

Rechtfertigung der Mystik

Wir haben versucht, den Gnostiker als Wächter und Kronzeugen der Innerlichkeit zu beschreiben. Ähnliches gilt vom Mystiker, wobei sich zeigt, in welchem Maß die Übergänge von der Gnosis zur Mystik fließend sind. In der Geschichte des spiritualistischen Christentums, wie Wehr sie darstellt, nimmt deswegen die Mystik eine besondere Stelung ein. Die Mystiker (Seuse, Tauler, Eckhart, die „Gottesfreunde") treten am Ausgang des Mittelalters dort auf den Plan, wo der Druck der Kirche, das Gewicht der Institution unerträglich zu werden beginnt. Das Gleichgewicht zwischen Institution und Innerlichkeit ist abhanden gekommen, hat sich auf Kosten der letzteren alarmierend verschoben. Es erübrigt sich, hier bekannte kirchengeschichtliche Fakten zu wiederholen.
Die Mystiker entdecken die innere Welt, ihren Reichtum, ihre Unerschöpflichkeit; sie verlegen die ganze Aktivität in diese Richtung. Je vorbehaltloser die Mystiker in die innere Welt eintauchen, desto mehr entsteht der Eindruck, als werde die verfaßte Kirche von der Dynamik der inneren Geschichte und Erfahrungen, von seltsamen Visionen, von der spirituellen Leidenschaft unterhöhlt und geradezu gesprengt. Der Gläubige ist nicht länger auf die Vermittlung durch die Institution angewiesen, er verkehrt unmittelbar mit der Gottheit, immer von neuem widerfährt ihm das Glück der mystischen Hochzeit. Es erfolgt der Auszug ins Namenlose – Eckhart spricht vom „ledigen gemüete" –, und so entsteht der Eindruck, als streife die Seele, in einem fast mühelosen Akt, alle äußeren Vorschriften, Gesetze, Autoritäten ab.
Der Ausgleich von Institution und Innerlichkeit will nicht mehr gelingen, das Verhältnis gerät in eine Krise, immer wieder sehen sich die Mystiker den Vorwürfen der Häresie ausgesetzt, werden von den Vertretern des offiziellen Christentums verdächtigt, attakkiert, müssen sich mühsam rechtfertigen, entgehen häufig nicht der Inquisition. Der Weg der Mystiker gleicht einer schwindelnden Gratwanderung, ständig drohen sie abzustürzen; sie scheinen außerstande, jene innere Freiheit zu behaupten, deren sie in einem Akt der Gnade teilhaftig geworden sind. Und doch bewahren sie – so widerspruchsvoll es sich anhören mag – das Christentum vor Austrocknung und Sterilität, vor jener legalen Auszehrung, die

immer wieder droht. Die christliche Frömmigkeit bedarf des mystischen Elements, um auf die Dauer lebendig, glaubwürdig, überzeugend zu erscheinen. Immer wieder wird in der Mystik erfahren, wie der spirituelle Regen vom Himmel fällt, das trockene Land des Herzens bewässert, stürmisches und überraschendes Wachstum schenkt.

Das Werk von Wehr liefert, mit seinen vielfältigen Beispielen aus allen Jahrhunderten der christlichen Geschichte, eine großangelegte Rechtfertigung der Mystik. Regelmäßig muß sich die Institution von innen her erschüttern lassen; es erfolgt eine rückläufige Bewegung, in der die konventionell erstarrte Frömmigkeit gelockert, zugleich für die eigentlichen religiösen Impulse geöffnet wird. Immer wieder muß die Seele mit der ursprünglichen Realität in Verbindung kommen, muß sich von den verborgenen geistlichen Kräften ergreifen, überbilden, transfigurieren lassen.

Die mechanische Wiederholung von Formeln und Riten bleibt unergiebig; vielmehr sollte die Formel im Feuer der Wahrheit eingeschmolzen, ihr Kern von neuem einsichtig, aus Verkrustung und Abkapselung befreit werden.

Auf der anderen Seite besitzt die Innerlichkeit eine zentrifugale Neigung: sie droht sich nach allen Seiten zu verlieren, der Bindungslosigkeit anheimzufallen. Der Glaube löst sich in enthusiastischen Nebel auf; er verliert Festigkeit und Konstanz, und der Verzicht auf Methode schließt den Verzicht auf den „hodos“, den Weg ein.

Wo immer die Mystik dazu neigt, sich dem Schwärmertum, der Schwarmgeisterei auszuliefern, da ist die Institution vonnöten, um dem entgegenzuwirken. Die Institution erweist sich als erforderlich, um den Geist zu kanalisieren, das mystische Feuer in Schranken zu halten.

Es scheint schwer, oft unmöglich, die mystische Leidenschaft zu zähmen und dem spirituellen Gelüst, sich ins Uferlose zu verströmen, einen Riegel vorzuschieben. So bleibt es die Aufgabe der Institution, immer wieder Ordnung in das drohende Chaos zu bringen und für die Bindung von Geist und Überlieferung Sorge zu tragen. Wir haben, nach einem bekannten Satz des Paulus, den Schatz in irdenen Gefäßen; aber wir bedürfen der Gefäße (Gefäße

identisch mit religiösen Institutionen, Urkunden, Gesetzen), damit sich der Schatz nicht im Leeren verliert.
Hier zeigt sich die besondere Aufgabe einer Darstellung wie derjenigen von Gerhard Wehr: daß sie immer wieder auf die Bindung von Geist und Gestalt, Enthusiasmus und Ordnung zurückführt; daß sie zeigt, wie sehr Schatz und Gefäß aufeinander angewiesen sind. Der Geist darf sich nicht ins Leere katapultieren; immer wieder im entscheidenden (oft: im letzten) Augenblick wird er von der Institution eingeholt, gezügelt – und damit vor der Selbstzerstörung bewahrt.

Symbolische Wirklichkeit

Die Innerlichkeit droht oft ihre christliche Basis zu verlassen, und die Vertreter der Legitimität sind dann rasch bereit, sich von solchem Außenseitertum zu distanzieren, es in schroffer Form zu verurteilen. Sie sind nicht der unaufhörlichen Spannung gewachsen, die das Verhältnis von Institution und Innerlichkeit bestimmt.
An den Grenzen wird diese Spannung besonders deutlich; aber dadurch entstehen nicht nur Konflikte, Auseinandersetzungen, welche nicht abreißen, sondern gelegentlich gelingt es der Innerlichkeit, sich immer weiter in das fremde, oft so feindliche Gelände vorzutasten. Dann verwandelt sich der natürliche in einen geistlichen Menschen, und die alte fleischliche (sarkische) Natur gewinnt unmerklich eine neue Qualität. Für den Glauben ist dies das Ziel der Erwartung: daß die Welt ihren „weltlichen", ihren gottfremden Charakter verliert und immer durchsichtiger wird für die Präsenz Gottes, für den ewigen Sinn.
Hier ergeben sich außerordentliche Zusammenhänge: wenn die Spiritualität wächst und die von der Freiheit betroffenen Menschen ihre Schwerkraft abstreifen; wenn sich in ihrer Seele der göttliche Glanz, die Doxa, spiegelt, und wenn sie das Gute mit einer Selbstverständlichkeit tun, die den Schluß nahelegt, sie seien darin heimisch und wurzelten im göttlichen Willen wie die Pflanze im Erdreich: dann sind wir nicht mehr weit entfernt von der Schau des Neuen Himmels und der Neuen Erde, von der Offenbarung des Reiches Gottes im Hiesigen. Auf den mystischen Höhepunkten der

christlichen Überlieferung tauchen solche Visionen immer wieder auf, das Zeitliche wird transparent für das Ewige, wir bewegen uns in einer symbolischen Welt. Symbol aber meint ein Zusammengesetztes, in dem sich Innen und Außen berühren, durchdringen. Wir werden daran erinnert, daß das Äußere ein in Geheimniszustand erhobenes Inneres sei – und daß es diese spirituelle Eigenschaft ständig zum Ausdruck bringe. Statt von einer symbolischen könnte man auch von einer physiognomischen Wirklichkeit sprechen: einer Realität also, in welcher der Sinn ständig im Physischen, Natürlichen aufleuchtet.

Auf solche Zusammenhänge und geradezu erregende Ausdrucksverhältnisse zwischen dem spirituellen und dem natürlichen Reich stoßen wir immer wieder in der christlichen Tradition; freilich müssen wir zugleich gestehen, daß die Schätze, die hier ruhen, noch nicht annähernd gehoben wurden. Eine Theologie, die sich weithin dem Intellektualismus und den entsprechenden wissenschaftlichen Methoden verschrieben hat, scheint Witterung, Gespür für solche Schatzsuche verloren zu haben. Nicht dort hat die Theologie Zukunft, wo sie ständig den empirischen Wissenschaften nachläuft und bei Soziologie, Psychologie oder anderen Anleihen macht, um den Eindruck der Fortschrittlichkeit zu erwecken. Ihre Aufgabe besteht vielmehr darin, ihr Wächteramt an der Grenze beider Bereiche, des natürlichen und des spirituellen, wahrzunehmen und die Sinne dafür zu schärfen, daß es endlich gelingen möge, das Ewige im Zeitlichen zu erkennen – sich vom Kairos ergreifen zu lassen, in dem das Ewige gerinnt und Gestalt wird. Diese Offenbarung ist in Jesus Christus geschehen (in welchem der Logos Fleisch wurde); wo immer man sein Wort hört, seiner Zeichen ansichtig, glaubend vom Sein des Sohnes angerührt wird, da erfolgt jener Überschritt, der uns unter der Bezeichnung „Transzendenz“ vertraut ist.

Gerhard Wehr hat mit bedeutender Einfühlung viele Zeugen versammelt, die ihre Lebensaufgabe darin sahen, die Wand zwischen Gott und Welt, Außen und Innen, Natur und Geist niederzureißen: nicht auf Kosten der einen oder anderen Seite, sondern durch den Erweis, daß beide zusammengehören und jeweils eins im anderen seine Erfüllung findet.

Hier tauchen Namen auf, die von der Theologie ungern zitiert, am liebsten unterschlagen werden: Dionysius Areopagita, Jakob Böhme, Johann Christoph Oetinger, aber auch, in der neueren Zeit, Rudolf Steiner und C. G. Jung. In solchen Männern (und den Bewegungen, die sie ausgelöst haben) rächen sich die Versäumnisse des konventionellen christlichen Denkens – und einer Theologie, welche unablässig die Fassaden der Institution verändert, das wissenschaftliche Mobiliar umgruppiert hat, statt den Boden zu untersuchen, auf dem diese Institution ruht, und sich der Kräfte zu versichern, die in ihr verborgen sind.

Die Entdeckungen, die auf dem Weg von außen nach innen gemacht werden und ihre Entdecker mit ungeahnten spirituellen Reichtümern belohnen, betreffen nicht nur den Menschen, sondern auch die Natur, die angeblich tote Materie. In einem eigenen Kapitel, das Gerhard Wehr der „Alchymie der Kunst der Stoffesumwandlung und der Selbstvollendung" widmet, erhalten wir interessanteste Einblicke in Zusammenhänge, die sich den Blicken der empirischen Wissenschaft entziehen.

Die Alchimie, in der Goldmacherei und ähnlichen Scharlatanerien gipfelnd und allenfalls als eine magische Vorstufe der späteren Naturwissenschaften anerkannt: sie erhält in unserem Zusammenhang eine symbolische Bedeutung. „Die spannungsreiche Vielfalt der christlichen Esoterik" – heißt es bei Wehr – „kann man sich nicht vergegenwärtigen, wenn man nicht auch jene Gruppen in die Untersuchung mit einbezieht, die das Christentum nicht nur als eine historisch-mystische Tatsache betrachteten, sondern die der Erlösungstat Jesu Christi bis in die Tiefe der irdischen Materie hinein nachspürten. Das ist durch die Alchimisten geschehen, die als Hüter der Mysterien der Stoffeswelt angesehen werden können." In den Laboratorien der mittelalterlichen Alchimisten „tauchte ein neues Wissen um die kosmisch-chymische Seite des Christusereignisses auf".

Die Verwandlung der Materie in edlere Stoffe, vor allem in Gold, gewinnt jetzt gleichnishafte Bedeutung. Auch in der Erlösung handelt es sich ja darum, daß der Mensch erneuert, daß aus der alten die neue Kreatur hervorgehe, die das göttliche Siegel trägt. Liegt es nicht nahe, daß diese Umwandlung auch auf den Kosmos übergreift, der sich nunmehr durchlichtet und vergeistigt? Der Neue Himmel und die Neue Erde, in den Schriften des Neuen Testaments prophezeit, von den Gläubigen ersehnt: was besagt die Bilderrede anderes als dies, daß das Mysterium vom Menschen auf die Welt übergreift und das All einbezieht? Desgleichen macht das Geheimnis vor der Tiefe der Materie nicht halt; auch die Materie sehnt sich danach, ihren schweren stofflichen Charakter abzuwerfen und sich in ein leuchtendes, ätherisches Medium zu verwandeln. Der Alchimist betreibt im Experiment die Erhöhung der Materie; diese wird durchsichtig, luzid und gewinnt, als Gold, einen letzten Wert. Die Erlösung beschränkt sich also nicht nur auf den menschlichen Bereich. Auch in den Laboratorien der Alchimisten soll dem Stoff jene Leichtigkeit, Vergeistigung zuteil werden, auf die er ein Anrecht besitzt. Der Stoff drängt über sich hinaus ins Nicht-mehr-Stoffliche, er gewinnt den Glanz des Lichts, die Gewichtlosigkeit der Winde.

Aus diesen Stoffen, goldenen, kristallenen, ätherischen, auferbaut sich die apokalyptische Stadt, die von den Visionären geschaut wird. Ihre Materialien sind von einer himmlischen Transparenz. Der Dualismus von Geist und Materie, in vielen theologisch-philosophischen Systemen fixiert, wird aufgehoben. Der Geist dringt immer weiter in die Materie, in die Stofflichkeit ein – und diese wartet im Grunde darauf, sich von ihm erobern, durchlichten zu lassen.

Freilich werden die menschliche Natur wie der Kosmos durch die Institution (im weitesten Sinn des Wortes) immer wieder an ihre Grenzen erinnert. Man ist dem Gesetz hörig, der Schwerkraft verhaftet, der Krankheit zum Tod ausgeliefert. Aber der Blick des Gläubigen schweift über die Schranken hinaus, der Geist setzt sich über alle Widerstände hinweg. Die Innerlichkeit täuscht sich nicht darüber, daß sie der „Institution“ verpflichtet ist; aber zugleich besitzt sie den Schlüssel, der alle Türen öffnet, und sie erlangt gleichermaßen Eingang zum Herzen Gottes und in die Tiefen der Materie.

Ich halte das Buch von Gerhard Wehr, das solche Perspektiven eröffnet, für geeignet, den Leser (der freilich zugleich ein Betrachter, Schauender, gelegentlich ein Visionär sein muß) mit neuen theologischen Dimensionen vertraut zu machen. Es handelt sich um Schichten der Erkenntnis, in die man allerdings erst vordringt, nachdem man sich von der Wissenschaftsgläubigkeit der Epoche abgewendet, das Scheitern der Vernunft schmerzhaft erfahren hat.

WOLFGANG STRUVE

Im Vorgebirge der Ewigkeit

West-östliche Mystik und das Problem absoluter Transzendenz

Die Ausdrücke und Begriffe, die das Thema meines Vortrags [1] bilden, sind konventionell, abstrakt, von Tradition belastet, künstlich und weltfern, kurz: unausstehlich und zum Davonlaufen. Sie sind aber gekommen, und ich möchte versuchen, für ein Problem Verständnis zu wecken, das mir von weittragender Bedeutung und auch von Aktualität zu sein scheint.

Die Sache ist dabei ebenso einfach wie schwierig und verwickelt. Es kann nicht anders sein, wenn es stimmen soll. Sie ist nicht konventionell, nicht nur in dem Sinn, daß sie der herrschenden Konvention nicht entspricht, sondern daß sie mit konventionellen Sprach- und Denkmitteln gar nicht zu fassen ist.

Doch wir müssen vom Konventionellen ausgehen, wenn wir uns verständlich machen wollen, und die Aufgabe ist, von diesem zu jenem zu gelangen, was inkonventionell ist. Dazu bedarf es einer gewissen inneren Bereitschaft. Das Inkonventionelle ist zwar wesensmäßig gleichgültig gegen die Konvention, nicht aber gilt das Umgekehrte. Gegen das, was uns fremd erscheint und was außer dem Umkreis des uns Vertrauten liegt, sträuben wir uns entschieden. Die Schwierigkeiten werden in diesem Fall noch dadurch erhöht, daß sie nicht so sehr beim verstandesmäßigen Erfassen liegen wie beim Überwinden fundamentaler innerer Tendenzen, welche

unser Zeitalter kennzeichnen. Ich werde die Stellen in meinem Vortrag kennzeichnen, wo dieses elementare Widerstreben besonders groß wird.
Für jedes Denken gilt, daß es nicht nur intellektuelle Fähigkeiten, sondern auch moralische Qualitäten erfordert. Für ein Denken, das der Mystik zugehört, sind die letzten in einem ganz spezifischen Sinn erforderlich, wie später zu zeigen sein wird.
Es ist konventionell, wenn wir von „west-östlicher Mystik“ sprechen. Ein bekanntes Buch von Rudolf Otto trägt diesen Titel, wobei sich der Ausdruck „west-östlich“ wohl von Goethe, seinem „West-östlichen Divan“ her literarisch eingebürgert hat. Gewiß müßte es eher heißen „öst-westlich“, nur daß uns das zu fremd klingt. Denn die Mystik scheint aus dem Osten herkünftig und dem Asiaten näher zu liegen als dem Europäer. Im Griechentum war sie nach einem bekannten Wort Erwin Rohdes ein Tropfen fremden Bluts und ist es für den westlichen Menschen auch immer geblieben. Doch ist die Einteilung und Entgegensetzung von Ost und West allzu vereinfacht und schablonenhaft, eine Gegensetzung, die für manche auf dem politischen Gebiet, und nicht nur auf diesem, fast der von Gut und Böse gleichkommt.
Bekanntlich hat sich der Westen erst spät, seit dem vorigen Jahrhundert, ernsthaft mit östlichem Denken und östlicher Kultur befaßt. Heute, wo durch die modernen Kommunikations- und Verkehrsmittel die Menschheit längst zu einer Einheit geworden ist, können wir nicht mehr davon absehen und uns gleichsam unwissend stellen, und die moderne Wissenschaft gibt uns überdies die Mittel in die Hand, auch wenn wir nicht Spezialisten sind, bei solcher Befassung die nötige Gründlichkeit und Sorgfalt walten zu lassen.

Relative und absolute Transzendenz

Dabei geht es hier nicht darum, den Osten gegen den Westen auszuspielen oder umgekehrt, sondern sozusagen „jenseits von Gut und Böse“ zu gelangen, zu dem, was wir – wiederum konventionell – mit absoluter Transzendenz bezeichnen.
Die beiden Bestandteile dieses Ausdrucks entstammen dem Neu-

lateinischen. Wir verwenden sie nur heuristisch. Ins Deutsche wäre etwa zu übertragen: *schlechthinniger Überstieg.* – Auch ist klar, was dabei überstiegen werden soll: „Transzendenz“ bezieht sich von jeher auf die Welt; Welt ist dabei verstanden in dem Sinn von Inbegriff von allem überhaupt.

Von absoluter Transzendenz ist nur zu sprechen im Hinblick auf und in der Unterscheidung von relativer Transzendenz. Dabei soll dies hier in folgender Weise genommen werden. Unter relativer Transzendenz ist zu verstehen die Überschreitung der Welt auf ihren Grund hin. Solches Überschreiten geschieht in allem philosophischen Denken, ja es ist dessen Wesen. Philosophie ist von ihrem Ursprung, von Platon und Aristoteles her und weiter zurück, von den Griechen her „Wissenschaft von den ersten Gründen“. Philosophisches Denken ist daher wesensmäßig im weitesten Sinn des Wortes metaphysisch. Auch das transzendentale und kritische Denken Kants ist es.

Alles solche Denken überschreitet die Welt, aber nicht um sie zu verlassen, sondern vielmehr um sie erst recht eigentlich aus ihrem Grunde zu ergreifen. Alles Überschreiten der Welt im philosophischen Denken bleibt, wie es in der Dimension des Grundes geschieht, auf diese bezogen. Das ist die Größe, aber auch die – sehr bestimmte – Grenze philosophischer Reflexion.

Absolute Transzendenz dagegen meint ein Überschreiten der Welt, das diese verläßt und nicht wieder zu ihr zurückkehrt. Mystik im spezifischen Sinn hat es nur hiermit zu tun, wie Philosophie nur mit relativer Transzendenz. Die Unterscheidung zwischen absoluter und relativer Transzendenz gibt so ein sehr genaues Merkmal ab für die Differenz von Philosophie und Mystik.

Dabei ist eine entscheidende Einsicht – sie ist das eigentliche Thema meines Vortrags –, daß absolute Transzendenz gegenüber relativer nicht lediglich nur gesteigert, sondern andersartig ist. Denn bei absoluter Transzendenz wird nicht nur die Welt, sondern auch der Weltgrund überstiegen.

Hier ist ein Punkt, wo sich der Widerstand meldet, etwas, ja alles in uns sich dagegen sträubt. Wozu das? Was soll das? Ist Derartiges überhaupt zu denken?

Ist es zu denken? Ja und nein. Es ist denknotwendig, aber nicht denkbar. – Es ist denknotwendig, sofern mein Denken nirgendwo stehenbleiben kann, sondern kraft seines Wesens und des Wesens von Geistigkeit überhaupt genötigt ist, wenn es etwas denkt, zugleich an das – ausdrücklich oder unausdrücklich – zu denken, was das, das es denkt, nicht ist. Denke ich an die Welt und ihren Grund, muß ich auch an das denken, was diese nicht sind, muß mitdenken, was schlechthin anders ist als dies. Es ist nicht denkbar, sofern schlechthinnige Andersheit nicht denkbar ist. Denn denken ist Beziehung setzen. Der Gedanke schlechthinniger Andersheit hebt aber gerade alle Beziehung auf.

Das scheint paradox und ärgerlich. Aber daraus, daß etwas dem Denken nicht zugänglich, logisch nicht faßbar ist, folgt noch keineswegs, daß es das nicht gibt. Wenn ich etwas gänzlich verlasse, das heißt mich in keiner Weise darauf zurückbeziehe, so ist das nur auszuführen und zu tun: zu denken ist es nicht. Beispiel vor allen Beispielen: Wenn ich mich selbst gänzlich verlasse, so ist das nicht begreifbar und denkbar.

Das Absolute in dem Sinn, wie hier von absoluter Transzendenz gesprochen wird, hat daher nichts mit dem „Absoluten“ des spekulativen Deutschen Idealismus zu tun. Wie sehr dieser den Gedanken des Absoluten steigert und wie umfänglich er ihn auch faßt, als das den Subjekt-Objekt-Bezug, Identität und Differenz noch Umgreifende, Identität von Identität und Differenz oder wie auch immer: er bleibt dabei wesensmäßig im Bereich des logischen und dialektischen Denkens. Denn er bleibt und ist Philosophie, nicht Mystik: er bleibt auf die Welt bezogen. – Nietzsche läßt in dem „trunkenen Lied“ seinen Zarathustra sagen: „Die Welt ist tief...“; aber absolute Transzendenz ist keine Welttiefe.

Die Welt verlassen ohne Rückkehr

Was den Ausdruck Mystik betrifft, der sich als fester Terminus eingebürgert hat, so ist er von einer gewissen Strahlkraft, aber auch mit viel Mißlichem behaftet, wie es bei allen solchen Wörtern zu sein pflegt. Schon in seiner einfachen sprachlichen Deutung ist er umstritten, und es sei darauf verzichtet, den zahllosen, mehr oder weniger tiefsinnigen Erklärungen des Namens eine weitere hinzuzufügen. Damit ist kaum etwas gewonnen. Wohl aber läßt sich sa-

gen, daß es gewisse Texte gibt, wie etwa die Schriften von Plotin oder die Predigten von Eckhart und Tauler, die eindeutig mystischer Artung sind, und zwar in der Weise, daß sie sich von solchen, die es nicht sind, nicht nur als ganze, sondern in jedem Satz und Wort unterscheiden. Man erkennt sie, sofern man ein Organ dafür hat, unmittelbar. Sie sind Anzeige ihrer selbst, und ebendarum läßt sich von außen, durch anderes keine Bestimmung dafür geben.
Dabei hat Mystik in der allgemeinen Schätzung der Ernsthaften den Charakter eines Ferments, das sich in gewissem Maß als fruchtbar für das philosophische Denken ebenso wie für das religiöse erweist, darüber hinaus aber als zersetzend und ungut angesehen und empfunden wird, und zwar deshalb, weil alle Philsophie und auch jede Bekenntnisreligion es mit der Welt zu tun hat, Mystik aber ihrer innersten Intention nach auf ein Verlassen der Welt ohne jede Rückkehr zielt. Dem setzt die Welt äußersten Widerstand entgegen. – Dies scheint mir einer der tiefen Gründe, warum die Kirche seinerzeit Meister Eckhart den Prozeß gemacht hat und machen mußte und warum Plotin trotz immensen Einflusses und vielfacher gelehrter Befassung mit ihm der klassischen Philologie und Philosophie ein Fremder geblieben ist.
Philosophie ist „Weltweisheit", Religion ist als Bekenntnisreligion „Weltreligion", aber „Weltmystik" gibt es nicht. Mystik hat es vielmehr mit dem zu tun, was nicht Welt ist.
Damit hängt ein Zweites zusammen. Wir sind gewohnt, wenn wir etwas erreichen wollen, daß wir uns darum bemühen müssen. Ja uns ist dies als Gliedern der modernen Industriegesellschaft so in Fleisch und Blut übergegangen, daß wir etwas anderes gar nicht mehr kennen und uns denken können.
Nun ist aber klar: Was ich durch mein Bemühen erreiche und was durch das Bemühen aller zusammen erreicht wird, kann immer nur etwas Relatives und Endlich-Begrenztes sein. Im Bereich absoluter Transzendenz kommt also ein solches Verhalten nicht in Betracht. Vielmehr muß ich mich zunächst und zuerst ganz von der Vormeinung frei machen, daß ich hier irgend etwas von mir aus tun könnte. Das ist nicht leicht. Ja es erfordert den langwierigen Prozeß einer vollständigen inneren Umorientierung, und nirgends gibt es soviel Selbsttäuschung und Selbstbetrug wie hier.
Ferner: Unser Zeitalter ist gekennzeichnet durch den Zug zu rast-

loser Vergegenwärtigung von allem und jedem, in dessen Dienst in hohem Maße die Mittel der modernen Technik stehen. Absolute Transzendenz läßt sich aber nicht vergegenwärtigen. Versuche ich es durch Denken, durch Willensanspannung oder durch was auch immer, komme ich vielmehr davon ab, und je mehr ich mich anstrenge, um so weiter. Sie muß sich vielmehr mir gegenwärtig machen. Aber dieses Gegenwärtigmachen ist ganz anderer Art als das von uns: es geschieht durch bloße Selbstbekundung und Selbstbezeugung. Irgendwelche Aufnahme und Entgegennahme durch Organe gibt es dabei nicht. Wiederum darf ich entgegen meinem natürlichen Drang das sich derart Bekundende nun nicht ergreifen und festhalten wollen, auch nicht sprachlich. Versuche ich es, entgeht es mir abermals. Vielmehr muß ich mich meinerseits völlig still verhalten. Das bedeutet keinen „Quietismus". Das, worauf es ankommt, muß ich dabei tun, kein anderer kann es für mich tun, aber ich muß es tun, ohne es zu tun, nämlich mit meinen Kräften und Vermögen. Eine Erlösung aus eigener Kraft ist schon darum für die Mystik ein Nonsens ebenso wie die durch eine fremde Kraft.

Diese innere Umorientierung, die wohl niemandem so schwerfällt und so fern liegt wie dem heutigen Menschen, ist nicht schon „Meditation", aber die unerläßliche Voraussetzung dafür. Man möge daran ermessen, was das im allgemeinen wert ist, was heute unter diesem anspruchsvollen Titel angeboten wird. – Die Verkehrung und Entleerung des Terminus ist vielleicht eingeleitet durch Descartes. Jedenfalls scheint es wie eine Ironie, wenn er derjenigen Schrift den Titel „Meditationes" gab, die das moderne europäische Selbstbewußtsein und damit eine Haltung darstellt und begründet, die Meditation in dem erörterten Sinn ein für allemal ausschließt.

Ich möchte nun im Hinblick auf absolute Transzendenz in dem dargelegten Sinn über einige Grundlehren des älteren Buddhismus sprechen, danach Zeugnisse westlicher Mystik hinzuziehen, wobei für die nichtchristliche hauptsächlich Plotin, für die christliche Dionysius Areopagita und Meister Eckhart in Betracht kommen. Es ist damit klar, daß aus einem riesenhaften Gebiet nur einiges wenige und auch dies nur sehr verkürzt zur Sprache gebracht werden kann. Zudem ist es eine Einseitigkeit meiner Darlegung, daß ich den Taoismus und das fundamentale mystische Problem der Naturbeziehung – wohl zu unterscheiden von dem technischen der Umweltschädigung – hier ganz auslassen muß.

Buddhismus

Daß der ältere Buddhismus – Buddhismus ist übrigens keine genuine, sondern eine in Europa aufgekommene Bezeichnung –, der Hinayana-Buddhismus also – der jüngere, der Mahayana-Buddhismus, kommt für unsere Problematik nur im Kontrast in Betracht –, etwas Einmaliges innerhalb der Geistesgeschichte der Menschheit darstellt, ist häufig hervorgehoben worden und scheint um so eindrucksvoller und bemerkenswerter zu sein, als die religionsgeschichtliche Forschung zunehmend erkannt hat, daß andererseits der ältere Buddhismus in vieler Hinsicht durchaus nichts Originäres gegenüber andern religiösen Richtungen der damaligen Zeit, wie etwa dem Jinismus, bietet. Ich möchte nun drei Grundgedanken des älteren Buddhismus erörtern, nämlich:
1. die Lehre vom Nicht-Ich (Anatta)
2. die Abweisung jeglicher metaphysischer Aussagen und Urteile
3. der Begriff des Nirvana

Dabei gilt es, zu sehen, wie alle drei Gedanken in einem notwendigen inneren Zusammenhang stehen. Einer verlangt den andern. Keiner kann verändert werden, ohne daß nicht auch die andern geändert würden. Innerhalb der Darlegung des Vortrags handelt es sich zugleich um drei Gedankenschritte, die drei Stufen der Betrachtung sind.

Man könnte sich fragen, wie weit der Buddhismus überhaupt etwas mit Mystik zu tun hat. Innerhalb der westlichen Welt ist darüber gestritten worden, als was er zu kennzeichnen sei. Einerseits scheint er eine – atheistische – Religion zu sein, anderseits so etwas wie eine pragmatische Ethik mit dem Ziel der Befreiung vom Leiden oder auch, bei der extremen Bedeutung, die für ihn das Erkennen gewinnt, so etwas wie eine philosophische Religion. Aber keine dieser oder ähnlicher Kennzeichnungen trifft sein eigentliches Wesen. Das spürt man, sobald man sich näher auf die Texte des Pali-Kanons einläßt. Und keine solche Kennzeichnung kann es treffen, wenn stimmt, was unsere These ist, daß er in seiner inneren

Mitte auf „absolute Transzendenz“ zielt. Denn eben diese läßt sich nicht kategorial erfassen.

Davon abgesehen, wenn man nach Mystik im älteren Buddhismus fragt, so scheint am ehesten sein Gedanke des Nirvana dahin zu weisen. So schreibt etwa Walter T. Stace in „The Teachings of the Mystics ...“: „... Nirvana is the only mystical element in Buddhism, all other elements being rationalistic and sceptical.“[2] Doch wenn es richtig ist, was wir von der inneren Geschlossenheit und dem notwendigen Zusammenhang jener drei Grundgedanken sagen, so müssen auch die andern beiden, also die Anatta-Lehre und die Abweisung metaphysischer Urteile, durchaus mystischen Charakters sein.

Die Anatta-Lehre gilt von jeher als besonders charakteristisch für den Buddhismus. Manche sehen in ihr das, was dessen Sonderstellung innerhalb anderer philosophischer und religiöser Systeme der damaligen und früherer Zeit ausmacht, andere bestreiten es. Jedenfalls ist die Anatta-Lehre – und darin stimmen wohl alle überein – das, was den Buddhismus kennzeichnet, und zwar in einem solchen Maße, daß man, ohne sie gefaßt zu haben, keine Aussicht hat, den Buddhismus zu verstehen. Sie wird im Kanon von Buddha selbst als der schwer einzusehende und am meisten zu pflegende Teil seiner Lehre bezeichnet, und ein so bedeutender moderner Kenner des Buddhismus wie Edward Conze meint: „Man braucht wahrscheinlich mehr als ein Leben, um ihr auf den Grund zu kommen.“[3] Allgemein zielt sie auf die Illusion, daß es den gibt, für den ich mich nehme, wenn ich mich auf mich zurückbeziehe.

Wir haben es heute mit der Identität. Schlagwortartig könnte man die Anatta-Lehre auch kennzeichnen: Gewinnung der Identität durch Entidentifizierung, und zwar von allem und jedem. Was heißt das? In dem Begriff der Identität liegen vorzüglich die Momente der Einheit und Selbigkeit, aber sie machen keineswegs dessen Wesen aus. Sprachlich von lateinisch isdem oder idem herkünftig, meint Identitas eigentlich Ebenderheit oder Ebendasheit. Die Identitätskarte weist ihren Träger als eben den aus, der er ist. Ich entidentifiziere mich von allem heißt: Es gibt niemanden und nichts, wovon ich sagen kann, der oder das bin ich, auch nicht von mir selbst.

Der ältere Buddhismus hat das auf eine ebenso einfache wie unausdenkliche Formel gebracht, die im Kanon stereotyp wiederkehrt. Es wird nämlich immer wieder gezeigt, daß es nichts gibt, wovon man nicht zu sagen hätte, wenn man es recht auffaßt: „Das ist mir nicht zugehörig, das bin ich nicht, das ist nicht mein Ich.“
Dazu eine berühmte Stelle aus einer Predigt, die zugleich Buddhas außerordentliche Fähigkeit zeigen möge, seine Lehre durch suggestive Gleichnisse zu verdeutlichen:
„Was meint ihr: Wenn in diesem Jetahain ein Mann Reisig und Blätter zusammenkehrt, verbrennt oder sonst etwas damit macht, würdet ihr dann denken: Uns kehrt er zusammen, uns verbrennt er, mit uns macht er sonst etwas?“ – „Nein, Herr, denn das sind ja nicht wir, das gehört nicht uns.“ – „Ebenso gebt auf, was nicht euer ist! Das Aufgeben wird euch für lange Zeit zum Heil und Glück gereichen. Körperlichkeit, Empfindung, Wahrnehmung, unbewußte Tätigkeiten und Bewußtsein sind nicht euer; alles dies gebt auf! Das Aufgeben wird euch für lange Zeit zum Heil und Glück gereichen.“[4]
Zu achten ist auf das „wenn man es recht auffaßt...“ Hier zeigt sich die innere Geschlossenheit des älteren Buddhismus, der sich ausdrücklich nur an einen ganz bestimmten Personenkreis wendet. Kommt etwa jemand und sagt: Ich kann zwar nicht einen Reisighaufen als mein Ich ansehen, wohl aber meine Individualität, so betrachtet er es nicht richtig, und das heißt, er ist nicht mit rechter Anschauung begabt. Mit ihm ist daher nicht weiter zu reden. Er muß erst gewisse sittliche Forderungen erfüllen, wie sie einen Teil des achtfachen Pfades bilden, um zur wahren Anschauung zu gelangen. Ist er auch dazu nicht bereit, muß man ihn gehen lassen.

„Alles ist ohne Ich...“

Der Satz von der Ichlosigkeit der erscheinenden Welt meint also eigentlich: nichts in ihr ist ein Ich, weil nichts in ihr wert ist, mein Ich zu sein, oder besser: weil es nichts in ihr gibt, das mir Halt und Genüge bieten, worauf ich mich stützen könnte, mich selbst eingeschlossen. Mache ich etwas zu meinem Ich, wie es das natür-

liche Bewußtsein von sich aus tut, verfalle ich vielmehr der metaphysischen Illusion.
Bin ich nicht bei voller innerer Präsenz, nicht achtsam auf mich, so identifiziere ich mich unwillkürlich womit. Achtsamkeit ist daher für den Buddhismus die erste aller Tugenden, und Achtsamkeitsübungen nehmen in seinen Lehranweisungen einen breiten Raum ein.
Noch die Abwehr eines naheliegenden Mißverständnisses: Alles ist ohne Ich heißt nicht: Es gibt kein Ich. Beide Aussagen fallen nur zusammen für ein Denken, das sich im Umkreis von „alles" und „nichts" bewegt und darüber hinaus nicht zu gelangen vermag.
Wenn alles ohne Ich ist, gibt es kein „Sein", keine „Substanz", kein „Subjekt". Begriffe wie diese erweisen sich vielmehr als bloße Fiktionen meines Denkens und meiner Einbildungskraft. Einer Metaphysik, die etwas als Letztes setzt, um sich darauf zu stützen, ist so jeder Boden entzogen.
Damit erheben wir uns auf eine neue Stufe der Betrachtung. Bekanntlich hat Buddha es abgelehnt, auf Fragen zu antworten wie die, ob die Welt ewig oder nicht ewig, endlich oder nicht endlich ist, ob Seele und Körper dasselbe oder nicht dasselbe sind, ob es eine Existenz nach dem Tod gibt oder nicht, Fragen also, die bei uns etwa den Inhalt der speziellen Metaphysik der traditionellen Schulphilosophie ausmachen. Das haben ihm bereits Schüler und andere Mönche – berühmt sind in diesem Zusammenhang der Mönch Malunkyaputta und der Wanderasket Vacchagotta – zum Vorwurf gemacht, und Buddha hat darauf ausführlich geantwortet. Am bekanntesten ist das Gleichnis vom vergifteten Pfeil geworden. Jemand ist von einem solchen getroffen, ein tüchtiger Wundarzt wird geholt, der Betreffende weigert sich aber, sich den Pfeil herausziehen zu lassen, bevor er nicht weiß, wer ihn abgeschossen hat, was für ein Bogen es war, wie die Pfeilspitze beschaffen ist usw., usw. Bevor er dies alles erfahren hätte, wäre er längst an der Wunde und Vergiftung gestorben. Ebenso wenn jemand erst auf alle die genannten Fragen eine Antwort haben wollte, bevor er der Lehre Buddhas von der Erlösung vom Leiden folgt. – Das ist jedermann einleuchtend und zeigt wiederum Buddhas außerordentliche Befähigung zur Bildung suggestiver Gleichnisse. Dennoch hat dieses Gleichnis enge Grenzen, und vor allem ist zu

beachten, daß Buddha sich mit seinen Reden stets genau auf die geistige Fassungskraft seiner Hörer einstellt.
Danach könnte es scheinen, die Gründe für seine Ablehnung metaphysischer Erörterungen seien, wie wir wohl heute sagen würden, pragmatische. Andere wieder meinen, sie seien positivistischer Art: metaphysische Aussagen wie diese sind sinnlos, oder sie seien agnostizistisch: ihre Beantwortung übersteigt unseren menschlichen Verstand. Aber das trifft kaum das, worum es hier geht.
Zu achten ist auf die sehr überlegte Form, wie Buddha diese Urteile ablehnt. Er sagt nicht: „Ich lehne sie ab.“ Sondern etwa auf die Frage, ob die Welt endlich ist, antwortet er: „Ich sage nicht, daß die Welt endlich ist.“ Das wird weiter durchexerziert für alle logischen Möglichkeiten: „Ich sage nicht, daß die Welt nicht endlich ist. Ich sage nicht, daß die Welt weder endlich noch nicht endlich ist. Ich sage nicht, daß die Welt sowohl endlich wie nicht endlich ist.“
Wenn ich nämlich zu etwas gar keine Stellung nehme, kann ich das nicht aussagen, wohl aber kann ich es durch mein Sprechen zeigen. Das tut Buddha auf die dargestellte Weise. Gelehrten, die dies nicht verstanden haben, blieb es vorbehalten, aus ihnen vertrauten Verhaltensweisen heraus die „Geschicklichkeit“ (Frauwallner) zu bewundern, mit der Buddha solchen Fragen ausweiche.
Warum nimmt Buddha aber zu diesen Fragen keine Stellung? Einmal: er ist an ihnen nicht interessiert, nicht weil er keinen Sinn für Metaphysik gehabt hätte, sondern weil sein Interesse nicht die Welt, sondern die Ablösung von ihr ist. Sodann – und hier kommen wir zu dem Kern der Sache –: Es ist niemand da, der sie fällen könnte. Alles Urteilen ist ein „ich urteile“. Metaphysische Urteile sind illusionistisch, weil nach der Anatta-Lehre ihr Träger es ist. Sie entspringen dem Ichwahn und Eigendünkel, wie sie ihn vorzüglich nähren. Auch auf sie ist der Satz anzuwenden: „Das ist mir nicht zugehörig, das bin ich nicht, das ist nicht mein Ich.“ Gesamtanschauungen, auf die ich mich im Innersten stützen könnte, gibt es nicht.
Wenn in den älteren Texten gefragt wird: Ist die Welt endlich? Ist die Welt nicht endlich? Ist die Welt ewig? Ist die Welt nicht

ewig?, und beide Alternativen abgewiesen werden, drängt sich einem westlichen Leser die Parallele mit Kant und seinen kosmologischen Antinomien förmlich auf. Ebenso scheint die Anatta-Lehre eine gewisse Verwandtschaft mit Kants Unterscheidung von Erscheinung und Ding an sich zu haben, wonach ich mir selbst nur Erscheinung bin und das, was ich „an sich“ sei, mir unbekannt ist und immer bleiben wird. Es ist in der Literatur häufig darauf hingewiesen worden. Indessen bestehen – abgesehen von der durch Ort und Zeit bedingten Differenz – tiefgreifende Unterschiede. Im besonderen bleibt für Kant das unangetastete Wissensfundament das „Ich-denke“. Es aufzugeben und zu verlassen lag außerhalb seines Gesichtskreises.

Warum Heidegger kein Mystiker ist

Vollends liegt der ältere Buddhismus außerhalb des Gesichtskreises von Heidegger. Dessen Philosophie – wegen der schrecklichen Konfusion, die hier allgemein herrscht, sei wenigstens ganz kurz darauf eingegangen – ist durchaus als Erzeugnis westlicher Denkungsart anzusehen mit einem guten Teil Eigenbrötelei. Diese muß nicht etwas Schlechtes sein. Vielleicht ist sie das Beste an seinem Denken. Für mich lag jedenfalls während eines vierzigjährigen mehr oder weniger nahen Umgangs und zahlloser Spaziergänge mit ihm darin der Zauber seiner Persönlichkeit. Heideggers Interesse ist die Welt – sonst nichts. Transzendenz in dem Sinn, wie sie hier intendiert wird, liegt ihm fern. Mit Mystik hat sein Denken genausoviel und -sowenig zu tun wie der moderne japanische und westliche Zen-Buddhismus, und nur darum konnte es zwischen beiden zu einem „Gespräch“ kommen. Wir wollen heute gern das Absolute loswerden. Die ganze Heideggersche Philosophie ist dadurch gekennzeichnet, und nur von daher ist legitime Kritik an ihr zu üben. Wenn etwa Heidegger seinen Vortrag „Die Frage nach der Technik“ mit dem zwielichtigen Satz schließt: „Denn das Fragen ist die Frömmigkeit des Denkens“, so ist das eine ganz und gar unmystische Aussage. Von der Mystik her gesehen, müßte es vielmehr heißen: Das Fragen ist die Weltlichkeit des Denkens. Für sie wäre Frömmigkeit des Denkens, sich durch Denken des Fragens zu entschlagen. In diesem Sinn – und damit kommen wir nochmals auf Kant zurück – ist dessen Denken fromm. Denn wenn ich erkannt habe, daß ich wesentlich nichts erkennen kann, ist damit dem Fragen ein Ende gesetzt und die Bahn für anderes frei. Und man könnte auch sagen: Wenn Buddha auf die angeführten metaphysischen Fragen nicht antwortet, so ist das nicht so aufzufassen, wie es wohl zuweilen im älteren Buddhismus geschieht, daß er selbst die Antworten zwar gewußt, aber sie zu wissen für seine Jünger nicht für tunlich gehalten hätte, sondern weil er dazu hätte Darlegungen geben müssen, die zwar nicht denen der Kritik der reinen Vernunft gleich, aber nicht weniger schwierig und subtil gewesen wären als diese. Das schien ihm nicht nur – wie das Pfeilgleichnis zeigt – Zeitvergeudung, sondern vor allem hätte er bei seinen Hörern kaum die dazu nötige philosophische Begabung voraussetzen können. Er stellt sich aber in seinen Reden, wie schon bemerkt, immer genau auf deren Fassungskraft ein.

Was Nirvana bedeutet

Das gilt im besonderen von dem Dritten, worüber nun noch zu sprechen ist, von dem Gedanken des Nirvana. – Wohl kaum einer ist im Westen so bekannt geworden, und jeder assoziiert etwa wie bei Chicago Unterwelt und Verbrechen, so bei Buddhismus sogleich Nirvana und möchte gern wissen, was denn nun eigentlich das Nirvana sei. Wörtern und Begriffen, die einmal heruntergebracht sind, ist nicht wieder aufzuhelfen. So dem Wort Nirvana bei uns nicht, mit dem wir weiterhin unwegbringbar die Vorstellung des Nichts verbinden. Dieses muß nicht notwendig schwarz sein; es kann auch als weiß vorgestellt werden. Thomas Mann notiert bei anhaltendem Schneewetter in Arosa am 3. März 1934: „Schnee-Nirwana“. Schopenhauer bekennt zum Beschluß des ersten Bandes von „Die Welt als Wille und Vorstellung“ mit Hinweis auf die „Buddhaisten“, was „nach gänzlicher Aufhebung des Willens übrig bleibe“, sei „allerdings Nichts“, das wir, wie die Kinder das Finstere, fürchten und von dem wir jenen „finsteren Eindruck“ zu „verscheuchen“ hätten. Und Max Beckmann schreibt dazu in seinem Handexemplar am 15. Oktober 1934 in Berlin: „Ja, angenehm, ein sachlicher Mystiker, ein Mann." Aber geraten wir damit nicht in die Nähe eines fatalen Heroismus, der zwar die moderne westliche Welt kennzeichnet, aber dem älteren Indertum und überhaupt alten Kulturen ganz fern liegen dürfte?

Nirvana ist im älteren Buddhismus nicht ein philosophisch-metaphysischer Terminus, sondern eher so etwas wie ein Losungswort von eigentümlich magischer Strahlkraft, an dem sich Gleichgesinnte, die einer bestimmten inneren Richtung folgen, erkennen. Die gelehrte Forschung greift in ihrer Verlegenheit wohl auch auf die Etymologie des Wortes zurück. Nirvanam, im Pali Nibbanam, bedeutet das Erlöschen, nämlich eines Feuers oder einer Flamme, welches Bild im Kanon häufig gebraucht wird. Aber für den alten Inder hört ein Feuer, wenn es erlischt, nicht überhaupt zu existieren auf – wie man es lange aus westlicher Denkungsart heraus gemeint hat –, sondern es tritt nur aus der Erscheinungswelt, ist nicht mehr faßbar[5]. „Erlöschen" beim Nirvana-Gedanken meint also nicht schlechthin zu nichts werden – was überhaupt eine ebenso widersinnige wie banale Vorstellung ist –, sondern aus der Erscheinungswelt – im Fall des Paranirvana für immer – verschwunden sein.

Wenn solche Auffassung auch gewiß schon angemessener ist, so berührt sie doch nur die eine Seite der Sache, und das Hauptproblem ist damit nicht einmal gesichtet. Es könnte nämlich danach scheinen, daß der „Erlöschte" nunmehr anderswo in irgendeinem Jenseits oder Nirgend auf – uns unbegreifliche – Weise „ist". „Einst werd ich liegen im Nirgend, bei einem Engel irgend" (Paul Klee). Aber mit solchen Vorstellungen sind wir wieder bei einer Metaphysik und kommen aus dieser auch nicht heraus, wenn wir von „Aufhebung des Subjekt-Objekt-Bezugs" sprechen. Von dem in das Nirvana eingegangenen Buddha heißt es vielmehr in den Texten, daß er in solcher Weise verschwindet, daß man von ihm auch nicht mehr sagen kann: Es gibt ihn nicht. Man versenke sich einen Augenblick in den Abgrund dieses Gedankens, um dessen innezuwerden, daß das Nirvana auf keine Weise in den Bereich der Reflexion und der gegenständlichen Sprache „einzubringen", diesen Bereich zu verlassen vielmehr der Witz bei der Sache ist.

Um dies deutlicher zu machen, ist in der Kürze, mit der es hier nur geschehen kann, etwas über die Meditation im älteren Buddhismus zu sagen, und zwar kennt dieser vier Stufen meditativer Versenkung, die im Kanon stereotyp in der gleichen Form immer wiederkehren.

1. Stufe: Loslösung von der sinnlichen Welt. Dies führt zu innerer Freude und zu Wohlgefühl, ohne daß dabei das Nachdenken, die Reflexion also, aufhört.
2. Stufe: Das Nachdenken und Überlegen wird zum Erliegen, zur Ruhe gebracht. Daraus entsteht erneut Freude und gesteigertes inneres Wohlsein.
3. Stufe: Diese Freude klingt ab. Statt dessen strömt (transzendentales) Glücksgefühl ein.
4. Stufe: Loslösung auch noch von diesem Glücksgefühl. Völliger Gleichmut.

Es ist wichtig, zu erkennen, daß eine Stufe aus der andern notwendig hervorgeht, wobei das Gefühl des Unbehagens, der Defizienz, das auf jeder der drei ersten Stufen noch vorhanden ist, zum Weitersteigen nötigt, daß die Schwierigkeiten und mit ihnen die Verleitung zur Flucht in die Illusion von Stufe zu Stufe progressiv wachsen, aber auch im gleichen Maße die Fähigkeiten zu ihrer Überwindung.

Es ist nun von entscheidender Wichtigkeit, zu sehen, daß die vierte und letzte Versenkungsstufe, das Leersein und der völlige Gleichmut, für den älteren Buddhismus nicht etwa schon das Nirvana oder den Nirvana-Zustand bedeutet, wohl aber von ihr und nur von ihr aus der Übergang dahin erfolgt und dieser gegenüber den früheren Übergängen von einer Versenkungsstufe zur andern etwas gänzlich anderes ist. Sehr bald hat man das nicht mehr verstanden und sich mit der vierten oder einer noch früheren Meditationsstufe begnügt. Ja, heutzutage werden wohl nicht wenige, wenn sie halb auf die erste Stufe gelangen, meinen, sie seien bereits im Metanirvana, von dem aus sie dann kritisch auf das Nirvana hinblicken. Denn auch schon da stellt sich durchaus ein gewisses Glücksgefühl ein. Aber Nirvana ist keine psychologische oder psychotherapeutische Größe, während die Meditation auf den ersten beiden genannten Stufen es in einem gewissen Grade sein kann. Die vierte Stufe ist auch nicht so etwas wie ein Trancezustand, sondern vielmehr ein Zustand äußerster innerer Wachheit und Präsenz, wie er erforderlich ist, um den letzten und eigentlichen Übergang mit sich ganz zu vollziehen.

Nirvana ist keine psychologische Größe, aber auch keine kosmologische. Besonders instruktiv ist dafür eine berühmte „Udana" Buddhas, eine spruchartig-feierliche Aussage, in der sich eine „momentan aufleuchtende" Erkenntnis bekundet. Sie lautet: „Es gibt, ihr Mönche, ein Nichtgeborenes, ein Nichtgewordenes, ein Nichtverursachtes. Wenn es, ihr Mönche, dieses Nichtgeborene, Nichtgewordene, Nichtgemachte, Nichtverursachte nicht gäbe, so ließe sich für das Geborene, das Gewordene, das Gemachte, das Verursachte kein Ausweg finden. Weil es aber, ihr Mönche, ein Nichtgeborenes, ein Nichtgewordenes, ein Nichtgemachtes, ein Nichtverursachtes gibt, darum findet sich auch ein Ausweg für das Geborene, das Gewordene, das Gemachte, das Verursachte."[6]

In seiner ganzen Art, auch der Diktion nach, scheint das an frühgriechisches Denken anzuklingen. Buddha lebte um 500 vor Chr., also etwa zu der Zeit von Parmenides und Heraklit, in denen dieses kulminiert. Anaximander, der erste frühgriechische Denker, von dem ein schriftliches Wort überliefert ist, eröffnet gleichsam die abendländische Philosophie mit der Aussage: „ἀρχὴ τῶν ὄντων τὸ ἄπειρον – Ursprungsgrund der seienden Dinge ist das Unbegrenzte." Und später wird immer wieder neu der Gedankengang variiert: Alles, was ist, ist begrenzt. Als Begrenztes erfordert es einen Grund. Der Grund muß verschieden sein von dem, was er begründet. Also muß alles, was ist, einen Grund haben, der selber nicht begrenzt ist und nicht von der Art des Begrenzten sein kann.

Es scheint nun ungemein lehrreich an dem Buddha-Wort, daß es *nicht* in solcher Weise schließt, nicht sagt: Weil es etwas Begrenztes gibt, muß es ein Unbegrenztes als dessen Grund geben, sondern: Es muß ein Unbegrenztes geben, weil es sonst keine Erlösung für das Begrenzte gäbe. – Das ist etwas ganz anderes. Das Nichtgeborene, Nichtgewordene ... wird zu dem Geborenen, Gewordenen ... in keine kausative Beziehung gesetzt, womit Buddha ja wieder ein transzendentes Absolutes statuierte und dem metaphysischen Denken verfiele, das er doch gerade abwehrt. Die Aussage Buddhas ist weder eine ontologische noch eine kosmologische, sondern eine „soteriologische". „Erlösung" ist das zentrale und das einzige

Thema des Buddhismus. Erlösung – wovon? Von der Vergänglichkeit.
Das Nirvana ist keine Arche, nicht als Ursprung des Menschen und seiner Welt aufgefaßt. Es hat damit schlechterdings nichts zu tun, wohl aber der Mensch mit ihm, insofern es sein Anliegen ist, dahin über- und einzugehen. Es ist daher auch nicht auf dem Weg der Verneinung faßbar, sondern entzieht sich allen Denkbestimmungen und muß es, wenn das stimmt, was vorher über die Meditation gesagt wurde. Das gegenständliche Denken wird bereits auf deren zweiter Stufe überwunden und verlassen. – Damit sind allerdings für den westlichen und modernen Menschen die Probleme noch keineswegs gelöst; vielmehr widerstrebt dem alles in ihm. Davon gleich mehr.

Zuvor sei eine Atempause gemacht und ein Wort zu den Buddha-Bildern gesagt. Wenn sich nämlich absolute Transzendenz auch jeder direkten und indirekten kategorialen Bestimmung entzieht, so nicht jeder Darstellbarkeit. Und die frühe Kunst des Buddhismus dürfte für dessen geistiges Verständnis von nicht geringer Bedeutung sein. Der westliche Mensch findet die heute allenthalben verbreiteten Buddha-Stutuetten doch wohl im Grunde seiner Seele „komisch", und mancher wird bei sich denken wie Schopenhauers streng katholische Haushälterin Margarethe Schnepp, die ausrief, als dieser einen vergoldeten Buddha 1856 aus Paris erhalten hatte: „Der sitzt ja wie ein Schneider da!", und wird vielleicht noch ergänzen: und schneidert dazu nicht einmal, sondern hat die Hände in den Schoß gelegt und tut nichts. Schlimm!
Was das Nichtstun betrifft, so hat der ältere Buddhismus der Arbeit allerdings keinen sittlichen Wert zuerkannt. Sie war den Mönchen verboten. Dies ist übrigens etwas, was das östliche Mönchtum von dem westlichen wesentlich unterscheidet. Das bedeutet aber nicht, daß er der Trägheit das Wort geredet hätte. Das Gegenteil ist der Fall. Man lese nur das große Sutta Assapura aus der Sammlung der mittleren Texte des Pali-Kanons nach mit dem beständigen Refrain: „Denn es ist noch mehr zu tun!" Dieses Sutta ist übrigens ein Kompendium der buddhistischen Lehre[7]. Schopenhauer brauste auf und fuhr seine Haushälterin an: „Sie grobe Person, so spricht sie von dem Siegreich-Vollendeten! Habe ich jemals ih-

ren Herrgott gelästert?" Aber ebendadurch zeigt er, daß er über einen „Europäer-Buddhismus", wie sein „Schüler" Nietzsche es ausdrückt, noch nicht sehr hinausgelangt war.

In Wahrheit sind die Buddha-Bilder, zumal die älteren, nicht, wie man zunächst meinen könnte, naturalistische Abbilder von Meditierenden. Photographien von Buddha-Plastiken mit danebensitzenden gleichartigen indischen Yogin, wie man sie gelegentlich findet, lassen das deutlich erkennen. Auch sind sie nicht idealistische Vorbilder für Meditierende. Das sind vielleicht in gewisser Weise die Darstellungen der Arhants, der Jünger Buddhas. Gerade wenn man diese Plastiken mit denen Buddhas vergleicht, sieht man, daß diese etwas demgegenüber ganz anderes sind, nämlich realistische Sinnbilder und als solche allerdings Anreger und Förderer der Meditation. Sie sind stets typisiert und stilisiert. Dadurch, daß das materielle Gebilde in diesem Fall eine Abstraktion und Fiktion ist, vermag es im Hinblick auf Transzendenz zum Sinnbild zu werden, wobei die Symbolkraft deshalb von der Gestalt des Menschen ausgeht, weil nur er absoluter Transzendenz fähig ist.

In hohem Maße haben Plastiken der Gupta-Periode der indischen Kunst und der Wei-Periode der frühchinesischen Kunst diesen Charakter, und es läßt sich hier dann sehr klar weiter der geschichtlich notwendige Prozeß der Verflachung und Veräußerlichung verfolgen: von absoluter Transzendenz zu relativer, von dieser zu Immanenz und schließlich zu leerer Imitation, die dann zu serienmäßiger Herstellung in Werkstätten und endlich zu maschineller Produktion in Fabriken führt, bei der jedes Stück mit dem andern „identisch" ist. In dieser Form hat das Buddha-Bild heute seine eigene Art von beschaulicher Existenz in Warenhäusern und Nippgeschäften.

Antike Mystik: Platon, Plotin, Dionysios Areopagita

Wenden wir uns jetzt der westlichen Mystik zu, so ist es für den zweiten Teil meines Vortrags bezeichnend, daß ich der Substanz nach nichts zu sagen habe, was über den ersten Teil hinausginge, und es dennoch jetzt erst eigentlich interessant wird und manchmal spannend wie in einem Kriminalroman. Worum es dabei geht, ist, das Konventionelle in der Rede von der absoluten Transzendenz zu erkennen und zu überwinden, soweit das überhaupt möglich ist.

Die große Scheide scheint hier zunächst zu sein, daß die westliche Mystik insgesamt theologisch denkt. Der ältere Buddhismus ist bekanntlich atheistisch, nicht in dem Sinn, daß er die Götter der traditionellen Religion geleugnet hätte, wohl aber darin, daß er keinen Gott als letztes Prinzip und als Ursprung aller Dinge kennt. Ich meine indessen, nicht hier ist eigentlich die Differenz zu suchen, sondern vielmehr darin, daß die westlich-abendländische Mystik philosophisch denkt. Ihr theologisches Denken ist nur eine Folge davon. Dies wird besonders daran sichtbar, daß ihre beiden prominentesten Repräsentanten, Plotin und Meister Eckhart, von einem unbezwinglichen Drang zum spekulativen Begreifen und Erkennen gezeichnet sind. Bekannt ist etwa der Einfluß, den Eckhart auf die Bildung der deutschen philosophischen Terminologie ausgeübt hat. – Plotin ist vielleicht der einzige bedeutende Mystiker, der keiner Religionsgemeinschaft angehört und keine gegründet hat, aber er denkt darum nicht unabhängig, sondern verstand sich vorzüglich als Erneuerer und Schüler von Platon. Dieser ist aber als der Urheber und Begründer dessen anzusehen, was wir im prägnanten Wortsinn Philosophie nennen.

Die Frage drängt sich auf: Ist im Denken Platons Mystik, und wenn ja, wie weit? Ich glaube, man kann darauf eine sehr bestimmte Antwort geben – und es ist klar, daß dies von entscheidender Bedeutung für alles Weitere ist. Sie lautet: Von absoluter Transzendenz ist bei Platon nichts zu finden, wohl aber manches von relativer.

Geht man von dem schriftlichen Werk Platons aus – was wir hier allein zu tun haben –, so verweist von den Dialogen am meisten auf Mystik das Symposion, genauer der letzte Teil von dessen Diotima-Rede. Der darin geschilderte dreistufige Aufstieg, an dessen Ende der Überschritt und Sprung zum „Schönen selbst“ geschieht, ist jedenfalls für die nachfolgende abendländische Mystik zu einem immer wieder angeführten Leitbild geworden.

Doch handelt es sich dabei eindeutig um relative Transzendenz, so stark auch ein mystischer Unterton zu spüren ist. Die schönen Dinge sind an das Schöne selbst geknüpft durch Teilhabe. Ganz deutlich wird das in der Politeia, wo das – mit dem Schönen identische – Gute ausdrücklich als der Ursprung des Alles (ἡ τοῦ τὸς ἀρχή 511b) dargestellt und erwiesen wird. – Zwar sagt Platon-Sokrates dort an einer berühmten Stelle, die für die nachfolgenden Mystiker wie ein Signal gewesen ist, daß das Agathon, das Gute, nicht Sein sei, sondern noch über das Sein an Würde und Macht hinausrage (509b). Als der Grund der Ideen und des Seienden kann das Gute nicht in dem Sinn seiend sein wie diese; anderseits wird das Gute aber von Platon eindeutig als Gestalthaftes angesprochen und damit als nicht schlechthin Transzendentes gefaßt. Wie sehr auch Platon an gewissen Stellen seiner Dialoge dessen Seinsjenseitigkeit betont haben möge: daß das Gute *nicht* der Ursprung und Grund von allem überhaupt sei, liegt außerhalb seines Gesichtskreises.

Ähnlich verhält es sich bei Plotin. Zwar steigert dieser die Jenseitigkeit des Agathon bis ins Äußerste, indem er mit dem philosophischen Gedankengang, daß der Ursprung von dem aus ihm Entspringenden verschieden sein müsse, in unerhörter neuer Weise ernst macht, aber daß das „Ureine", welches für ihn nun im strengen Sinn Gestaltloses und Unaussprechbares ist, *nicht* der Ursprung von allem sei, wird von Plotin nirgends in Betracht gezogen. Vielmehr emaniert aus dem Ureinen in der bekannten Hypostasenabfolge der gesamte Kosmos.

Am weitesten dürfte hier aber der direkt von Proklos abhängige Dionysios Areopagita gegangen sein, dessen „negative Theologie" (um 500 n. Chr. verfaßt) zur wichtigsten Quelle für die christliche Mystik des Mittelalters und der nachfolgenden Zeit wurde. Er verneint – etwa im 5. Kapitel seiner Theologia Mystica – in großartiger Weise alle positiven und negativen Prädikationen von Gott, nur eine nicht, die er ihm vielmehr in äußerster Weise und bedingungslos zuerkennt, nämlich daß er „die vollkommene und alleinige Ursache aller Dinge" sei. Die via causativa wird durch die via negativa nicht beeinträchtigt, sondern nur noch verstärkt.

Der Gnostiker Marcion

Doch gibt es eine merkwürdige Ausnahme. Das ist der christliche Gnostiker Marcion, der im zweiten Jahrhundert gelebt hat. Adolf von Harnack hat ihm eine bedeutende wissenschaftliche Darstellung gewidmet: „Marcion. Das Evangelium vom fremdem Gott. Eine Monographie zur Grundlegung der katholischen Kirche“ (Leipzig 1921). Im Vorwort sagt Harnack von Marcion, daß er „der einzige Denker in der Christenheit“ ist, „der mit der Überzeugung vollen Ernst gemacht hat, daß die Gottheit, welche von der Welt erlöst, mit der Kosmologie und der kosmischen Theologie schlechterdings nichts zu tun hat!“ Ich korrigiere Harnack. Ich meine nämlich, daß es noch einen gibt, und das ist Meister Eckhart. Zumindest hat er es an einigen extremen Stellen seiner deutschen Predigten getan.
Marcions Lehre wurde von der römischen Synode als „schlimmste Ketzerei“ im Jahre 144 abgelehnt und er selbst von der Kirche ausgeschlossen. Die von Dionysius Areopagita wurde auf dem lateranischen Konzil von 649 ausdrücklich als rechtgläubig anerkannt. Meister Eckhart wurde von der Kirche 1326 der Prozeß gemacht.
Doch Marcion ist Gnostiker, nicht Mystiker. Zwar ist der unbekannte, „andere Gott“, von dem er spricht, dieser Welt und ihrem Schöpfer „fremd“, aber wird selber als Schöpfer von Unsichtbarem aufgefaßt[8]. Eckhart macht mit dieser Andersheit in ungleich tieferer Weise ernst, und hier zeigt sich der immense geistige Abstand zwischen beiden. Als philosophisch und christlich-mittelalterlich Denkender ist auch er zunächst und durchweg an dem Begriff Gottes als Schöpfer dieser Welt orientiert. Daneben gewinnt aber für ihn eine weitere Unterscheidung überragende Bedeutung, nämlich die zwischen Gottheit und Gott. Die Gottheit ist Gott, wie er in sich selbst ist, im Gegensatz zu dem dreieinigen Gott, wie er für das von ihm Geschaffene ist. Die Gottheit ist „verborgen“, verstandesmäßig in keiner Weise faßbar. Von Gott als Gottheit kann nur die Identität (in dem früher dargelegten Sinn) ausgesagt werden: er ist, der er ist, während der Schöpfergott in dem trinitarischen Prozeß von dem Geschöpf erkannt werden kann.

Meister Eckhart

Auch die Unterscheidung zwischen Gottheit und Gott ist nicht erst von Eckhart, sondern entstammt der scholastischen Tradition, aber neu und unerhört scheint mir nun, wie er diese fundamentale Differenz an gewissen Stellen seiner deutschen Predigten bis ins Äußerste steigert. Es geschieht dies stets mit fast maßlos anmutender Leidenschaftlichkeit; so am Ende der „Bürglein-Predigt", die als eine der bestgesicherten und charakteristischsten für Eckhart gilt, und in der Predigt „Noli timere eos", die er mit den Worten schließt: „Wer diese Predigt verstanden hat, dem gönne ich's wohl. Wäre niemand hier gewesen, ich hätte sie diesem Opferstock predigen müssen. Es gibt manche armen Leute, die kehren wieder heim und sprechen: ‚Ich will an einem Ort sitzen und mein Brot essen und Gott dienen.' Ich spreche bei der ewigen Weisheit, daß diese Leute verirrt bleiben müssen und niemals erlangen und kriegen können, was die andern erlangen, die Gott nachfolgen in Armut und Fremde. Amen."
In dieser Predigt hatte es vorher geheißen: „Nun bitte ich euch: Vernehmt bei der ewigen Wahrheit und bei der immerwährenden Wahrheit meiner Seele. Nun will ich aber sagen, was ich (noch) nie gesagt habe. Gott und Gottheit sind so weit voneinander verschieden wie Himmel und Erde." Und etwas später: „So reden alle Kreaturen von Gott. Und warum reden sie nicht von der Gottheit? Alles das, was in der Gottheit ist, das ist Eins, und davon ist nicht zu reden. Gott wirkt, die Gottheit wirkt nicht, in ihr ist kein Werk. Sie hat niemals nach einem Werk Ausschau gehalten."
Hier und an einer Reihe entsprechender Stellen in anderen Predigten ist in der Tat die Differenz zwischen Gottheit und Gott derart gesteigert, daß es fast nur noch die analoge Bezeichnung ist, die beide zusammenhält, und „die Gottheit, die erlöst, mit dem Gott, welcher die Welt schafft", „nichts mehr zu tun hat". Die Intensität seiner einmaligen Erfahrung, ein unverwechselbares inneres Wissen – und in diesem Sinn sind die emphatischen Beteuerungen wie „bei der ewigen Wahrheit", „bei meiner Seele" zu verstehen, die sich jedesmal an solchen Predigtstellen finden – nötigen Eckhart, die traditionellen und konventionellen Formeln und Verstehensweisen zu sprengen und aufzugeben und zu sagen, was schlechter-

dings Anstoß erregen und ihn in tödlichen Konflikt bringen mußte mit einer Gesellschaft und Kirche, die Macht in der Welt entfalten will.

Ich möchte diese Dinge noch von einer anderen Seite beleuchten. Platon hat in der eigentümlich maßlosen „Digression“ in der Mitte des Thätets, des Dialogs also, mit dem er die zweite Phase seines Philosophierens einleitet, die innerste Intention seines Denkens auf eine einfache Formel gebracht: ὁμοίωσις θεῷ κατὰ τὸ δύνατον, Angleichung an Gott soweit wie möglich (176b).

Ist diese Formel mystisch? Nein. Die entsprechende mystische Formulierung lautet vielmehr: ἕνωσις θεῷ, Einswerden mit Gott. – Was ist der Unterschied? Platons Formel fordert, das, was ist, solchem, was als gut und vollkommen gedacht wird, anzugleichen, soweit es dem Menschen möglich ist. Etwas vereinfacht gesagt: sich und die Welt nach Möglichkeit zu verbessern. Sie ist idealistisch, ja spricht das Wesen des Idealismus in betont einfacher Weise aus. Man sieht übrigens daran, daß auch aller sogenannte Materialismus durchaus idealistisch ist.

Anders die Mystikerformel. Das „nach Möglichkeit“ fehlt in ihr. Denn mit etwas eins werden kann ich nur ganz oder gar nicht. Und Einswerden ist hier nicht im Sinne irgendeiner gegenständlichen oder personalen Vereinigung oder Verschmelzung gemeint: nicht soll ich mich vollkommen und soweit wie möglich zu Gott machen, sondern mich lassen und dadurch das, was ich nicht bin, das Wirkliche, so, wie es sich durch sich selbst bekundet und bezeugt, ergreifen.

Mystik ist nicht und nie idealistisch, sondern realistisch. Wenn etwa Eckhart in seinem „Buch der göttlichen Tröstung“ schreibt: „Und darum, weil Gott in irgendeiner Weise will, daß ich auch Sünde getan habe, so wollte ich nicht, daß ich sie nicht getan hätte. Denn so geschieht Gottes Wille auf Erden...“, dann ist das tief realistisch. Diese Stelle gehört zu den von der päpstlichen Bulle „In agro dominico“ vom 27. März 1329 inkriminierten.

Wir nehmen daran nicht mehr den gleichen Anstoß. Wir wollen nicht Vollkommenheit, sondern Wirklichkeit. Der Idealismus in dem dargelegten Sinn ist uns heute zutiefst fragwürdig geworden. Dessen großer Kritiker in neuerer Zeit ist Nietzsche gewesen, und wer möchte bei aller Differenz, wie sie schon durch den geschichtlichen Abstand gegeben ist, das wunderbar Verwandte zwischen ihm und Eckhart übersehen: das Schöpferische und die Meisterschaft bei beiden in der Handhabung der deutschen Sprache, die ungeheure innere Intensität, mit der sie selbst an dem von ihnen Gedachten Anteil nehmen, das Extreme und Konsequente ihres Denkens, das Kühne, Paradoxe, Widersprüchige, Übersteigerte, Provokative, Brillante, vielfältig Schillernde des Ausdrucks und nicht zuletzt die Weise, wie bei beiden das Leben und das Mysterium des Lebens zum schlechthin bewegenden Thema wird. – Nietzsche hat mit aller Deutlichkeit das erkenntnismäßig Illusionistische und seinsmäßig Utopische des herkömmlichen Idealismus erkannt und gezeigt, wie dieser, indem er das Wesen der Realität von Grund aus verkennt, zur Verleumdung der Sinnlichkeit, zu Ehrfurchtslosigkeit vor der Natur und damit in das führt, was Nietzsche geschichtlich als den Nihilismus begreift und durchdenkt. Populär ausgedrückt: Weltverbesserung ist wesensmäßig nur eine vermeintliche, führt nicht in den Himmel, sondern in die Hölle. Nietzsche wird damit zu dem einmaligen Kritiker der westlichen Welt, der er ist.

Abgeschiedenheit und Gelassenheit

Es sei das Gesagte an dem mystischen Fundamentalbegriff des Lassens noch deutlicher gemacht. Die Gelassenheit, Abgeschiedenheit ist Grundthema der Predigten Meister Eckharts und der nachfolgenden deutschen Mystik von Seuse, Tauler, Ruysbroeck bis zur „Theologia deutsch“.

Gelassen ist danach, wer sich selbst und die Welt gelassen und sich Gott gelassen hat. Lassen einmal im Sinn von loslassen, fahrenlassen, und lassen im Sinn von sich überlassen. Gegenbegriff zu lassen in der ersten Bedeutung ist: annehmen.

Gelassenheit ist nicht zu verwechseln mit Gleichgültigkeit. Bin ich gegen etwas gleichgültig, so beziehe ich mich durchaus darauf. Man sagt zum Beispiel: jemanden durch Gleichgültigkeit strafen. Gelassenheit ist dagegen Beziehungsaufgabe. Diese ist nicht denkbar. Gelassenheit ist daher paradox und muß es sein. Sonst wäre sie doch wieder nur eine weltliche Haltung neben andern. Die Welt

schwindet für den Gelassenen keineswegs; im Gegenteil, sie gewinnt für ihn eine neue Realität von unerhörter Sachlichkeit: er nimmt sie nicht an, er lehnt sie nicht ab, er ist nicht gegen sie gleichgültig. – Man könnte unterscheiden zwischen interessiert, uninteressiert und desinteressiert sein. Gelassenheit wäre dann Desinteressiertheit, Indifferenz, nicht aber Indolenz. (Im englischen Sprachbereich hat man dafür den Ausdruck Nonattachment geprägt, zu unterscheiden von Attachment und Unattachment.)
Die Abgeschiedenheit von sich und der Welt ist jedoch nur die eine Seite der Gelassenheit; die andere ist Hinwendung zu dem, was nicht Welt ist, das Sich-Gott-Überlassen, und dieses ist der Grund für jenes.

„Gott um Gottes willen lassen..."

Sich selbst und die Welt lassen und sich Gott lassen: man sieht, daß diese Formel mit ihrer Dreiheit Seele, Welt, Gott christlich-mittelalterlichem Denken entstammt, kosmologisch und theologisch orientiert ist. – Aber hier zeigt sich nun wiederum das Außerordentliche an Meister Eckhart, daß er dabei nicht stehengeblieben ist, sondern dieses konventionelle Schema sprengt und jenseits davon gelangt. In der Predigt „Qui audit me", der sogenannten „Gelassenheitspredigt", an deren Schluß von ihm das deutsche Adjektiv „gelassen" unmittelbar im Zuge der Darlegung geprägt wird, sagt er nämlich: „Das Höchste und das Äußerste, das der Mensch lassen kann, das ist, daß er Gott um Gottes willen lasse."
Der Satz ist ebenso paradox wie provokativ. Das sollte man ihm nicht zu nehmen suchen. Das „um Gottes willen" ist uns längst zu einer leeren Redensart verblaßt: „Um Gottes willen, tu das nicht!" Inhaltlich zielt er auf das früher Dargelegte: man soll Gott als den dreieinigen Schöpfergott, wie er für einen als Geschöpf ist, lassen um der Gottheit willen, also um Gottes willen, wie er in sich selbst ist. Tue ich das, dann mache ich mich damit, daß ich jedes theologische und kosmologische Vorstellen verlasse, bereit zu dem Schritt und Übergang in einen Bereich, der mit Gott und Welt im herkömmlichen Sinn nichts mehr zu tun hat.

Gemeint ist also: man soll Gott um der Gottheit willen lassen. Aber Eckhart hat es nicht so gesagt. Er hat auch nicht an der ersten Stelle Gott in Anführungszeichen gesetzt: er schrieb dies ja nicht, sondern sprach es. Es muß dabei bleiben: Gott um Gottes willen lassen. Nur so behält das Paradox seine versehrende Schärfe. Sonst ist das Ganze wieder in den uns nur allzu vertrauten Bereich gegenständlichen Vorstellens zurückgebracht, wo wir alles und nichts ernst nehmen. Eckhart gelangt mit ihm zu einem „Atheismus", der ebensowenig konventionell ist wie der des älteren Buddhismus und wie der Plotins und der Nietzsches, und wir gelangen dahin, wo wir eigentlich hinwollen: jenseits von Ost und West, ins „Vorgebürg der Ewigkeit", wie es in einem älteren Mystikertext heißt.

Anmerkungen

[1] Gehalten im Studium Generale der Universität Freiburg im Juni 1980 und im Rahmen einer Veranstaltung der Marie Gretler-Stiftung, Universität Zürich, im November 1980.

[2] Mentor Book. 1960, S. 70.

[3] E. Conze: Der Buddhismus. [5]1974, S. 16.

[4] K. Schmidt, Buddhas Reden. 1961, S. 77 (rowohlts klassiker 87/88).

[5] Siehe E. Frauwallner: Geschichte der indischen Philosophie, Bd. I Salzburg 1953, S. 225ff.; D. Schlingloff: Die Religion des Buddhismus I. Berlin 1962, S. 113f. (Sammlung Göschen Bd. 174).

[6] Zitiert nach M. Winternitz: Der ältere Buddhismus nach Texten des Tipitaka. Tübingen 1929, S. 108f. (Religionsgeschichtl. Lesebuch XI).

[7] Übersetzung in K. Schmidt, a.a.O. S. 134ff.

[8] Harnack, S. 91.

ROLAND PIETSCH

Die geistige Schau bei Meister Eckhart, Jakob Böhme und Angelus Silesius

Meister Eckhart, Jakob Böhme und Angelus Silesius schildern ihre geistige Schau und Teilhabe an der höchsten und letzten Wirklichkeit Gottes mit der Bildhaftigkeit und Vorstellungskraft deutscher Sprache, die bei ihnen wie von der Zeit abgehoben erscheint, obwohl sie doch fest in Raum und Zeit gebunden ist.
Raum und Zeit können aber von sich aus die Ewigkeit niemals erfassen; erst wenn der Lichtstrahl der Ewigkeit auf sie trifft, spiegelt er sich in ihnen wider.
Ein solcher Abglanz des Ewigen leuchtet in der Sprache Meister Eckharts, Jakob Böhmes und Angelus Silesius' auf. Darüber hinaus ist das Licht der Ewigkeit selbst der eine innere Grund, warum die Lehren dieser drei großen Metaphysiker und Mystiker, die zu verschiedenen Zeiten lebten und verschiedenen christlichen Bekenntnissen angehörten, als eine Einheit betrachtet werden können. Die Einheit ihrer geistigen Schau der höchsten und letzten Wirklichkeit Gottes gründet sich in der inneren Einheit dieser göttlichen Wirklichkeit selber. Vor diesem Geheimnis der innergöttlichen Einheit versagt alles menschliche Sprechen, und „das Schönste, was der Mensch über Gott auszusagen vermag, besteht darin, daß er aus der Weisheit des inneren Reichtums schweigen könnte"[1].

Um zu solchem Schweigen aus innerem Reichtum zu gelangen, muß der Mensch vorher still und einsam geworden sein, so still und einsam, daß sich Gottes Weisheit in diese einsame Stille der von sich selber frei und leer gewordenen Seele einsprechen kann, ja einsprechen muß, damit das Schweigen und die Ruhe des ewigen göttlichen Friedens in ihr herrsche. Zu diesem Ziel soll die Sprache und alles Sprechen letztlich führen. Nun ist die Sprache wesentliches Kennzeichen des Menschen überhaupt, denn sie bezieht sich auf seine Vernunft und seinen Verstand, mit denen er sich von den vernunftlosen Kreaturen unterscheidet; darüber hinaus weist ihn die Sprache auf seinen göttlichen Ursprung zurück, denn der Sinn menschlichen Daseins gründet allein in Gott, weil Gott den Menschen zu seinem Bild und Gleichnis erschaffen hat.
Dieses Bildsein des Menschen überragt das Bildsein der übrigen Kreaturen dadurch, daß der Mensch aufgrund seines Intellekts geistig ein Abbild des göttlichen Wesens selbst ist, während die übrige Schöpfung nicht Gott in seiner Wesenheit, sondern Ideen abbildet, die in Gott sind.
Die Verwirklichung des Bildseins im Menschen zu seiner ersten ursprünglichen Vollkommenheit führt ihn zur geistigen Schau und zur unmittelbaren Teilhabe an Gottes höchster und letzter Wirklichkeit. Davon künden die Schriften Meister Eckharts, Jakob Böhmes und Angelus Silesius', und ihre Lehren sind im Grunde nichts anderes als ein Ausdruck der ewigen Urlehre von der Weisheit Gottes, die sich im Menschen verwirklicht.

Meister Eckhart

Meister Eckhart bestimmt das Bildsein zunächst im allgemeinen dadurch, daß er sagt, daß es nicht aus sich selbst noch für sich selbst ist, „es stammt vielmehr von dem, dessen Bild es ist, und gehört ihm mit allem, was es ist, zu. Was dem, dessen Bild es ist, fremd ist, dem gehört es nicht zu, noch stammt es von ihm. Ein Bild nimmt sein Sein unmittelbar allein von dem, dessen Bild es ist, und hat ein Sein mit ihm und ist dasselbe Sein.“[2]
Diese Bestimmung des Bildseins als Gleichheit und Einheit des Bildes mit seinem Urbild veranschaulicht Meister Eckhart noch

zusätzlich mit der Vorstellung vom Spiegel, in dem sich das Urbild als Bild abbildet. „Man stellt die Frage, wo das Sein des Bildes ganz eigentlich sei: im Spiegel oder in dem, wovon es ausgeht? Es ist eigentlicher in dem, wovon es ausgeht. Das Bild ist in mir, von mir, zu mir. Solange der Spiegel genau meinem Antlitz gegenübersteht, ist mein Bild darin; fiele der Spiegel hin, so verginge das Bild."[3] Gott aber bleibt in seiner Wesenheit von jeglichem Zerbrechen und jeder Vergänglichkeit unberührt.

Die Gleichheit und Einheit von Bild und Urbild besagt letztlich nichts anderes als das Aufgehobensein und die Geborgenheit des Bildes in seinem Urbild. Je mehr also das jeweilige Bild der Bestimmung seines Bildseins entspricht, um so leerer wird es von sich selbst, und der Spiegel bildet dann tatsächlich nur noch das ab, was ihm wirklich gegenübersteht.

Für den Menschen bedeutet dies, daß er seiner Bestimmung als Bild Gottes dann am besten gerecht zu werden vermag, wenn er alles, was diesem von Gott her bestimmten Bildsein fremd ist, entfernt und ein immer reineres Bild Gottes wird, um sich in dieser Reinheit endlich mit Gott ein für allemal zu vereinen. Der „Ort" oder die „Stätte", wo sich Gott mit dem Menschen ganz vereinen kann, ist in der Seele des Menschen selbst verborgen. Diese verborgene Stätte liegt oberhalb der Seele und ihrer Kräfte, die nach der Überlieferung in Vernunft (intellectus), Gedächtnis und Wille eingeteilt werden.

Mit diesen Kräften wirkt die Seele, und „was sie erkennt, das erkennt sie mit der Vernunft; wenn sie etwas erinnert, so tut sie's mit dem Gedächtnis; soll sie lieben, so tut sie's mit dem Willen; und so also wirkt sie mittels der Kräfte und nicht mit dem Sein"[4] oder dem Wesen oder der Wesenheit. Sein, Wesen oder Wesenheit der Seele sind aber nur andere Ausdrücke für jenen Ort oder Grund der Seele, wo die Einung mit Gott stattfindet. Die gesamte menschliche Wissenschaft ist aber nicht imstande, zu sagen, „was die Seele in ihrem Grunde sei"[5].

Meister Eckhart umschreibt diesen Seelengrund mit Formulierungen, die sich alle von geschöpflichen Maßstäben abkehren und diese verneinen. So spricht er zum Beispiel von der Weiselosigkeit und Eigenschaftslosigkeit des ewig Einen in der Seele. Bisweilen gleichbedeutend mit diesem in sich selber einigen verborgenen

Grund der Seele gebraucht der Meister einfach den Ausdruck Seele, der dann aber nicht mit der Seele in ihren drei Wirkungen verwechselt werden darf, und sagt: „Die Seele weiß von nichts als vom Einen, sie ist erhaben über jedes Bild.“[6] Diese Betonung der inneren Einheit und Einzigkeit des Seelengrundes und seiner Bildlosigkeit erhebt ihn in eine solche Höhe, daß die Sprache das Unbegreifliche nur noch in Andeutungen, zwischen denen das Schweigen vor Gott wächst, auszudrücken vermag. In einer Predigt des Meisters Eckhart wird dies offensichtlich, wenn er spricht: „Ich habe bisweilen gesagt, es sei eine Kraft im Geiste, die sei allein frei. Bisweilen habe ich gesagt, es sei eine Hut des Geistes; bisweilen habe ich gesagt, es sei ein Licht des Geistes; bisweilen habe ich gesagt, es sei ein Fünklein. Nun aber sage ich: Es ist weder dies noch das; trotzdem ist es ein Etwas, das ist erhabener über dies und das als der Himmel über der Erde. Darum benenne ich es nun auf eine edlere Weise, als ich es je benannte, und doch spottet es sowohl solcher Edelkeit wie der Weise und ist darüber erhaben. Es ist von allen Namen frei und aller Formen bloß, ganz ledig und frei, wie Gott ledig und frei ist in sich selbst. Es ist so völlig eins und einfaltig, wie Gott eins und einfaltig ist, so daß man mit keinerlei Weise dahinein zu lugen vermag.“[7]

An dieser Unzugänglichkeit des unbestimmbaren Seelengrundes oder Seelenfünkleins, das in seiner Einfachheit und Bildlosigkeit der Gottheit näher ist als der Seele mit ihren drei Kräften und Wirkungen, zeigt sich, daß in der Seele selbst ein Unterschied herrscht, dessen Bedeutung sich aus der Lehre vom inneren und äußeren Auge ergibt. „Die Seele hat zwei Augen, ein inneres und ein äußeres. Das innere Auge der Seele ist jenes, das in das Sein (Wesen) schaut und sein Sein ganz unmittelbar von Gott empfängt: dies ist sein ihm eigenes Werk. Das äußere Auge der Seele ist jenes, das da allen Kreaturen zugewendet ist und sie in bildhafter Weise und in der Wirkweise einer Kraft wahrnimmt.“[8] Das Wesen, die Wesenheit oder der verborgene Grund der Seele, dessen inneres Auge auf Gottes innere bildlose Einfachheit gerichtet ist, steht der Seele mit ihren drei nach außen gerichteten bildhaften Kräften oder Wirkungen so gegenüber, wie das einfache bildlose Wesen der Gottheit den drei göttlichen Personen gegenübersteht.

Diese Unterscheidung von Gottheit und Gott ist der Grund für den Unterschied in der Seele zwischen Schale und verborgenem Kern. Dieser Kern ist ja das eigentliche Bild Gottes in der Seele. Wenn das innere Auge aus dem verborgenen Seelengrund auf Gott blickt, dann erblickt es nicht Gott als den Schöpfer dieser Welt, sondern vielmehr das Wesen der Gottheit selber. Dieser Blick des inneren Auges und das Blicken und Schauen selber ist mit der inneren „Vernunft" (intellectus) verknüpft, die in diesem Zusammenhang nicht mit der nach außen gerichteten Vernunft verwechselt werden darf. Die innere Vernunft meint die Erkenntniskraft des verborgenen Seelengrundes, und nach Meister Eckhart kommen ihr fünf Eigenschaften zu, die eigentlich Eigenschaftslosigkeiten sind. „Zum ersten die, daß sie ablöst vom Hier und vom Nun. Zum zweiten, daß sie nichts gleicht. Zum dritten, daß sie lauter und unvermengt ist. Zum vierten, daß sie in sich selber wirkend und suchend ist. Zum fünften, daß sie ein Bild ist"[9], nämlich jenes eigentliche Bild Gottes in der Seele, das aufgrund seiner Gottgleichheit bildlos ist. Wenn aber die innere Vernunft das göttliche Bild in der Seele ist, dann ist ihr göttliches Urbild selbst jene höchste und einzige „lebendige, wesenhafte, seiende Vernunft, die sich selbst begreift und selbst in sich selbst ist und lebt und dasselbe ist"[10].

„Zu dieser Vernunft (intellectus) aufsteigen und sich ihr unterwerfen bedeutet also mit Gott vereinigt werden. Geeint werden, eines sein ist eins mit Gott sein. Denn Gott ist einer, alles Sein (esse) neben der Vernunft, außerhalb der Vernunft ist Geschöpf, ist erschaffbar, ist etwas anderes als Gott, ist nicht Gott. Denn in Gott gibt es kein Anderes."[11] „Gott ist reine Vernunft, dessen ganzes Sein das Denken schlechthin ist (Deus [est] intellectus purus, cuius esse totale est ipsum intelligere)."[12] Dieses vollkommene Denken und Erkennen kann einzig in und von der Bildlosigkeit des Seelengrundes her erkannt werden; zuvor aber muß die Seele zum reinen Spiegel des göttlichen Denkens und Erkennens selbst geworden sein.

Der Grund zur Erkenntnis der ewigen göttlichen Selbsterkenntnis ist in der Vollkommenheit der göttlichen Erkenntnis selbst gegeben, denn Gottes Denken und Erkennen hat in seiner unendlichen Vollkommenheit und Allmöglichkeit schon immer alles gedacht und alles erkannt, was zu denken und zu erkennen ist, nämlich sich selbst, und so vermag die Seele in ihrem bildlosen Grund oder Abgrund Gottes Wesen deshalb zu erkennen, weil sie in alle Ewigkeit schon immer in und von Gott in seinem tiefsten Wesen erkannt worden ist.

Die ewige göttliche Selbsterkenntnis vollzieht sich aufgrund ihrer Vollkommenheit aber nicht in einem anderen Bilde oder in einem Vermittelnden, sondern unmittelbar und ohne Bild, „weil das Bild (selber) das Vermittelnde ist und nicht ein anderes Vermittelndes, denn Bild ist ohne Bild ... denn es wird nicht gesehen in einem andern Bild. Das ewige Wort ist das Vermittelnde und das Bild selbst, das da ohne Vermittelndes und ohne Bild ist, auf daß die Seele im ewigen Worte Gott begreife und erkenne unmittelbar und ohne Bild."[13]

Diese unmittelbare und höchste Erkenntnis, die dem Menschen in seinem Geist eröffnet wird und die sich auf das innere Wesen der Gottheit selbst bezieht, schließt den Erkennenden und den Erkannten in die Gleichheit und Einheit göttlicher Selbsterkenntnis ein. Im ewigen Durchbruch der Erkenntnis wird der in aller Ewigkeit Erkannte selber immer wieder neu zum Erkennenden. Dies aber ist der Sohn, der den Vater, der seinen Sohn schon immer erkannt hat, auch immer wieder neu erkennt. Was in der Sprache nacheinander gesagt werden muß, ist in der göttlichen Wirklichkeit gleich ewig, und Meister Eckhart sagt in einer Predigt: „Der Vater gebiert seinen Sohn im ewigen Erkennen, und ganz so gebiert der Vater seinen Sohn in der Seele wie in seiner eigenen Natur, und er gebiert ihn der Seele zu eigen, und sein Sein hängt daran, daß er in der Seele seinen Sohn gebäre, es sei ihm lieb oder leid"[14].

Diese Geburt des Sohnes als Teilhabe der Seele am innergöttlichen Leben vermag sich aber nur dann in der Seele zu ereignen, wenn die Seele so rein und lauter geworden ist, daß sie einem Nichts gleicht, und erst in diese Lauterkeit hinein kann Gott seinen Sohn oder sein Wort gebären.

Das Reinwerden der Seele ist ein Entblößen des in ihr verborgenen göttlichen Lichtes oder Bildes, das ja die Bildlosigkeit schlechthin ist, und „je mehr der Mensch und je klarer er Gottes Bild in sich entblößt, um so klarer wird Gott in ihm geboren"[15].

Die Aufgabe des Menschen besteht also darin, alle Bildlichkeit und Zeit und Raum auszulöschen und letztlich sein eigenes Ich, damit das göttliche Selbst an seine Stelle treten kann. Nur durch völlige Abgeschiedenheit von allem Außen vermag sich die letzte Bestimmung des Menschen zu erfüllen, und sie ist erfüllt, „wenn der Mensch entbildet ist und überbildet von Gottes Ewigkeit und gelangt ist zu gänzlich vollkommenem Vergessen vergänglichen und zeitlichen Lebens und gezogen und hinüberverwandelt ist in ein göttliches Bild, wenn er Gottes Kind geworden ist. Darüber hinaus noch höher gibt es keine Stufe, und dort ist ewige Ruhe und Seligkeit, denn das Endziel des inneren Menschen und des neuen Menschen ist: ewiges Leben.“ [16]

Jakob Böhme

Das ewige Leben als Endziel des inneren und neuen Menschen war auch die ursprüngliche Bestimmung jenes ersten Menschen, der „ins Paradies zum ewigen Leben geschaffen ward im Bilde Gottes“ [17]. Das Bildsein dieses ersten Menschen vergleicht Jakob Böhme einem Spiegel, in dem sich die Weisheit Gottes unmittelbar erblicken konnte. Dieses Erblicken und Eingehen der göttlichen Weisheit oder Sophia in die Mitte des ersten Menschen, in seine Seele oder sein Herz, bewirkte jene ursprüngliche Einheit von Gott und Mensch, die ein einziges gegenseitiges Sehen und Erkennen war. Die Seele, die Gottes inneres Wesen derart vollkommen erblicken und erkennen konnte, und das innere Wesen Gottes selber bezeichnet Jakob Böhme als Auge und Spiegel.

Das Auge sieht, wenn sich in ihm Licht spiegelt, und dieses Auge der Seele kann bis in das innerste Wesen der Gottheit blicken, wenn sich das Licht der göttlichen Kraft und Weisheit in ihm spiegelt. Im Auge Gottes spiegelt sich Gottes eigene unermeßliche Tiefe wider. Diese unermeßliche Tiefe des göttlichen Wesens, die vom Philosophus teutonicus Ungrund genannt wird, ist der Spiegel und das Auge, „das da siehet, und führet doch nichts im Sehen, damit es siehet“ [18], denn Gott in seiner Wesenheit ist ein „Sehen in sich selber, denn es ist nichts vor ihme, das da tiefer wäre“ [19]. In dieser Tiefe seines Ungrundes ist Gott „das Eine gegen der Creatur, als ein ewig Nichts. Er hat weder Grund, Anfang noch Stätte; und besitzet nichts, als nur sich selber: Er ist der Wille des Ungrundes, Er ist in sich selber nur Eines: Er bedarf keinen Raum noch Ort: Er gebäret von Ewigkeit in Ewigkeit sich selber in sich: Er ist keinem Dinge gleich oder ähnlich, und hat keinen sonderlichen Ort, da Er wohne: Die ewige Weisheit oder Verstand ist seine Wohne: Er ist der Wille der Weisheit, die Weisheit ist seine Offenbarung[20]". Die Weisheit als Offenbarung ist aber der Spiegel, in dem sich das ungründliche Auge Gottes selber betrachtet und beschaut.

Diese göttliche Selbsterkenntnis geht ohne Anfang vom ungründlichen Willen aus, „denn der ewige Wille, der das Auge fasset als den Spiegel, darinn das ewige Sehen stehet als seine Weisheit, ist Vater; und das ewige Gefassete in die Weisheit, da das Fassen einen Grund oder Centrum in sich selber aus dem Ungrunde in den Grund fasset, ist Sohn oder Hertze, denn es ist das Wort des Lebens, oder seine Wesenheit, darinn der Wille mit dem Glast (im Spiegel) erscheint. Und das In-sich-gehen zum Centro des Grundes ist Geist, denn es ist der Finder, der da von Ewigkeit immer findet, da nichts ist; dieser gehet wiederum aus dem Centro des Grundes aus, und suchet in dem Willen. Jetzt wird der Spiegel des Auges, als des Vaters und Sohnes Weisheit, offenbar. Und stehet die Weisheit also vor dem Geiste Gottes, der den Ungrund in ihr offenbaret."[21]

Die ganze ewige Selbsterkenntnis und Selbstoffenbarung der Gottheit in ihrer Dreiheit spiegelt sich in der Weisheit als dem Auge des göttlichen Ungrundes wider. Die Dreiheit der Gottheit wird von Böhme als klare Gottheit oder auch als ewige Freiheit bezeichnet.

Gottes Auge und sein Blick ist zweifach, denn „ein Theil gehet vor sich in die stille Ewigkeit, in das ewige Nichts, als in die Freyheit; das ander gehet hinter sich in das Begehren, machet Finsterniß im Begehren, und darinne Centrum Naturae und treibet das bis auf die große Angst und Schärfe. Da dann der Wille wieder aus der Angst durch die Finsterniß ersincket in die stille Freyheit, und bringet also mit aus der Angst den Grimm der Beweglichkeit, und die ernste Schärfe; in welcher Schärfe die Freyheit (wann der Wille die Schärfe darein führet) ein hoch triumphirend majestätisch Licht wird, welches Gottes Licht heißet, das ewig leuchtet, und kann von nichts eingesperret werden, dann es leuchtet in der ewigen Freyheit, und begehret weiter nichts."[22]

Damit schließt sich der Kreis der göttlichen Selbsterkenntnis und Selbstoffenbarung von der ungründlichen Tiefe der Gottheit bis in Gottes Licht. Diese Offenbarung vermittelt sich durch die ewige Natur in Gott, die nicht mit der zeitlichen äußeren Natur verwechselt werden darf. Die ewige Natur in Gott hat ihren Grund und Anfang im ewigen Willen des Ungrundes, denn „Gott will Gott gebären und durch die Natur offenbaren“[23]. Diese Bewegung des ewigen Willens wird zu einer Begierde, die sich in sich selber faßt und zur Selbstverfinsterung führt. Böhme nennt diesen göttlichen Ausfluß das erste Prinzip in Gott und nach diesem Prinzip der göttlichen Finsterwelt wird Gott ein zorniger Gott genannt.

Im verzehrenden Feuerblitz, der sich aus der Angst und Schärfe dieser Finsternis erhebt, blitzt der Ungrund selbst als ein verzehrendes Feuer auf. Der Blitz spannt sich vom Nichts des Ungrundes in sein Alles und in ihm bricht das göttliche Licht auf. Dieses Lichtreich ist das zweite Prinzip in Gott, und nach diesem Prinzip wird Gott ein liebender und barmherziger Gott genannt. Der Blitz aus dem Ungrund ist aber nichts anderes als der Blick des ungründlichen Gottesauges, das nach innen und nach außen blickt.

Entsprechend den beiden Gottesaugen hat auch die Seele zwei Augen, ein rechtes und ein linkes, „die sind rücklich aneinander gesetzet, eines siehet in die Ewigkeit, und das ander hinter sich in die (äußere) Natur, und gehet immer für sich fort und suchet im Begehren“[24]. Dem rechten Auge, das in die Ewigkeit zu schauen vermag, ist durch Adams Fall die göttliche Kraft verlorengegangen, so daß es für die geistige Schau blind geworden ist. Weil die Menschheit aber „in Adam das Göttliche Sehen, da Adam aus Göttlicher Kraft sahe, verloren hatte, so sprach Christus: Ihr müsset von neuen geboren werden, anderst könt ihr das Reich Gottes nicht sehen. Joh. 3:3.“[25] In der Tat ist das Geheimnis der Wiedergeburt mit den heiligen Namen Jesus und Christus verbunden.

Der Name Christus urständet im Namen Jesus, und die Anrufung dieser Namen führt zur Wiedergeburt. Jakob Böhme erläutert den metaphysischen Gehalt dieser Namen mit Hilfe seiner Natursprache. Im Namen Jesus ist „die Sylbe JE ... seine Erniedrigung aus seinem Vater in die Menschheit, und die Sylbe Sus ist der Seelen Einführung über die Himmel in die Trinität, wie dann die Sylbe

Sus in die Höhe durch alles dringet. Vielmehr wird in dem Namen Christus verstanden: der fasset nicht seine Menschwerdung, sondern gehet als ein geborner Mensch durch den Tod, denn die Sylbe Chris dringet durch den Tod, und bedeutet seinen Eingang in den Tod, und den mächtigen Streit; aber die Sylbe Tus bedeut seine starcke Macht, daß Er aus dem Tode ausgehet und durchdringet. Und verstehet man im Worte gar eigentlich, wie Er das Reich dieser Welt und den englischen Menschen voneinander trennet, und im englischen Menschen in Gott bleibet; denn die Sylbe Tus ist rein ohne Tod.“[26]

Gott offenbarte den Namen Jesu durch Christus. Durch den Namen Jesus wird der Mensch wiedergeboren in das göttliche Licht, und in der Stimme des Einsprechens im Namen Jesu wird die Weisheit Gottes oder Sophia im Menschen wieder offenbar. Im Einsprechen des Namens Jesu wird die Seele gereinigt von aller Bildlichkeit und vermag sich dann mit der himmlischen Jungfrau, der Sophia oder Weisheit Gottes zu vermählen. Diese Vermählung von Gott und Mensch ist aber die Wiedergeburt, die ein Durchbruch des Geistes durch die verkrustete Bildlichkeit dieser Welt ist. Jakob Böhme beschreibt sein eigenes Durchbruchserlebnis in seiner ersten Schrift „Morgenröte im Aufgang oder Aurora“, die er für sich verfaßt hatte. Er schildert zunächst seine schwere Bedrängnis und Niedergeschlagenheit, die ihn angesichts dieser Welt erfaßt hatte, und schreibt: „Als sich aber in solcher Trübsal mein Geist (dann ich wenig und nichts verstund, was er war) ernstlich in Gott erhub als mit einem großen Sturme, und mein gantz Hertz und Gemüthe, samt allen andern Gedancken und Willen sich alles darein schlos, ohne nachlassen mit der Liebe und Barmherzigkeit Gottes zu ringen, und nicht nachzulassen. Er segnete mich dann, das ist, Er erleuchtete mich dann mit seinem H. Geiste, damit ich seinen Willen möchte verstehen, und meiner Traurigkeit los werden; so brach der Geist durch. Als ich aber in meinem angesetzten Eifer also hart wieder GOtt und aller Höllen Porten stürmete, als wären meiner Kräften noch mehr vorhanden, in willens das Leben daran zu setzen (welches freylich nicht mein Vermögen wäre gewesen ohne des Geistes GOttes Beystand), alsbald nach etlichen harten Stürmen ist mein Geist durch der Höllen Porten durchgebrochen bis in die innerste Geburt der Gottheit, und alda

mit Liebe umfangen worden, wie ein Bräutigam seine liebe Braut umfähet."[27]
Im Lichte dieses Durchbruchs vermochte Jakob Böhme allen Dingen ins Herz zu sehen. Seine geistige Schau war aber die Schau der Weisheit oder Sophia, die sich seinem Herzen vermählt hatte. Als Freund dieser Weisheit, als Philosophus im eigentlichen Sinne des Wortes konnte er schreiben: „Nicht Ich, der Ich der Ich bin, weiß es, sondern GOtt weiß es in mir. Die Weisheit ist seine Braut, und die Kinder Christi sind in Christo, in der Weisheit, auch Gottes Braut: So nun Christi Geist in Christi Kindern wohnet, und Christi Kinder Reben am Weinstocke Christi sind, und mit Ihme Ein Leib sind, auch ein Geist; wem ist nun das Wissen, ists mein oder GOttes? Solte ich denn nun nicht im Geiste Christi wissen, woraus diese Welt sey geschaffen, so derselbe in mir wohnet, der sie geschaffen hat? solte Ers nicht wissen? So leide ich nun, und will nichts wissen, der ich der Ich bin, als ein Theil von der äussern Welt, auf daß Er in mir wisse, was Er wolle: Ich bin nicht die Gebärerin im Wissen, sondern mein Geist ist sein Weib, in der Er das Wissen gebieret, nach dem Maß als Er will. Gleichwie die ewige Weisheit Gottes Leib ist, und Er gebieret darinnen was Er will: So er nun gebieret, so thue nicht ichs, sondern Er in mir; ich bin als todt im Gebären der hohen Wissenheit, und Er ist mein Leben; habe ichs doch weder gesuchet noch gelernet: Er neiget sich zu meiner Ichheit, und meine Ichheit neiget sich in Ihn. Nun aber bin ich todt, und verstehe nichts, Er aber ist mein Verstand; Also sage ich, ich lebe in GOtt, und GOtt in mir, und also lehre und schreibe ich von Ihme, lieben Brüder; sonst weiß ich nichts."[28]

Angelus Silesius

Angelus Silesius hat seine geistige Schau in Reime zusammengefaßt, deren schwerelose Schönheit von einer inneren Gewißheit erfüllt ist, die sich unmittelbar aus der Erkenntnis des göttlichen Wesens selbst ergibt.
Diese unmittelbare Gotteserkenntnis gründet in der Wesensgleichheit von Gott und Seele, die dann gegeben ist, wenn die Seele wieder ihrem ursprünglichen Bildsein entspricht, zu dem sie als Bildnis Gottes geschaffen worden ist.

Das Bildsein der Seele besteht darin, daß Gott ihr sein eigenes Wesen eingeprägt hat. Das Wesen Gottes ist aber ein unaussprechliches und unergründliches Geheimnis, und deshalb verneint Angelus Silesius zunächst alles, was es an bejahenden Aussagen über Gott gibt.

„Das Gott ist, weiß man nicht. Er ist nicht Licht, nicht Geist,
Nicht Wahrheit, Einheit, Eins, nicht was man Gottheit heißt.
Nicht Weisheit, nicht Verstand, nicht Liebe, Wille, Güte,
Kein Ding, kein Unding auch, kein Wesen, kein Gemüte.
Er ist, was ich und du und keine Kreatur,
Eh wir geworden sind, was er ist, nie erfuhr.“[29]

Diese Verneinungen dienen vor allem dazu, alle Bildvorstellungen von Gott auszulöschen und auf die göttliche Einheit hinzuweisen, in die alles wieder zurückkehren muß.

„Alles kommt aus Einem her und muß in Eines ein,
Wo es nicht will gezweit und in der Vielheit sein.“[30]

„Im Eins ist alles eins: kehrt zwei zurück hinein,
So ist es wesentlich mit ihm ein einges Ein.“[31]

Die Bestimmungs- und Bildlosigkeit dieses einig Einen als Gottes eigentlicher Wesenheit ist der Seele als wesentliches Kennzeichen ihrer Gottebenbildlichkeit eingeprägt.

„Mehr als die Seel im Leib, Verstand in dem Gemüte
Ist Gottes Wesenheit in dir und deiner Hütte.“[32]

Die Hütte ist der verborgene Seelengrund, dessen Bestimmungs- und Bildlosigkeit ihre Wesensgleichheit mit Gott ausmacht. In seiner Gottgleichheit ist der Seelengrund nicht an Raum und Zeit gebunden, sondern steht im ewigen Nu göttlichen Lebens. Wenn die Seele sich in ihren verborgenen Grund schwingt, dann gleicht sie „dem Ort und ewgen Wort“[33], wobei Ort den göttlichen Vater bezeichnet, der sich wesensgleich in seinem Sohn oder Wort ewig ausspricht und erkennt.

„Das Unaussprechliche, das man pflegt Gott zu nennen,
Gibt sich in einem Wort zu sprechen und zu erkennen.“[34]

Der Vater teilt seinem Sohn oder Wort ungeteilt sein ganzes göttliches Wesen mit, und der Sohn ist so ewig wie sein Vater.

„Der Ort unds Wort ist eins und wäre nicht der Ort,
Bei ewger Ewigkeit! es wäre nicht das Wort.“[35]

Die ewige Liebe in dieser Einheit zwischen Vater und Sohn ist der Heilige Geist, und in dieser Dreiheit von Vater, Sohn und Geist vollzieht sich die Selbsterkenntnis und Liebe Gottes in alle Ewigkeit:

„Gott küßt sich in sich selbst, sein Kuß, der ist sein Geist,
Der Sohn ist, den er küßt, der Vater, der's geleist.“[36]

Diese Dreiheit bleibt zugleich Einheit ohne Anfang und Ende.

„Es ist kein Anfang nicht, es ist auch nicht ein Ende,
Kein Mittelpunkt noch Kreis, wie ich mich immer wende.“[37]

In dieses innergöttliche Leben ist die Seele mit ihrem verborgenen Grund einbezogen, denn sie ist als Bildnis Gottes selber göttlich. Von diesem Grund her ist ihr der letzte und einzige Sinn aufgegeben, der von Gott kommt und wieder in Gott mündet und Gott in seinem tiefsten Wesen selber ist.

„Soll ich mein letztes End und ersten Anfang finden,
So muß ich mich in Gott und Gott in mir ergründen
Und werden das, was er: ich muß ein Schein im Schein,
Ich muß ein Wort im Wort, ein Gott in Gotte sein.“[38]

Gott selber ist es, der diese erkenntnishafte Einheit mit der Seele in ihrem tiefsten Grunde sucht, und in diesem Grund weiß die Seele nicht, was sie ist.

„Ich weiß nicht, was ich bin; ich bin nicht, was ich weiß;
Ein Ding und nit ein Ding, ein Stüpfchen und ein Kreis.“[39]

In diese Bestimmungslosigkeit ragt die ewige göttliche Selbsterkenntnis und Liebe hinein und ereignet sich hier als die Geburt des Sohnes, denn Gott hat nur eine Erkenntnis und nur eine Liebe, und wenn sich Gott in seinem Sohne ewig erkennt und liebt, so erkennt und liebt er sich im Grunde der gottähnlichen und gottgleichen Seele in demselben Maße.

„Die geistliche Geburt, die sich in mir eräugt,
Ist eins mit der, durch die den Sohn Gottvater zeugt."[40]

Gott selbst erblickt sich als Sohn im Auge, das die Seele ist und mit dem sie bis in das innerste Wesen der Gottheit selbst schauen kann.

„Zwei Augen hat die Seel: eins schauet in die Zeit,
Das andre richtet sich hin in die Ewigkeit."[41]

„Die Seele, welche Gott, das Herze, treffen will,
Seh nur mit einem Aug, dem rechten, auf das Ziel."[42]

Diese Seele mit ihrem rechten Auge, in dem sich Gott in seiner ewigen Selbsterkenntnis zu spiegeln vermag, ist das eigentliche Bild Gottes:

„Ich trage Gottes Bild: wenn er sich will besehn,
So kann es nur in mir, und wer mir gleicht, geschehn."[43]

Ohne diese Durchsichtigkeit für Gottes Selbsterkenntnis und Liebe wäre der Mensch von sich aus nicht imstande, Gott zu erkennen und zu lieben:

„Mensch, liebete sich Gott nicht selbst durch sich in dir,
Du könntest nimmermehr ihn lieben nach Gebühr."[44]

Gottes Selbsterkenntnis und Liebe kann nicht geteilt werden und bleibt immer vollkommen und ganz. In dieser Vollkommenheit hat Gott den Menschen in Ewigkeit erkannt. In die Ewigkeit dieses Erkanntseins muß die Seele zurückkehren, um Gott wesensgleich zu erkennen und zu lieben. Dabei gilt es, die Schwelle des Todes schon in diesem Leben zu überschreiten.

„Eh als Ich noch war, da war ich Gott in Gott,
Drum kann ichs wieder sein, wenn ich nur mir bin tot."[45]

Dieser Tod bedeutet radikale Abwendung von dieser Welt und allen ihren Bildern und Formen und letztlich ein Absterben seiner selbst. Dieser geheime Tod führt zur vollkommenen Lauterkeit der Seele.

„Vollkommne Lauterkeit ist bild-, form-, liebelos;
Steht aller Eigenschaft, wie Gottes Wesen, bloß."[46]

Die Seele ist zu einem Nichts geworden und vermag als Nichts Gott zu entsprechen. In dieser Gleichheit vermag sie in Gott zu schauen.

„Wem Nichts wie Alles ist und Alles wie ein Nichts,
Der wird gewürdiget des Liebsten Angesichts."[47]
Als Nichts und Alles sinkt die Seele in „das farbenlose Meer der ganzen Gottheit."[48] Darin vollendet sich alle geistige Schau.

Anmerkungen

[1] Meister Eckhart: Deutsche Predigten und Traktate. Hrsg. und übersetzt von Josef Quint. München 1963, S. 353. – Im folgenden mit Quint abgekürzt.
[2] Quint 226.
[3] Quint 199.
[4] Quint 416. Quint übersetzt das mittelhochdeutsche Wort „wesenne" mit Sein.
[5] Quint 190.
[6] Quint 412.
[7] Quint 163.
[8] Quint 203.
[9] Quint 345.
[10] Quint 279.
[11] Meister Eckhart: Die deutschen und lateinischen Werke, 2. Abt.: Die lateinischen Werke, Bd. IV. Stuttgart 1956, S. 270.
[12] Meister Eckhart: Die lateinischen Werke, Bd. I. Stuttgart 1964, S. 314.
[13] Quint 345.
[14] Quint 172.
[15] Meister Eckhart: Die deutschen und lateinischen Werke, 1. Abt.: Die deutschen Werke, Bd. II. Stuttgart 1936ff., S. 689.
[16] Quint 143.
[17] Jakob Böhme: Mysterium Magnum VII, 18, 14. Die Quellenangabe erfolgt nach Jakob Böhmes Sämtlichen Schriften, Faksimile-Neudruck der Ausgabe von 1730 in elf Bänden, begonnen von August Faust, neu herausgegeben von Will-Erich Peuckert. Stuttgart 1955–1961. Nach dem gekürzten Werktitel wird der Band in römischen, das Kapitel und der Absatz in lateinischen Ziffern angegeben.
[18] Jakob Böhme: Sechs theosophische Punkte IV, Punkt 1, 1, 8.
[19] Jakob Böhme: Sechs theosophische Punkte IV, Punkt 1, 1, 9.
[20] Jakob Böhme: Mysterium Magnum VII, 1, 2.
[21] Jakob Böhme: Sechs theosophische Punkte IV, Punkt 1, 1, 15f.
[22] Jakob Böhme: Vierzig Fragen III, Fr. 12, 8.
[23] Jakob Böhme: Gnaden-Wahl VI, 4, 42.
[24] Jakob Böhme: Vierzig Fragen III, Fr. 12, 13.
[25] Jakob Böhme: Mysterium Magnum VII, 8, 28.
[26] Jakob Böhme: Drei Prinzipien II, 22, 87f.
[27] Jakob Böhme: Morgenröte I, 19, 10f.
[28] Jakob Böhme: Zweite Schutzschrift Tilken V, 72–76.

[29] Angelus Silesius, IV, 21. Die Quellenangabe erfolgt nach Angelus Silesius: Sämtliche Poetische Werke in drei Bänden, herausgegeben von Hans Ludwig Held, München 1949, Bd. 3: Cherubinischer Wandersmann. Das Buch wird in römischen, der Reim in lateinischen Ziffern angegeben.

[30] V, 1.

[31] V, 6.

[32] IV, 155.

[33] I, 89.

[34] IV, 9.

[35] I, 205.

[36] VI, 238.

[37] II, 188.

[38] I, 6.

[39] I, 5.

[40] V, 250.

[41] III, 228.

[42] V, 336.

[43] I, 105.

[44] V, 297.

[45] V, 233.

[46] II, 70.

[47] II, 169.

[48] I, 115.

ROLAND PIETSCH

Metaphysik des Feuers

Die esoterische Grundlegung der Gesellschaftslehre Franz von Baaders

I

Aus der Vielfalt der Theorien, die sich im neunzehnten Jahrhundert mit den Formen des menschlichen Zusammenlebens auseinanderzusetzen versuchten, ragt Baaders Gesellschaftslehre wie eine Vertikale empor, die zuerst die Verbindung zwischen Gott und Mensch betrachten will, bevor sie sich der Ordnung des menschlichen Miteinanderseins widmet.
Ohne Einschränkung gilt für ihn, daß eine Gesellschaft der Menschen untereinander weder entstehen noch bestehen könnte, wenn nicht gleichzeitig eine ursprüngliche und radikale Gesellschaft zwischen Gott und Menschen existiert[1].
Baaders Gesellschaftslehre „sieht und findet das Urbild aller Societät in dem Wesen und Leben Gottes selber. Gott selbst ist ihr die Ursocietät, und das ganze Universum ist ihr bestimmt, durch Eintritt in die göttliche Lebensgemeinschaft die allvollendende Societät herzustellen.“[2]
Mit Wesen und Leben Gottes ist in diesem Zusammenhang nicht nur Gottes äußeres Wirken als Schöpfer dieser Welt gemeint, sondern vor allem Gottes inneres Leben in seiner Verborgenheit. Aus dieser inneren Verborgenheit erblickt und erkennt sich Gott ewig und vollkommen in seiner Weisheit, und auf diese innergöttliche Offenbarung, wo Gott aus seiner Gottheit ewig hervortritt und doch immer ganz in sich bleibt, ist Baaders Blick gerichtet.
Sein ganzes Suchen hat letztlich kein anderes Ziel, als diese sich offenbarende Weisheit Gottes zu erkennen, und diese Theosophie ist tatsächlich der eigentliche Kern seines gesamten Denkens.
Trotz allen Ernstes war er aber gerade in der ersten Zeit seiner Beschäftigung mit Theosophie manchem Irrtum und mancher Fehleinschätzung aus-

geliefert. So hat er als junger Mann während seines Aufenthalts in England, wo er mit der Theosophie Jakob Böhmes bekannt geworden ist, versucht, mit Hilfe des Anarchismus William Godwins und der Experimentalphilosophie Kants die theosophischen Überlieferungen wieder zu erneuern. „Sein anarchistisches Experiment nennt er Fortgehenden, bleibenden Syllogism. Dieser Syllogismus ist ein geometrischer Entwurf, welcher als Muster der nach Baaders Heimkehr aus England veröffentlichten Beiträge zur Elementar-Physiologie angesehen werden kann und das Zeugnis für seine Einweihung in Böhmes Lehren zu sein scheint.“[3]
In diesem Zusammenhang kann vermutet werden, daß dem über der philosophischen Kugel Jakob Böhmes grübelnden Baader plötzlich dessen Lehre blitzhaft klar wurde[4]. Im handschriftlichen Nachlaß Baaders finden sich entsprechende Skizzen und Zeichnungen der philosophischen Kugel, die diese Vermutung zu bestätigen scheinen. „Hinter den Worten Zweiheit des Innern zeichnet Baader zwei gegeneinander gestellte Halbkreise, in deren Berührungspunkt sich eine beide Halbkreise schneidende horizontal liegende nach unten gebogene und eine ebenso liegende nach oben gebogene Linie berühren. Die zwei gegeneinander gestellten als Halbkugeln aufzufassenden Halbkreise sind die augenfälligsten und sowohl noch einmal an einer andern Stelle im frühen wie überaus häufig im späten Nachlaß konstruierten Bestandteile des Wunderauges Böhmes.“[5]
Das Schema dieser philosophischen Kugel hat Baader immer wieder vor Augen gehabt, wenn er von esoterischer Gottheit und exoterischem Gott der Theogonie spricht. In der Tat ist mit diesem Symbol der Schlüssel zum Verständnis der Baaderschen Metaphysik der Zeit, der Geschichte und der Gesellschaft gegeben.
Bevor aber die Gottheit und der ewige anfangslose Hervorgang Gottes aus seinem verborgenen Ungrund bis zu den Geheimnissen der Schöpfung durch alle Spiegelungen und Brechungen hindurch und bis in das Zusammenleben der Menschen hinein betrachtet wird, soll ein Blick auf die Zeit und ihre Verstrickungen geworfen werden.
Mit seltenem Scharfsinn hatte Baader am Horizont seiner Zeit in der Gestalt des Proletariats die Heraufkunft eines neuen Standes erkannt, der das überkommene Gefüge bald bis in seine Grundfesten erschüttern sollte. Baaders Betrachtungen zu dieser Frage sind metaphysisch begründet, und so stehen sich hier noch einmal Metaphysik und Neuzeit gegenüber.

II

Dreizehn Jahre bevor Karl Marx und Friedrich Engels 1848 im Kommunistischen Manifest die revolutionäre Befreiung des Proletariats verkündeten, war 1835 in München Franz von Baaders Broschüre „Über das dermalige Missverhältnis der Vermögenslosen oder Proletairs zu den Vermögen besitzenden Classen der Societät in Betreff ihres Auskommens sowohl in materieller als intellectueller Hinsicht aus dem Standpuncte des Rechts betrachtet“[6] erschienen. Der Ausdruck „Proletair“, der in diesem barocken

Titel aufscheint, war von Baader bereits ein Jahr vorher in Briefen an den bayerischen König Ludwig I.[7], den Fürsten Constantin von Löwenstein und in einem Memorandum an einen hochgestellten Staatsmann[8] gebraucht worden. Tatsächlich kommt dem bayerischen Geheimrat Franz von Baader das Verdienst zu, als erster diesen Ausdruck in Deutschland eingeführt und verwendet zu haben. Baaders Priorität ist jedoch keineswegs nur auf den Gebrauch dieses Wortes beschränkt. Auch sachlich kommt ihm die Priorität vor Marx und Engels zu, „die Aufmerksamkeit der Rechtskundigen und Publicisten auf das grosse der Societät dermalen vorliegende Problem der Einbürgerung der Proletairs in selbe“[9] gelenkt zu haben. Ernst Benz hat gezeigt, daß Baader darüber hinaus „vor Marx die Kategorien von Marx benützt, ja daß er die Begriffe erfindet, deren sich Marx später bediente, die aber in der sozialistischen Literatur meist diesem als erstem zugeschrieben werden“[10].

Bei seinen Begriffsbildungen konnte sich Baader auf unmittelbare Beobachtungen und Erfahrungen stützen, die er während seines vierjährigen Aufenthalts in England sammeln konnte. So schreibt er: „Wie oft habe ich z. B. den meetings und associations der Fabrikherrn in England beigewohnt, welche alle mit Festsetzung eines Maximums für die Arbeitslöhne und eines Minimums für die Verkaufspreise endeten, somit um nichts besser als Conspirationen in Bezug auf die Proletairs waren, deren Lohn sie nemlich beständig tief unter dem natürlichen Werth und Preis ihrer Waare (nehmlich ihrer Arbeit) hielten.“[11] Neben dieser unmittelbaren Einsicht in das soziale Elend der Arbeiter schärfte sich Baaders Begriffsbildung auch in der theoretischen Auseinandersetzung mit Adam Smith. Wenn Baader im Rahmen seiner Smith-Kritik feststellt, daß von der Produktionsvermehrung der „arbeitenden Volksclasse nichts zu gut kömmt, obschon selbe ein Recht auf ihre Quota (nemlich auf eine minder dürftige und unsichere Existenz) hiebei hat, und das Gut-Lohnen der Arbeit ohne Zweifel nicht minder der Zweck eines guten Staatshaushaltes sein soll, als das Gut- und Wohlfeil-Produciren“[12], so kommt er dem Marxschen Begriff vom Mehrwert sehr nahe[13].

Diese bis in einzelne Ausdrücke und Begriffe gehende sozialkritische Übereinstimmung Baaders mit Marx endet aber sogleich an dem Punkt, wo es darum geht, die Notlage der Arbeiter tatsächlich zu verändern. Während Marx den Klassenkampf und die Diktatur des Proletariats predigt, fordert Baader für die Proletarier das Recht, „in den Ständeversammlungen ihre Bitten und Beschwerden in öffentlicher Rede vorzutragen, d. h., sie haben das Recht der Repräsentation als Advocatie, und zwar muss ihnen dieses Recht in constitutionellen Staaten dermalen unmittelbar zugestanden werden, weil sie dasselbe bereits früher, wenn schon nur mittelbar, nemlich beim Bestande ihrer Hörigkeit effectiv genossen haben. Diese Vertretung muss ihnen nun ausser den Ständeversammlungen, z. B. bei den Landräthen, districtsweise oder provinzweise, so auch vor und in jenen Versammlungen selber, durch selbstgewählte Spruchmänner eingeräumt werden, denen man aber als Anwälte weder Polizeibedienstete, noch überhaupt Bedienstete, noch Advocaten im engeren Sinne, beigeben kann und soll, sondern Priester, zu welchen sie auch allein ein Herz fassen können; und wodurch ein doppelter grosser Vortheil für die Societät erzielt werden würde. Einmal nemlich jener der Entziehung der Proletairs dem verderblichen Einflusse der Demagogen, oder auch streitsüchtiger Rechtsanwälte – und dann jeder zweite Vortheil, welcher darin bestände, dass der bis schier zur socialen Nullität herabgekommene Clerus dem primitiven Amte des Diakonats wiedergegeben würde, welches bekanntlich mit der materiellen Pflege und Hilfeleistung für die Vermögenslosen sich beschäftigte, und welcher menschenfreundliche Dienst, so wie derselbe in den ersten Zeiten des Christenthums die Herzen der Menge diesem zuwandte, ein Gleiches ohne Zweifel zu unseren Zeiten wieder leisten würde, welche in der That einer solchen Zuwendung nicht minder bedürfen als solche das Heidenthum bedurfte."[14]

Sacrum und Imperium, Kirche und Reich werden hier in der Gestalt des wahren Priesters und der alten landständischen Ordnung noch einmal beschworen, den neuen Stand der Arbeiter in die bestehende Gesellschaftsordnung zu integrieren und ihm „ständische und corporative Freiheit"[15] zu gewähren. Baader wußte dabei sehr genau um die Problematik des auseinandergebrochenen Sacrum Imperiums[16] und den inneren Zustand der Geistlichkeit[17]. Doch über aller Unzulänglichkeit und Unfähigkeit der Verantwortlichen erkannte er in der allesbegründenden Liebe Gottes den Quellgrund zur Einbürgerung und Integration der rechtlosen Proletarier, denn „wie die Liebe Gottes zum Menschen sich herablässt, (amor descendit) und diesen, falls er sein Herz ihr öffnet, zu sich emporhebt, so breitet sich diese Liebe horizontal als Liebe der Gleichen (Bruder- oder Menschenliebe) aus, und steigt abwärts als die unter dem Menschen seiende (nichtintelligente) Natur und Creatur zu sich erhebend. Cultus, Humanität und Cultur haben darum eine und dieselbe Quelle, wie dieses auch die Geschichte aller Zeiten beweiset. Sie entstehen und vergehen zusammen, und wo die eine dieser drei Lieben fehlt, da fehlen auch die anderen, so wie, wo die eine wieder geweckt wird, sich bald die anderen zwei wieder ihr zugesellen."[18] Die Liebe zur Natur, zur Mutter Erde hat als Kultur der Natur den Zweck, die „Entfremdung der Erde gegen den Menschen (den Fluch, wie die Schrift sagt) wenigstens theilweise wieder aufzuheben, und durch Herstellung des ursprünglichen Verhältnisses des Menschen zu Gott (welche Herstellung der Cultus bezweckt) auch jenes ursprüngliche Hörigkeitsverhältniss der Natur zum Menschen, in einer, wenn schon meist nur schwachen, Copie wieder herzustellen"[19]. Diese von der Gottes- und Menschenliebe nicht zu trennende Liebe zur Natur ist nach Baader „nun freilich ein anderes als jenes Cichoriensurrogat derselben in unserer Zeit, welches das industrielle, rationelle heisst, und welches allerdings dem rationellen Cultus und der rationellen Humanität dieser Zeit entspricht, bei welchem aber alle natürlichen und gleichsam persönlichen Bande der Anhänglichkeit und Neigung zur Mutter-Erde und zum Stammeigenthum und Erbe erloschen sind"[20].

Hinter diesen im tagespolitischen Kampf gemachten Äußerungen verbirgt sich eine Metaphysik, deren Dimensionen sich bis in das innere Leben Gottes erstrecken. Das Phänomen der Entfremdung ist für Baader ja nichts anderes als ein Zerbrechen der metaphysischen Strukturen, die in der Dreidimensionalität der Liebe kurz angedeutet sind.
Ewiger unanfänglicher Quellgrund dieser Liebe ist Gott selbst, und Baader mußte sich notwendig gegen all jene Gesellschaftskonzeptionen wenden, die Gott entweder reduzieren oder überhaupt leugnen. Hätte Baader noch Gelegenheit gehabt, die Gedanken des jungen Marx über die künftige Gesellschaft kennenzulernen, in der sich „die vollendete Wesenseinheit des Menschen mit der Natur, die wahre Resurrektion der Natur, der durchgeführte Naturalismus des Menschen und der durchgeführte Humanismus der Natur“[21] erfüllen wird, so hätte er sie gewiß verworfen.

III

Franz von Baaders Gotteslehre ist in erster Linie von der Theosophie Jakob Böhmes geprägt. Diese Prägung rührt aber keineswegs von einer immer reinen Interpretation der Gedankengänge des Teutonicus her. In der Absicht, die Mystik zur Wissenschaftlichkeit zu erheben und die Philosophie mit der Mystik zu versöhnen[22], durchsetzt und vermengt Baader die theosophisch-mystische Sprache Böhmes mit den Begriffen der mittelalterlichen Scholastik und des deutschen Idealismus. Auf diese Weise werden aber verschiedene und letztlich nicht zu vereinende Erfahrungen in eine einzige Ebene gebracht, was für die Theosophie bedeutet, daß ihr der eigentliche Verwirklichungsgrund entzogen wird. So konnte ein unbekannter Zeitgenosse mit Recht bemerken, daß „Baader kein Mystiker werden konnte wie sein Vorbild, weil die philosophische Bildung die blinde Sehkraft der Seele störte, weil er das Buch, Jakob Böhme die Natur vor Augen hielt“[23].
Baaders Versuche, die Theosophie zu formalisieren, werden bereits im „Fortgehenden bleibenden Syllogism“[24] sichtbar, wo er mit dem geometrischen Verständnis der philosophischen Kugel Jakob Böhmes die Möglichkeit ihrer Konstruierbarkeit verbindet. Philosophisch-geometrische Konstruktion reduziert jedoch die ursprüngliche Gotteserfahrung des Teutonicus auf ein abstraktes Schema. Diese Reduktion führt Baader allerdings nicht konsequent durch, selbst wenn er zunächst behauptet, daß Böhme seine Philosophie mit nichts Geringerem anfange, „als womit alle Philosophien anfangen sollten, nemlich mit dem Versuch, den Begriff des absoluten Seins oder Gottes zu construieren“[25]. Baader bestimmt nämlich das absolute Sein Gottes als ewiges Leben, und damit ist Gott „ein ewiges Sein und ewiges Werden zugleich“[26]. Mit Hilfe der Kreissymbolik begreift Baader Gott als einen ewigen Prozeß, dessen Kreisbewegung sich vom ewigen Anfang immer durch die Mitte wieder in das Ende schwingt und dieses Ende wiederum in den Anfang[27].
Diese Theogonie ist jedoch „keine Geschichte der Entstehung Gottes, son-

dern die Nachweisung des von Ewigkeit her waltenden lebendigen Processes im göttlichen Selbstbewusstsein“[28]. Damit ist der Begriff des absoluten Seins dialektisch offen, und es ergibt sich die Frage, ob sich ein Weg hinter dieses Sein eröffne: „Hinter das Sein kommen kann nichts Anderes sagen wollen, als dieses letzte selber als ein gewordenes, als ein werdendes, folglich auch wieder entwerdendes d. i. beständig sich erneuerndes Sein begreifen. Jedoch nicht so, dass ein indifferentes blosses Seinkönnen oder auch Wollen ihm vorginge, sondern so, dass man dem Sein als einem Factum die Factio als inneren, simultanen Grund unterlegt.“[29]
Dieser Zusammenhang zwischen Factio und Factum wird bei Baader auch als simultanes Gewirktwerden und Wirken und als simultane Innerlichkeit und Äußerlichkeit bezeichnet. „In diesem Sinne haben ältere Theologen von einer Interiorität und Exteriorität Gottes gesprochen, von einem Esoterischen und Exoterischen seines Seins, wohin auch der Begriff vom logos enthetos und ekthetos gehört.“[30] Mit Nachdruck hebt Baader in diesem Zusammenhang hervor, daß Jakob Böhme „diese Innerlichkeit und Aeusserlichkeit Gottes immanent fasst und nicht unter der Aeusserlichkeit des göttlichen Seins sofort das geschöpfliche Sein begreift“[31]. Der esoterische und exoterische Aspekt des einen und ewigen Gottes ist also in die immanente göttliche Selbstmanifestation eingebunden, die sich nicht in zwei Phasen vollzieht, wie es den Anschein haben könnte, sondern in drei Momenten, was sich bereits in der Simultaneität von Innerem und Äußerem andeutet. Unter ausdrücklicher Berufung auf Jakob Böhme unterscheidet Baader somit „drei Momente des Seins und des Wirkens, als 1) das stille, unoffenbare oder magische Sein, als Indifferenz oder Ungeschiedenheit der Innerlichkeit und Aeusserlichkeit desselben. 2) Das in Innerlichkeit und Aeusserlichkeit geschiedene, und 3) das in letzter beider Conjunction concrete Sein und Wirken“[32].
Die dialektische Vermittlung dieser drei Momente besteht nun darin, daß das Seiende sich innerlich ist, insofern „es seine Vielheit in seiner Einheit aufgehoben, ruhend und begründet hält, äusserlich, indem es seine Einheit in seiner Vielheit verborgen, aufgehoben und begründet hält, beides durch dieselbe Mitte“[33]. Durch die Mitte bzw. in der Mitte werden Vielheit und Einheit, Äußerliches und Inneres, die sich entgegengesetzt sind, zugleich aufgehoben.
„Im Kreis ist diese Entgegensetzung und ihre Aufhebung bestimmt dargestellt. Die Sphäre selbst ist die wahre Mitte als die Sache selbst, die eine Grenze ist der Mittelpunkt, die andere die Peripherie. Im Centrum ist die Einheit offenbar, aber auf Kosten der Unterschiedenheit (Vielheit), die Indifferenz auf Kosten der Differenz; in der Peripherie ist die Unterschiedenheit auf Kosten der Einheit offenbar, die Differenz auf Kosten der Indifferenz. In der Mitte, der Sache selbst, ist nicht bloss der eine oder das andere offenbar, sondern beide: Differenz und Indifferenz, Unterschiedenheit und Einheit. Durch Auseinanderhalten der beiden Pole und ihre Wiederaufhebung in der Identität der Sache selbst sind beide Pole zugleich offenbar, nemlich die Einheit in Vielheit und Vielheit in Einheit.“[34]

Diese der mystischen Geometrie[35] verpflichtete Darstellung des göttlichen Selbstmanifestationsprozesses könnte zunächst den Eindruck erwecken, die göttliche Selbstvermittlung von Einheit und Vielheit in der Mitte drehe sich wie eine gewaltige mechanische Konstruktion ewig in sich selber. Dieser Eindruck schwindet bei Baader aber in dem Maße, als er in die Gedankenwelt Jakob Böhmes, d. h. in dessen Sprache und Terminologie eindringt und eintaucht. Im bisherigen Aufweis der Dreiheit von unoffenbarer Einheit, Vielheit und Mitte als den drei ersten Momenten der göttlichen Selbstvermittlung handelt es sich ohne Zweifel um ursprünglich mystisch-theosophische Begriffe, die freilich im Laufe der Philosophiegeschichte zu leeren Formeln abgeschliffen worden sind. Wie aber bisher gezeigt werden konnte, vermochte Baader mit diesen drei Begriffen ein dialektisches Grundschema zu entwerfen, dessen Brauchbarkeit außer Zweifel steht. Zugleich zeigt sich aber gerade hier die bereits erwähnte Doppelschichtigkeit bzw. Doppelprägung seines Denkens, wenn er in dieses Schema von Einheit, Vielheit und Mitte Begriffe und Ausdrücke schiebt, die Jakob Böhme geprägt hat. So spricht Baader vom Ausgang der noch unoffenbaren Einheit, „wo die Vielheit noch in die ungeschiedene Einheit absorbiert ist, was J. Böhme die Temperatur nennt. Es sind aber drei Momente zu beachten, nemlich:

1. Die Vielheit, in der Einheit aufgehoben;
2. das Hervortreten der Schiedlichkeit durch die und in der Natur;
3. die Wiederaufhebung der Schiedlichkeit in der Einheit, wo das Gliederleben der Einheit ausgestaltet ist.

Nun wird zugleich mit der Vielfalt auch die Einheit lebendig. Im ersten Moment war Gott nur entzündlich (zum Licht), im zweiten zeugt er sein Entzündendes, und im dritten entzündet er sich wirklich zum Lichte.“[36]
Die drei Momente Einheit, Vielheit und Mitte sind hier ergänzt und überdies durch die Symbolik des sich in Gott anzündenden Lichts in einen lebendigen organischen Zusammenhang gestellt worden. Gerade die Ausdrücke Natur und Schiedlichkeit tragen hier nicht die Stigmata der Formalisierung an sich und scheinen endgültig einen Zugang zum wichtigsten mystisch-theosophischen Bezugspunkt Franz von Baaders zu öffnen, nämlich zu Jakob Böhme.
Zunächst gilt es zu klären, wie die Natur in der Dreiheit oder im Ternar entsteht und welche Bedeutung ihr darin zukommt. Es handelt sich bei dieser Natur ja um eine Erscheinung, die notwendig im göttlichen Selbstmanifestationsprozeß entstehen muß. Kurz und bündig stellt Baader dazu fest, daß Jakob Böhme zuerst den Ternar konstruiert und dann zeigt, „wie dieser den Dualismus der Natur und der Sophia in sich setzt, und, indem er ihn setzt, aufhebt und durch sich selbst manifest wird“[37]. Diese Dialektik muß entfaltet werden. Nach wie vor handelt es sich um den Selbstmanifestationsprozeß Gottes, der sich als ein Ternar formiert. Diese Formierung erhebt sich aus dem göttlichen Willen. Unvermittelt befindet sich Baader damit in der Gedankenwelt und Sprache des Teutonicus, der Gott und

Wille zusammensieht: „Derselbe ungründliche Wille, der heisset und ist der Einige Gott, welcher sich in sich selber fasset und findet, und Gott aus Gott gebiert."[38] Die Selbstfassung, von der hier die Rede ist, greift Baader heraus und verknüpft sie mit dem Prozeß der Bewußtwerdung und kann auf diese Weise die göttliche Selbstmanifestation als Selbstbewußtwerdung Gottes beschreiben. In diesem Prozeß müssen wiederum drei Momente unterschieden werden. „Der erste Moment nemlich des Selbstbewusstseins ist die Fassung. Diese geht unmittelbar über in das Gefasste (den Sohn der Fassung) und dieses Gefasste, indem es sich findet, spricht sich aus, und vollendet den Ternar im Ausgesprochensein."[39] Fassung, Gefaßtes und Ausgesprochensein sind Begriffe, mit denen Jakob Böhme immer wieder die Entstehung des göttlichen Ternars zu umschreiben versucht hat. Wenn Franz von Baader unter ausdrücklicher Berufung auf Jakob Böhme drei Momente des Seins und Wirkens unterschieden und als erstes Moment das stille, unoffenbare und magische Sein als Indifferenz oder Ungeschiedenheit von Innerlichkeit und Äußerlichkeit bestimmt hat, so handelt es sich um nichts anderes als Jakob Böhmes ungründlichen Willen, der sich zu seiner Selbstfassung bewegt. Der ungründliche Wille bewegt sich aus dem Ungrund heraus. Dieser zentrale Begriff der Theosophie Jakob Böhmes ist durch keinen anderen Begriff zu ersetzen. Baader trägt diesem Umstand Rechnung und übernimmt Böhmes Beschreibung ohne jegliche Abänderung. Wenn Böhme von Ungrund spricht, meint er Gott. Und von diesem Gott kann man nicht sagen, „dass Er dis oder das sey, böse oder gut, daß Er in sich selber Unterschiede habe: Denn Er ist in sich selber Naturlos, sowol Affect- und Creatur-los. Er hat keine Neiglichkeit zu etwas, denn es ist nichts in Ihme, darzu Er sich könte neigen, weder Böses noch Gutes: Er ist in sich selber der Ungrund, ohne einigen Willen gegen der Natur und Creatur, als ein ewig Nichts; es ist keine Qual in Ihme, noch etwas das sich zu Ihme oder von Ihme könte neigen. Er ist das Einige Wesen, und ist nichts vor Ihme oder nach Ihme, daran oder darinnen Er Ihme könte einen Willen schöpfen oder fassen; Er hat auch nichts das ihn gebäret oder giebet: Er ist das Nichts und das Alles, und ist ein Einiger Wille, in deme die Welt, und die ganze Creation lieget, in Ihme ist alles gleich-ewig ohne Anfang, in gleichem Gewichte, Maß und Ziel; Er ist weder Licht noch Finsterniß, weder Liebe noch Zorn, sondern das Ewige Eine; darum saget Moses: Der Herr ist ein Einiger Gott (Deut. 6:4)."[40] In diesem indifferenten Ungrund der Gottheit formt sich die Innerlichkeit des esoterischen Gottes und bewegt sich als ungründlicher Wille zur Offenbarung. Diese Phase des immanenten göttlichen Selbstmanifestationsprozesses, die als Selbstfassung bzw. Fassung bezeichnet wurde, nennt Böhme in Anlehnung an das christliche Trinitätsschema auch Vater: „Also (1) heisset der ungründliche Wille Ewiger Vater; (2) und der gefundene, gefassete, geborne Wille des Ungrundes heisset sein geborner oder Eingeborner Sohn, denn er ist des Ungrundes Ens, darinnen sich der Ungrund in Grund fasset. (3) Und der Ausgang des ungründlichen Willens, durch den gefasseten Sohn oder Ens, heisset Geist, denn Er führet das gefasste Ens aus sich aus in ein Weben oder Leben des Willens, als ein Leben des Vaters und des Sohnes: (4) und das Ausgegangene ist die Lust, als das Gefundene des eigen Nichts, da sich der Vater Sohn und Geist innen siehet und findet; und heisset Gottes Weisheit oder Beschaulichkeit." [41]

Zwei Bewegungsabläufe sind in diesem Text beschrieben, nämlich eine Ausgangsbewegung als Grundlegung der Selbstfassung und daran anschließend die Rückwendung zu sich selbst. Am Ende steht die Weisheit vor dem Geiste Gottes, der den Ungrund geoffenbart hat. Dieser Vorgang des Sichfindens ist zugleich ein Sich-Erkennen und Sich-Sehen. In der Gottheit will der Wille „nur sich selber finden und fassen, und aus sich selber ausgehen, und sich mit dem Ausgehen in eine Beschaulichkeit einführen, darinnen die Dreyheit der Gottheit, samt dem Spiegel seiner Weisheit, als dem Auge seines Sehens, versteht"[42]. Der Ausgang des ungründlichen Willens wird von Baader sehr genau zu erklären versucht, weil nämlich hier insofern ein Widerspruch angenommen werden könnte, als „der Geist der Ausgang oder das Ausgehende aus dem Ternar und die Weisheit das Ausgegangene heisst, so dass man meinen wollte, diese Weisheit als das Ausgegangene wäre vom Geiste ausgegangen, da es doch heisst, dass der Geist in selbe (folglich als ein schon distinct Bestehendes) ausgeht. Dieser anscheinende Widerspruch löset sich aber, wenn man erwägt, dass nach J. Böhme der unerforschliche Wille des Ungrundes in diesem entsteht oder aufsteigt, und dieser sich hiemit scheidet, so dass man von jedem Theil sagen kann, dass dasselbe aus dem anderen ausgegangen ist: die Uebernatur oder der Geist von der Natur, das Innere von Äusserem, die Höhe von der Tiefe, das Wollen vom Gewollten, das Auge (Sehen) vom Gesehenen, sowie umgekehrt dieses von jenem, wobei keines der Unterschiedenen ein blosses Educt des Ungrundes oder des Anderen, sondern jedes ein Product der Scheidung ist."[43] Die Auswärts- und Einwärtsbewegung, die sich in diesem Bereich der klaren Gottheit spannungsfrei vollzieht, zeigt die folgende Skizze.

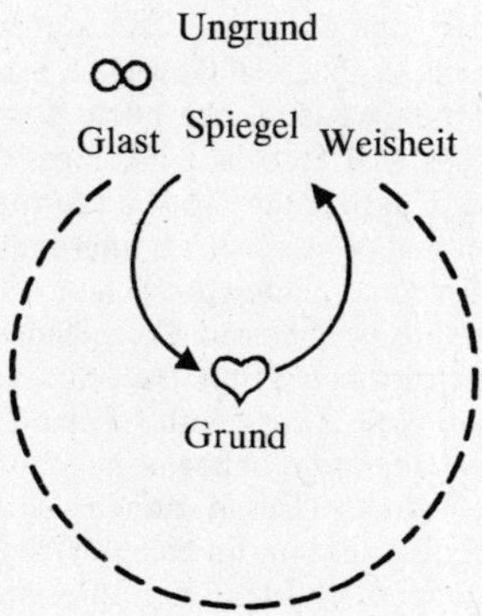

Den heiligen Ternar von Fassung, Gefaßtem und Ausgesprochenem entfaltet Böhme in seinem 47. Sendbrief zu einem Septenar, den Baader unverändert übernommen hat.

	„1. Ungrund, Nichts und Alles	
Vater	2. Wille oder Wallen des Ungrundes	JE
Sohn	3. Lust oder Infaßlichkeit des Willens	HO
Geist	4. Scientz oder Bewegniß	VA
	5. Gott in Dreyfaltigkeit.	
	6. Wort in Gott.	
	7. Weisheit“ (44).	

Diese septenarische Ausfaltung des heiligen Ternars kann als die erste vom Ungrund unterschiedene Phase des theogonischen Prozesses bezeichnet werden und heißt bei Böhme die klare Gottheit. „In diesem tiefsten Mysterium der Gottheit ist aber nach J. Böhme der heil. Ternar nur in potentia oder essential und tritt nur erst durch das Medium der **ewigen Natur (Begierde)** in actum als personaliter (in essentia unitas, in personis proprietas).“[45] Der persönliche exoterische Gott wächst also aus der esoterischen unpersönlichen Gottheit heraus, mit anderen Worten, erst durch „die ewige Natur (ihre Wiederaufhebung) gebiert sich nach J. Böhme jenes tiefe Mysterium der Gottheit zum offenbaren Gott aus, zum dreifaltigen, naturfreien, aber nicht naturlosen Geist“[46].

Diese ewige Natur als das unmittelbar schaffende Prinzip, als das Fiat oder die Allmacht im göttlichen Selbstmanifestationsprozeß[47] darf nicht pantheistisch mißverstanden werden. Im Gegenteil, „darin unterscheidet sich J. Böhme von allen Naturphilosophen, dass er den stillen, esoterischen Gott (den jene auch annehmen) nicht wie jene durch die Creatur, sondern durch die ewige Natur in sich, sich selbst offenbar werden lässt“[48].

Die Theosophie, die zunächst allgemein als die Vermittlung von esoterischer Gottheit und exoterischem Gott zu definieren versucht worden war, gewinnt durch diesen Naturbegriff schärfere Konturen, denn die Natur in ihren sieben Gestalten bestimmt das Verhältnis des esoterischen zum exoterischen Gott, „wodurch zugleich die drei göttlichen Personen als Proprietäten (in essentia unitas, in personis proprietas) hervortreten“[49]. Böhmes Lehre von den sieben Naturgestalten als Lehre von der Wirklichkeit überhaupt beschreibt aber nicht nur den theogonischen Prozeß, sondern auch die innere und äußere Struktur von Welt und Mensch.

Die sieben Naturgestalten oder Qualitäten sind: Begierde, Bitternis, Angst, Feuerblitz, Licht, Schall und Wesen oder Form. Baader betont in seiner Darstellung dieser sieben Gestalten, daß man die Konstruktion der sieben Naturgestalten beim Feuerblitz beginnen müsse, weil in dieser Mitte die Selbheit entsteht[50]. Tatsächlich entsteht das Feuer in der Mitte aus der „Conjunction der Natur und der Uebernatur“[51]. Dieser Feuerschlag zwi-

schen esoterischer Gottheit und exoterischem Gott ist das Kernstück der Theogonie.
In der Darstellung dieser sieben Gestalten soll aber nicht beim Feuerblitz begonnen werden, sondern bei der ersten Gestalt. Will sich die stille klare Gottheit äußern, so muß sie in sich alle Kraft zum Sprechen zusammmennehmen. Dieser Wille zum Sprechen ist eine Begierde. „Die Begierde hat aber nichts, das sie fassen könnte, sie fasset sich daher im Grunde. Die Begierde ist die erste Gestalt. Der erste Moment der Begierde ist das Sichhalten.“[52] Die zweite Gestalt ist das Einziehen oder das Bittere und steht gegen die erste Gestalt in großer Feindschaft. Aus dem Kampf dieser beiden ersten Naturgestalten entsteht als dritte Gestalt die Angst. Diese drei Gestalten bilden den finsteren Ternar und kreisen in einem in sich beschlossenen Zirkel „als ein Nichtbleiben- und doch nicht von der Stellekönnen“[53]. „Die herbe Begierde die fasset sich, und zeucht sich in sich, und macht sich voll, hart und rauhe; so ist das Ziehen ein Feind der Härte. Die Härte ist haltend und das Ziehen ist fliehen; Eins will in sich, und das Ander will aus sich: So es aber nicht voneinander weichen oder sich trennen kann, so wirds ineinander gleich einem drehenden Rade: Eins will über sich, das ander unter sich“[54].
Das Naturrad oder Naturzentrum, das auch als I. Prinzip bezeichnet wird, steigert sich in seinem eingeschlossenen Drehen derart, daß die Spannung ins Unerträgliche wächst und sich endlich in einer Explosion löst. Diese Explosion ereignet sich als ein schmetternder zersprengender Blitzschlag. „Wenn der Blitz oder Schrack aufgehet, so ists im Punct, und machet im Blicke einen Dreyangel ⅄.“[55] Dieser Blitzschlag oder Feuerschrack ist die vierte Gestalt, die in der Mitte zwischen erstem und zweitem Ternar aufgeht. „Nun ist es aber gewiss, dass der Blitz oder Schrack in jeder Naturregion nichts geringeres ist, als jener Act des Ungrundes, welcher den bereits und zwar zuerst oder unmittelbar gefassten Grund wieder aufhebt, um, sich hiedurch wieder frei machend, tiefer in sich eingehen und in einer zweiten tieferen Fassung (Gründung) sich erleuchten zu können.“[56] Und so scheint aus dem Feuerblitz das Licht der Liebe-Begierde auf und bildet die fünfte Naturgestalt. Zu diesem Licht ertönt ein Freudenruf, der als sechste Gestalt zur Leibwerdung als siebenter Naturgestalt führt und auf diese Weise den lichten Ternar vollendet. Im Feuerblitz scheidet sich somit das Licht- und Freudenreich als II. Prinzip vom Zornfeuer Gottes als I. Prinzip. Dennoch bildet der Reigen aller sieben Naturgestalten eine unlösbare Kette, in der keine Gestalt ohne die andere sein kann. „Die erste und siebente Gestalt, die zweite und sechste, die dritte und fünfte Gestalt entsprechen sich. Die erste Gestalt ist Saturnus, rein einschliessend, negirend, die siebente ist auch wesentlich, aber gewichen, temperiert. Die erste und siebente zusammen sind gemässigtes Einschliessen d. i. Wesenheit. Die zweite ist das trennende, pulverisirende, brechende Princip, diess wird in der sechsten Gestalt gemässigt zum bildenden, entwickelten. In der dritten ist eine Fülle gleichsam von lauter sich bestreitenden Atomen, in der fünften Gestalt werden sie geeint, und es tritt nun die wechselseitige Verbür-

gung der Glieder unter sich und die vita propria derselben ein. In der dritten Gestalt war Vielheit, in der fünften ist Alles Eins und Eins Alles. Es ist immer dasselbe Princip, welches in der ersten und siebenten, in der zweiten und sechsten, in der dritten und fünften Gestalt herrscht. Hier ist das zerstörende Princip herausgekehrt, dort das Licht."[57]

Mit diesem Gegensatz von Finster- und Lichtprinzip ist aber die göttliche Selbstmanifestation keineswegs auf einen im göttlichen Ungrund verborgenen letzten Dualismus von Gut und Böse reduzierbar, vielmehr vollzieht und vollendet sich der theogonische Prozeß mit den sieben Naturgestalten und der Lehre von den drei Prinzipien, den Franz von Baader in einer Skizze zu veranschaulichen versucht hat[58].

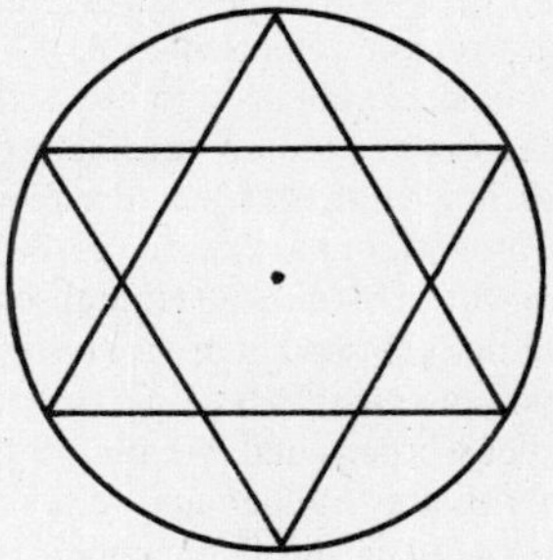

Diese Figur enthält alle zehn Momente des Lebensprozesses. „Die sechs Ecken der in den Kreis eingezeichneten zwei Dreiecke bedeuten die sechs Quellgeister oder die innerliche, siderische oder Seelengeburt, das erste Princip. Der Kreis bedeutet den siebenten Quellgeist, Natur, Leib oder die äusserliche Geburt, in seiner Entzündung das geschiedene dritte Princip. Das Centrum als Ternar stellt vor die innerste Geburt, das zweite oder göttliche Princip (Seelengeist)."[59]

Diese gleichewige Theogonie, insbesondere aber die ternarische Struktur spiegelt sich in der ganzen Schöpfung wider. Höhepunkt dieser göttlichen Spiegelungen ist der Mensch, denn in ihm zeigt sich Gott gewissermaßen ganz[60].

Wenn nämlich „Gott überall die Mitte oder das Centrum ist, wie er es denn ist (medium tenuere beati, oder Deus est sphaera, cujus centrum ubique, circumferentia nusquam), so muss dieses auch von seinem Bilde oder Repräsentanten gelten"[61]. In der Mitte als dem entscheidenden Moment der Theogonie haben sich die beiden entgegengesetzten Phasen blitzhaft aufgehoben, und diese Aufhebung hat sich zugleich als ewiger Ausgang gefaßt, der sich wiederum in seinen ewigen Eingang bzw. Anfang schwingt.

Im Unterschied zu diesem ewigen Prozeß in Gott muß die Kreisbewegung in und um den Menschen nach der von Luzifer verursachten Weltkatastrophe erst entsprechend formiert werden. „Sollte die göttliche Mitte im Menschen realisirt werden, so musste sich vorerst dem Menschen diese Mitte als Möglichkeit darbieten, ihn suchen und versuchen, so wie sich ihm auch beide extreme Tendenzen abstract darbieten, ihn gleichfalls suchen und versuchen mussten."[62] Mit den beiden extremen Tendenzen ist nichts anderes gemeint als jene beiden Aspekte des durch die Rebellion Luzifers zusammengebrochenen Universums, nämlich der finstere Abgrund Luzifers selbst und die ins Materielle abgesunkene nichtintelligente Naturregion. Im Augenblick der Versuchung zeigt sich einerseits die zentrifugale Tendenz Luzifers, andererseits die zentripetale, d. h. die aus dem Zentrum weichende Tendenz, der Adam erlegen war. Beide Tendenzen hat der Mensch zu überwinden, den hoffärtigen Luzifer zu demütigen und die schwer gewordene Naturregion aufzurichten[63].

Das Bestreben dieser beiden Tendenzen richtet sich aber in erster Linie gar nicht gegen den Menschen, sondern vor allem gegen die kreatürliche Manifestation der göttlichen Mitte als Idea oder himmlische Jungfrau, die den Willen des androgynen Menschen an sich zieht, um mit ihm Hochzeit zu feiern. „Mit anderen Worten: sollte die Himmlischwerdbarkeit im Menschen a potentia ad actum gebracht und fixirt werden, so musste seine Irdisch-(Thier-)werdbarkeit sowohl als seine Höllisch-(Teufel-)werdbarkeit radical in ihm getilgt werden, und wie die centrifugale Tendenz (die spiritualistische Hoffart) als überwunden und verwandelt das eine Element der himmlischen Liebe, nemlich die Erhabenheit, geben sollte, so sollte die dem Centrum entsinkende Tendenz (die materialistische Niederträchtigkeit) in ihrer Verwandlung der Liebe zweites Element, die Demuth, geben, und beide in dieser Union die göttliche Adrogyne manifestiren."[64] Diese himmlische Hochzeit des Menschen mit der himmlischen Jungfrau oder Sophia scheiterte jedoch, weil der Mensch der zentripetalen Tendenz folgte und das Irdische begehrte. „Anstatt sich mit der himmlischen Jungfrau – dem Weibe seiner Jugend in der Schriftsprache – zu vermählen, hat er sich mit dem äusseren Sternen- und Elementenweibe vermählt."[65]

Im Gegensatz zu Luzifer hatte der Mensch nicht Herr über Gott selbst, d. h. über das ewige, feurige Naturprinzip sein wollen, sondern seine Sünde bestand darin, daß er ohne Rücksicht auf Gott Herr über die äußere Natur sein wollte. Während Luzifer für sein Verbrechen unter die Natur gestürzt wurde, fiel der Mensch nur in die irdische Natur, verlor dabei aber seine androgyne Lichtgestalt und wurde mit einem irdischen Leib bekleidet als Mann und Frau getrennt in die Zeitlichkeit versetzt. Gerade die Materialität seines Leibes war dafür ausschlaggebend, daß er in den Bereich der Zeit hinabgezogen bzw. sinken mußte. Diese Zeitregion ist nun „die aus dem Centrum (der Einheit) herausgesetzte und herausgehaltene, für sich zwar centrumleere, darum aber nicht centrumfreie Peripherie"[66]. Damit ist die Zeit im Verhältnis zum Zentrum der Ewigkeit etwas Nichtintegriertes und Zusammengesetztes[67] und diese Zeit als Differential der Ewigkeit[68] kann nicht aus sich selber verstanden oder begriffen werden, sondern einzig und allein aus der Perspektive der Ewigkeit bzw. von der Mitte her. Aber diese Fähigkeit ist im Menschen infolge seiner Gefallenheit schwer gestört, und seine ganze Existenzweise ist durch die Zusammengesetztheit und Nichtintegrität alles Zeitlich-Räumlichen[69] selbst eine zusammengesetzte: „Anstatt seines göttlichen Geistes ward ihm ein anderer, anstatt seiner wahrhaften Seele eine andere, und so auch anstatt seines wahrhaften Leibes ein anderer beigegeben, womit er sich dann auch aus seiner früheren immateriellen Existenzweise in die materielle eingeführt fand."[70] Das Versetztsein des Menschen in die Peripherie hat also zugleich eine Versetztheit bzw. uneinheitliche Zusammengesetztheit seiner ursprünglich vollkommenen und einfachen Organe bewirkt. So schmerzlich dieser Zustand für den gefallenen Menschen auch sein mag, so darf er nicht mit der ewigen Verdammnis verwechselt werden.

Endgültige Verdammung würde nämlich für den Menschen die ewige Zeit als jene ewige Hölle bedeuten, in der „ein ewiges Drehen des Menschen in der Peripherie mit dem ewig aufgeregten und ewig unbefriedigten Tangentialfliehstreben"[71] herrscht. Aus diesem ewigen Drehen gäbe es kein Entrinnen mehr, und so wäre die Ewigkeit dieser Hölle eigentlich ihre Nichtzeitlichkeit[72]. Demgegenüber ist die Zeit für den gefallenen Menschen wahrhaft eine Erlösungs- und Gnadenzeit[73]. „Die geringste Theilnahme an der Zeit ist nemlich noch Theilnahme an der Gnade, weil in ihr (als zwar präsens- oder gegenwartsleer) der Vergangenheit noch eine Zukunft (Hoffnung) entspricht, und die absolute Verzweiflung der Verdamniss nur dann eintreten oder hervorbrechen kann, wenn alle Zukunft gänzlich verschwunden, sohin alles Gute, Wahrhafte ganz nur in die Vergangenheit zurückgetreten sein wird."[74] Mit Vergangenheit ist hier jene negative Dimension der Zeit gemeint, in der sich die Differenz zwischen Mensch und Gott fixieren und sich der Fluch der Zeitlichkeit als endgültig ewiger Hölle erfüllen wird, wenn der Mensch es will. Die Zukunft als die andere Dimension der Zeit negiert diese negative Fixierung und ermöglicht dem Menschen, sich aus seiner jetzt noch auslösbaren Differenz zwischen Zeit und Ewigkeit auf Ewigkeit hin zu entscheiden. Ewigkeit hat weder Vergangenheit noch Zukunft, sondern ist Gegenwart schlechthin. Das moralisch gute und böse Leben als gegenwärtiges Tun ist durch seine Ausrichtung auf die Gegenwart überzeitlich und ragt deshalb in die Ewigkeit hinein[75]. Es ist die Ewigkeit selbst, die dem Menschen diese Wahlfreiheit verleiht, denn von sich aus wäre er dazu nicht imstande: „Durch und aus sich kann der Mensch weder in den Zustand der Güte, noch auch nur in den der Unschuld treten. Wenn er aber doch frei wählen kann zwischen Gutem und Bösem, so ist diess ein Beweis, dass Gott als der Erlöser ihm genaht ist, seine Gebundenheit an das Böse gelöst und ihm dadurch die Möglichkeit einer neuen Wahl gegeben hat."[76] Die mit der Wahlfreiheit verbundene Gnade der Menschwerdung Gottes hat sich bereits im Augenblick des Sündenfalls ereignet, indem nämlich Gottes Sohn bzw. Gottes

Herz in die himmlische Jungfrau oder Sophia als Matrix aller Urbilder einging und im Urbild des Menschen zum Geistmenschen wurde[77]. Damit ist durch diese Menschwerdung Gottes von Anfang an der Grundstein zur erneuten Vermählung des Menschen mit der himmlischen Jungfrau gelegt. Gott selbst hat alles vorbereitet, daß der durch die Zeitlichkeit und Materialität gehemmte Weltprozeß in und durch den Menschen endlich seine Vollendung finden kann. Der Mensch seinerseits soll Gott nicht hindern, „sich seiner (des Menschen) zur Vermittlung seines (Gottes) Descensus und Ascensus zu bedienen, er soll das Niedersteigen des Himmels in und durch sich zur Erde, so wie das mit ihren Kräften sich Erheben der letzteren in den Himmel, als das Auf- und Absteigen der Engel auf jener Leiter Gottes, die Jacob im Traume sah, nicht hemmen, indem er etwa beide (welche eben die Elemente zum Bilde Gottes bringen müssen, so wie die Erhabenheit und Demuth die Elemente der Liebe sind) auf sich selber beziehen, in seine eigene Selbheit beschliessend wollend, von ihrem Kreislaufe sie ablenkt, aus diesem heraussetzt, und so die Wahrheit in Ungerechtigkeit aufhält"[78]. Vielmehr soll der Mensch diese seine Selbheit, d. h. seinen Geist der göttlichen Selbheit übergeben. Damit wird der Mensch wieder zum Träger des Gottesbildes und steht in innigster Gemeinschaft mit dem göttlichen Urbild selber. Dieser Vorgang ist nichts anderes als die Wiedergeburt des Lichtlebens und der Aufgang der Sophia oder himmlischen Jungfrau im Menschen. Diesem lichtvollen Aufgang geht jedoch notwendig der Feuerblitz der Schiedlichkeit voraus. Die Schiedlichkeit ist die Scheidung als Entscheidung zum endgültigen Aufgang des Lichtes. Dieser Entscheidung gehen im Menschen heftige Kämpfe um das Bild Gottes voran. Drei Prinzipien streiten sich in ihm um die Vorherrschaft, nämlich das Feuerprinzip als Macht-Leben, das himmlische Lichtprinzip und das Prinzip des irdischen Lebens[79]. Der Aufgang ins Licht ereignet sich dann, wenn sich der Wille des Menschen einzig und allein dem Lichtprinzip öffnet und sein Herz zugleich zur Mitte für die Aufhebung der beiden anderen Prinzipien wird, die durch diese Aufhebung davon abgehalten werden, den Menschen entweder mit luziferischer Hoffart oder adamitischer Niederträchtigkeit zu verderben. Im Menschen und damit in entsprechender Distanz zum Schöpfer vollzieht sich die Wiedergeburt analog zum theogonischen Prozeß, wo sich in der Mitte als dem entscheidenden Moment die Gegensätze in Feuerblitz aufheben und diese Aufhebung sich zum Ausgang faßt, um wiederum den Eingang zu suchen und zu finden. Dieses göttliche Leben, das im Menschen als Gottes Bild wie eine Blume aufwächst, bezeichnet Baader als Gebet. In der Tat urständet das Gebet als alltägliche Praxis der Wiedergeburt mit seiner wahrhaft kosmischen Dimension in diesem Vorgang, wo mit dem aufsteigenden Gottesbild im Menschen der alte irdische Adam und der höllische Hoffartsteufel zurückgeschlagen werden. Und das im Menschen aufblühende Gottesbild „muss immer als ein Ritter stehen, und ist ihr (dem Bildnis) am nützlichsten, dass sie sich in Geduld wickle, unter's Kreuz hülle und immer in Liebe aufquelle; denn diese ist ihr Schwert, womit sie als mit dem sanften Wasser des ewigen Lebens sowohl den Teufel niederschlägt als das irdische Wesen austreibt, denn beide vertragen sich nicht mit der Liebe“[80].

Die Praxis dieses ritterlichen Glaubens- und Gebetskampfes ist die Anrufung des göttlichen Namens, der in der christlichen Tradition anders lautet als in der jüdischen oder islamischen. Aber „der Name Jesus hat im neuen Bunde dieselbe Bedeutung als der Name Jehova im alten hatte, und nicht im Hersagen, sondern im gläubigen Anrufen desselben äussert Er seine wunderthuende Macht, insofern Er sich nemlich im Anrufenden und durch ihn selber ausspricht“[81]. Auf diese Weise wird das Band der Liebe zwischen Mensch und Gott durch die fortwährende Anrufung des göttlichen Namens ständig wieder neu geknüpft. Erst diese Einung des Menschen mit Gott bedingt und ermöglicht zugleich die Versöhnung der Menschen untereinander[82]. In der Symbolik von Peripherie und Mitte bedeutet dies, daß im Menschen als einem in die Peripherie gefallenen Geschöpf die Liebe zum Mitmenschen als Beziehung zu einem anderen Peripheriepunkt erst dann erwachen kann, wenn beide mit der göttlichen Mitte wieder in Einklang sind[83]. So entsteht und besteht die Gemeinschaft der Menschen untereinander, und die göttliche Liebe erweist sich als das wahrhaft organische und organisierende Lebensprinzip[84]. Nicht das isolierte Nebeneinander ist lebendige Gemeinschaft, sondern die gegenseitige Verbundenheit. „Je inniger die Verbindung ist, desto lebendiger tritt die Persönlichkeit hervor. Diese vita propria ist der Effect der Inwohnung des Ganzen in jedem der einzelnen Glieder. Diess Gesetz ist höchst wichtig für das Verhalten des Geschöpfs zum Schöpfer. Beide sollen in einen organischen Verband mit einander eingehen, sowie die Geschöpfe dadurch auch unter sich und mit der Natur in eine organische Verbindung kommen. Eine wahrhafte Gemeinde können die Menschen demnach nur dann bilden, wenn sie mit Gott verbunden sind.“[85] Die neuzeitlichen Gesellschaftsauffassungen kennen keine Bindung an Gott und ahnen wohl nicht einmal, daß sich hinter dem totalen Autonomieanspruch des neuzeitlichen Menschen letztlich adamitische Niedertracht und luziferische Hoffart verbergen. Gegen diesen Übermut des Menschen (III. Prinzip) und gegen das Reich Luzifers (I. Prinzip) steht Gottes Reich (II. Prinzip). Und dieses Reich Gottes „hat keinen anderen Sinn, als die Menschen in eine wahrhaft organische Innung zu bringen und zwar, weil nur in dieser lebendigen Gemeinschaft Gott Alles in Allem geworden ist als der eine und derselbe Lebensgeist, der sich in jedem auf einzige Weise manifestiert. Und deshalb bedarf Jeder aller Anderen, um die Totalität der Manifestation Gottes zu bewerkstelligen.“[86]

Insofern der Mensch die göttliche Strahlung in und durch sich in dieser Welt zu wiederholen und fortzusetzen hat, kann man von einer Theogonie sprechen, „zu welcher der Mensch als Mitwirker berufen ist“[87]. So spiegelt und bildet sich der theogonische Prozeß in und durch den Menschen und in der Gesellschaft der Menschen miteinander als ständiger Versöhnungsprozeß wider[88], der durch die Anrufung des göttlichen Namens immer wieder erneuert wird.

Der Mensch und die menschliche Gesellschaft sind auf diese Weise für Baader radikal in Gottes innerem Leben und Wesen gegründet. Mit vollem Recht muß daher seine theosophische Gotteslehre als der grundlegende metaphysische Kern seiner fragmentarisch gebliebenen Gesellschaftslehre bezeichnet werden, die einen der letzten großen Versuche zu einer theokratisch bestimmten Gesellschaftsreform darstellt.

Anmerkungen

1 Vgl. SW 5, 244. Die Zitierung erfolgt nach Franz von Baader: Sämtliche Werke (abgekürzt SW), hrsg. von Franz Hoffmann, Julius Hamberger u. a., 16 Bde. Leipzig 1851–1860 (unveränderter Nachdruck, Aalen 1963)

2 Franz Hoffmann: Einleitung zum VI. Band der ersten Hauptabteilung. In: SW 6, X.

3 Sebastian Helberger-Frobenius: Macht und Gewalt in der Philosophie Franz von Baaders. Bonn 1969, S. 253 (Abhandlungen zur Philosophie, Psychologie und Pädagogik, Bd. 49).

4 Ebd. 187.

5 Ebd. 175.

6 SW 6, 125–144.

7 Abgedruckt in: Ernst Benz: Franz von Baaders Gedanken über den „Proletair". Zur Geschichte des vormarxistischen Sozialismus. In: Zeitschrift für Religions- und Geistesgeschichte 1 (1948) 122f.

8 SW 15, 503–510.

9 SW 6, 139.

10 Ernst Benz, a. a. O. 105.

11 SW 6, 135.

12 Ebd. 132 Anm.

13 Ernst Benz, a. a. O. 104.

14 SW 6, 137ff.

15 Ebd. 137.

16 Ebd. 128 Anm.

17 Ebd. 138 Anm.

18 SW 5, 275.

19 Ebd. 275.

20 Ebd. 276.

21 Karl Marx/Friedrich Engels: Werke, Ergänzungsband, 1. Teil, Berlin 1974, S. 538.

22 Franz Hoffmann: Vorhalle zur spekulativen Lehre Franz von Baaders. Aschaffenburg 1836. S. XVIf.

23 Augsburger Allgemeine Zeitung vom 4. Juni 1841. In: Sebastian Helberger-Frobenius, a. a. O. 178.

24 Vgl. Fußnote 3.

25 SW 13, 165.

26 SW 2, 21.

27 SW 13, 65 Anm.

28 SW 13, 65.

29 Ebd. 168.

30 Ebd.

31 Ebd. 168f.

[32] SW 7, 298f. Anm.
[33] SW 9, 182 Anm.
[34] SW 8, 65.
[35] Vgl. Dietrich Mahnke: Unendliche Sphäre und Allmittelpunkt. Beiträge zur Genealogie der mathematischen Mystik. Halle 1937, S. 5f.
[36] SW 13, 77.
[37] Ebd. 64.
[38] Ebd. Baader zitiert hier aus Jakob Böhmes „Gnadenwahl" (im folgenden = Gw), 1, 4.
[39] SW 13, 64.
[40] Ebd. 63 und Gw 1, 3.
[41] SW 13, 66 und Gw 1, 6.
[42] SW 13, 67 und Gw 1, 9.
[43] SW 13, 246.
[44] SW 1, 244.
[45] SW 2, 305.
[46] Ebd. 306.
[47] SW 2, 305f.
[48] SW 13, 66 Anm.
[49] Ebd. 71.
[50] Ebd. 84.
[51] Ebd. 256.
[52] Ebd. 102.
[53] SW 5, 15.
[54] SW 13, 102. Baader zitiert hier aus Jakob Böhmes „Mysterium Magnum" 3, 15.
[55] Jakob Böhme: Mysterium Magnum 4, 2.
[56] SW 2, 239f.
[57] SW 13, 108.
[58] Diese Skizze befindet sich in SW 2, 27.
[59] SW 2, 32.
[60] SW 8, 58 Anm.
[61] SW 8, 128. [62] Ebd. 176.
[63] Ebd. 130. [64] Ebd. 129.
[65] SW 2, 418.
[66] SW 7, 302.
[67] SW 14, 67.
[68] Ebd. [69] Ebd. 34.
[70] SW 8, 253.
[71] SW 14, 185.
[72] SW 7, 120.
[73] Ebd. 119. [74] Ebd.
[75] SW 1, 12.
[76] SW 8, 167. [77] SW 4, 200.
[78] SW 8, 290f.
[79] SW 14, 486.
[80] SW 14, 486. Baader zitiert hier aus Jakob Böhmes „Menschwerdung Jesu Christi" T. 3; 7, 5.
[81] SW 4, 246 Anm
[82] Ebd. 169. [83] SW 2, 230.
[84] SW 6, 15. [85] SW 8, 73.
[86] Ebd. 73f. [87] Ebd. 60.
[88] Ebd. 188.

TITUS BURCKHARDT

Betrachtungen zur Alchemie

„Aus dem Körper Geist und aus Geist einen Körper machen“: in diesem Wort ist die ganze Alchemie zusammengefaßt. Das Gold, rein äußerlich gesehen des Werkes Frucht, erscheint als undurchsichtiger Körper, der licht geworden ist, oder als Licht, das sich verfestigt hat. Auf die Ebene menschlicher und geistiger Ordnung übertragen, erscheint das Gold als das in Geist verwandelte körperliche Bewußtsein oder als der im Körper verfestigte Geist. Denn das unedle Metall, der Stoff, der für das Werk bereitsteht, ist nichts anderes als das im Körper eingebundene Bewußtsein und ist gleichsam in ihn eingetaucht. Aus diesem „metallischen Körper“ müssen „Seele“ und „Geist“, nämlich Merkurius und Sulphur, herausgezogen werden. Der „Körper“ könnte dem geistigen Werk nicht als Stoff dienen, wenn er nicht auch eine innere Wirklichkeit besäße.

Beim gewöhnlichen Menschen scheiden sich „Erkennen“ und „Sein“ gewissermaßen in Denkvermögen und körperliches Bewußtsein; das erste ist vereinfachend ausgedrückt ein Erkennen ohne Sein, das zweite ein Sein ohne Erkennen. Beide entspringen dem reinen Geist, der selbst Sein und Erkennen zugleich ist. Die Rückkehr zur Mitte, zum Herzen als der „Stätte“ des Geistes bezieht beide Pole ein und kehrt sie gleichsam um: das körperliche Bewußtsein wird seinerseits Verstand; es verwandelt sich in einen bewegungslosen Zustand des Erkennens, während zugleich das Denken unter dem Blitz des Geistes zum Kristall wird.

Diese Verwandlung von Geist in Körper und von Körper in Geist findet sich zwar mehr oder weniger unmittelbar und mehr oder weniger deutlich in jeder Methode geistiger Verwirklichung; doch hat die Alchemie sie in Übereinstimmung mit der metallurgischen Symbolik, die in der Möglichkeit gründet, die Beschaffenheit und den „Aggregatzustand" eines Körpers zu verändern, zu ihrem Hauptthema gemacht.

Zu Beginn des Werkes ist das körperliche Bewußtsein Dunkelheit und Chaos. Es ist dann dem Blei zu vergleichen und steht unter der „Herrschaft" Saturns, welche diesem Zustand des Stoffs entspricht. Der Planet Saturn stellt das Prinzip der Verdichtung dar, worin die Erklärung für den scheinbaren Widerspruch liegt, daß ihm unter den körperlichen Stoffen das Blei und unter den Kräften der Seele die Vernunft zugeordnet wird; im Vergleich zum existentiellen Bereich der anderen Kräfte ist die Vernunft wie ein Punkt ohne Ausdehnung. Die Polarität von Denken und körperlichem Bewußtsein, der Gegensatz „Geist" – „Leib", findet sich also in der Natur Saturns vorgebildet und erklärt die hemmende Wirkung, die man in der divinatorischen Astrologie diesem Gestirn zuschreibt.

Auf der Ebene der alchemistischen Methode wird die saturnische Verdichtung Konzentration: der Verstand zieht sich aus dem Äußeren in das Innere zurück, und wenn er nur mehr ein bloßer Punkt geworden ist, taucht er ein in das innere Dunkel des Körpers.

Nach alchemistischer Lehre ist jedes Metall in der mehr oder weniger vollendeten Einung zweier Prinzipien begründet, die Sulphur und Merkurius genannt werden. Ähnlich wie das umzuformende Metall wird auch das körperliche Bewußtsein von diesen beiden Prinzipien oder subtilen Kräften gewirkt, die einander entgegengesetzt sind und sich zugleich ergänzen. Sulphur, der männlich ist, und Merkurius, der weiblich ist, vereinen sich im Chaos des körperlichen Bewußtseins oder im unedlen Metall, so daß sie sich gegenseitig aufheben oder einander fesseln.

Basilius Valentinus schreibt: „Wo die metallische Seele, der metallische Geist und die metallische Gestalt gegenwärtig sind, finden sich auch Quecksilber, Schwefel und metallisches Salz ..."[1] Er vergleicht also den Merkurius der Seele und den Sulphur dem Geist. Die beiden Prinzipien müssen in dieser Weise verstanden werden, wobei man der Tatsache Rechnung tragen muß, daß die Alchemie in diesen beiden Prinzipien vornehmlich Mächte oder Kräfte sieht, die auf derselben Ebene wie die „Natur" wirken.

Wenn es gelegentlich vorkommt, daß die Alchemisten den Merkurius „Geist" nennen, so ist dies in Hinblick auf den Gegensatz zu verstehen, der zwischen der „Flüchtigkeit" seiner Natur und jener der festen und unbeweglichen Körper besteht. In diesem Sinne sind sowohl Merkurius als auch Sulphur „geistig". Andererseits entspricht Merkurius als „Substanz" der inneren oder seelischen Gestalt des Körpers, dem Lebens-Geist, dem zwischen Seele und Körper ein Mittelndes zukommt.

Nach Galenus ist der Lebens-Geist eine im Kosmos verbreitete Substanz von großer Feinheit, und durch einen Vorgang, der dem des Atmens analog ist, wird sie dem Herzen angeglichen und verwandelt sich in animalisches

Leben. Es ist offensichtlich, daß hier eine Entsprechung zur indischen Auffassung von *prâna* vorliegt, dem „Lebensatem“ der Hindus, deren Atemübungen im *laya-yoga* mit der alchemistischen Verwendung des „universalen Lösungsmittels“ genau übereinstimmen.
So wie das Ein- und Ausatmen eine rhythmische Verbindung zwischen dem natürlichen Organismus und dem ihn umgebenden Kosmos darstellt – eine Verbindung, die die zunehmende Verhärtung der Körper zu zerbrechen sucht –, so hält auch die parallel verlaufende innere Angleichung des Lebensatems den Zusammenhang zwischen seelischer Körpergestalt und kosmischer Substanz aufrecht.
Bruder Marcanton schreibt hierzu: „Nicht daß ich nicht wüßte, daß euer Merkurius nichts anderes als lebendiger Geist ist, der, universal und eingeboren, in der Gestalt von Dampf ohne Unterlaß vom Himmel zur Erde niedersteigt, um ihren porigen Leib zu füllen, und der dann unter den unreinen Schwefeln zur Welt kommt; und während er heranwächst, geht seine ‚flüchtige‘ Natur in eine feste über, wobei er sich selbst die Gestalt eines ‚feuchten Grundstoffes‘ gibt.“[2]
Der „porige Leib“ entspricht hier dem menschlichen Körper, und die unreinen Schwefel sind nichts anderes als grobsinnliche Körper, die gewissermaßen ihren Sulphur in sich einschließen, welcher ihr formgebendes Prinzip ist. Indem Merkur sich mit der seelischen Gestalt des Körpers verbindet, verfestigt er sich sozusagen und bildet zugleich sein „feuchtes Radikal“, seine *hyle* oder plastische Substanz.
Bei der Betrachtung des gewöhnlichen Quecksilbers fällt auf, daß es unter den in Antike und Mittelalter bekannten Metallen das einzige ist, das in der Regel als flüssig erscheint und das unter der Einwirkung des handwerklichen Feuers verdampft; es ist also zugleich Körper und Geist. Mit seiner Hilfe können Gold und Silber verflüssigt werden, und in der Metallurgie dient es auch dazu, edles Metall aus seiner Vermischung mit den unedlen und unlöslichen Mineralien herauszuziehen. Wird das Gemisch ins Feuer gehalten, dann wird das Quecksilber verdrängt und das Gold bloßgelegt.
In der gleichen Weise, wie das gewöhnliche Quecksilber eine Verbindung mit dem Gold eingeht, enthält der seelische Merkurius den Keim des geistigen Goldes. Der Lebensatem, seiner Natur nach feucht wie die weibliche kosmische Energie – die *Shakti* in der Lehre der Hindus –, ist Träger des feurigen Lebensprinzips. Von seinem universalen Urbild her entspricht Merkurius *Prakriti,* dem Urozean in der Mythologie der Hindus, der das goldene Weltenei, das *Hiranyagharba,* in sich birgt.
Dieses universale Urbild des Merkurius hat einen mütterlichen Anblick, genauer: er ist selbst der mütterliche Anblick oder die mütterliche Macht der *materia* der seelischen Welt. Aus diesem Grunde bezeichnen ihn die Alchemisten zuweilen als „Menstruum“ und meinen damit das Blut der Gebärmutter, das den Embryo ernährt, solange es sich nicht nach außen ergießt, wo es verdorben wird; Merkurius nährt in der Tat den geistigen Keim, der im hermetischen Gefäß eingeschlossen ist.

Durch das körperliche Bewußtsein hindurch und hinter ihm verschlossen, im Innersten des Inneren findet der Alchemist diese kosmische Substanz, Merkurius. Er trachtet danach, sie zu gewinnen, und vertraut hierbei auf eine körperliche Wirkkraft wie die des Atmens, wodurch alle der Alchemie verwandten geistigen Künste gekennzeichnet sind. Die naturgegebene Art und Weise des körperlichen Bewußtseins bildet den Ausgangspunkt einer Bewegung, die es durch seine eigenen Hüllen hindurch zu jener universalen Wirklichkeit aufsteigen läßt, von der diese Art und Weise Spiegelung und Widerhall ist.

Eine solche Integration kann sich jedoch nicht ohne irgendeine Art von Gnade vollziehen. Das setzt einen heiligen Rahmen wie auch eine Haltung voraus, die jegliche Art eines prometheischen oder ichverhafteten Wagnisses ausschließt. Den verschiedenen Ebenen entsprechend, auf denen sich Merkurius kundtut, erscheint er zugleich als der subtile „Atem", der den Körper beseelt, und als flüchtige Substanz der Seele, als lunare Kraft, als *materia* der ganzen seelischen Welt und schließlich als *materia prima*. Ebenso wie jene universale Kraft, welche die Hindus *Shakti* nennen, nicht nur einen mütterlichen Anblick darstellt, sondern auch einen furchtbaren und vernichtenden, so ist Merkurius „Wasser des Lebens" und „tödliches Gift" in einem, das heißt, seine „feuchte" Natur ist je nach den Umständen Zeugung und Auflösung.

„Lasset doch das Gemischte, und nehmet das Einfache", schreibt Synesios, „denn es ist die Quintessenz von jenem. Bedenket, daß wir zwei sehr vollkommene Körper (Gold und Silber, Geist und Seele, Herz und Gehirn) haben, die beide mit Quecksilber angefüllt sind, ziehet daraus unser Quecksilber hervor, denn aus ihm werdet ihr die Medizin machen, die man Quintessenz nennt, weil sie eine dauernde und immer siegreiche Macht besitzt. Sie ist ein lebendiges Licht, das jede Seele, die es einmal gesehen hat, erleuchtet. Sie ist der Knoten und das Band aller Elemente, die in ihr enthalten sind, gleich wie sie auch der Geist ist, der alle Dinge ernährt und belebt und durch welchen die Natur im Weltall wirkt. Sie ist die Kraft, der Anfang, die Mitte und das Ende des Werkes. Und um dir alles in wenigen Worten zu sagen, wisse, mein Sohn, daß die Quintessenz und das verborgene Ding unseres Steines nichts anderes ist als unsere klebrige (das heißt allem anhaftende), himmlische und ruhmreiche Seele, die wir durch unser magisterium aus ihrem Erzlager (dem Leibe oder dem Menschen), das sie allein hervorbringt, herausziehen, und daß es nicht in unser Macht steht, dieses Wasser durch irgendeine Kunst herzustellen, da allein die Natur es erzeugen kann. Dieses Wasser ist auch der sehr scharfe Essig, der aus dem Körper des Goldes einen reinen Geist macht. Ich rate dir, mein Sohn, all die anderen Dinge für nichts zu achten, denn sie sind eitel, außer diesem Wasser, das brennt, bleicht, löst und gefrieren macht. Es allein macht Faulen und läßt Keimen."[3]

Obgleich Merkurius geradeso wie die universale Substanz im Grunde alle natürlichen Qualitäten enthält – oftmals wird er auch als androgyn dargestellt –, unterscheidet er sich in bezug auf Sulphur insofern, als er kalt und feucht erscheint, während Sulphur heiß und trocken ist. Es ist hier daran zu erinnern, daß Hitze und Trockenheit, welche die beiden männlichen Qualitäten darstellen, der Ausdehnung und Verhärtung entsprechen und daß die beiden weiblichen Qualitäten, Feuchtigkeit und Kälte, Lösung und Zusammenziehung bedeuten. Mittelbar und dynamisch ahmt Sulphur in gewisser Weise das formgebende Prinzip nach, das die Gestalten ausformt und sie auf eine bestimmte Existenzebene festlegt. Lösung und Zusammenziehung hingegen, die von Merkurius herrühren, drücken die Empfänglichkeit des plastischen oder weiblichen Prinzips aus und seine Fähigkeit, alle Gestalten zu umfassen, ohne durch sie gebunden zu sein; dazu kommt sein abgrenzendes oder trennendes Tun, das ein Anblick der *materia* ist. In der handwerklichen Ordnung zeigt sich die Entsprechung von Sulphur und formgebendem Prinzip in der Freiwerdung des Sulphurs selbst: die Einung von gewöhnlichem Schwefel und Quecksilber erzeugt den Zinnober, und in ihm ist das flüssige Quecksilber durch den Schwefel verfestigt und gefärbt. In der metallurgischen Symbolik entspricht die Farbe der Qualität, das heißt der Form, in der überlieferten Bedeutung dieses Begriffs.

Es muß jedoch darauf hingewiesen werden, daß der Zinnober nur ein unvollkommenes Erzeugnis der beteiligten Prinzipien ist, ebenso wie gewöhnlicher Schwefel und Quecksilber nicht identisch sind mit den beiden alchemistischen Prinzipien, welche sie symbolisieren.

In der ersten Phase des Werkes widersetzt sich das Verfestigen oder Gerinnen des Sulphur der Befreiung des Merkurius, und in gleicher Weise hebt das Zusammenziehen des Merkurius die Wirkung des Sulphur auf. In dem Maße, wie Merkurius wächst und die unvollkommene Gerinnung auflöst, welche das „unedle Metall“ ist, kommt die sich ausbreitende Hitze Sulphurs ihrerseits ins Spiel. Zu Beginn arbeitet Merkurius gegen die verfestigende Kraft Sulphurs, um dann in ihr die zeugende Kraft zu erwecken, die die wahre Gestalt des Goldes offenbar werden läßt. Dies entspricht dem Liebesstreit zwischen Mann und Frau, denn die weibliche Faszination löst die „Verhärtung“ der männlichen Natur und weckt ihre Kraft. Es möge hier genügen, darauf hinzuweisen, daß diese Faszination, der geistig ein bestimmtes Ziel gegeben ist, eine bestimmte Rolle in den tantrischen Methoden spielt.

In der „Chymischen Hochzeit des Christian Rosenkreutz“ von Johann Valentin Andreae wird folgendes Gleichnis erzählt: „Ein schönes Einhorn, weiß wie Schnee, das ein goldenes Halsband trägt, nähert sich einem Brunnen und kniet die Vorderbeine beugend nieder, als wolle es den Löwen ehren, der auf dem Brunnen steht. Dieser Löwe, der zuerst wegen seiner Unbeweglichkeit aus Stein oder Erz zu sein schien, ergreift sogleich ein blankes Schwert, das er unter seinen Pranken hielt, und bricht es entzwei; die beiden Stücke fallen in den Brunnen. Dann hört er nicht auf zu brüllen, bis eine weiße Taube mit einem Ölzweig auf ihn zufliegt; sie gibt ihm den Ölzweig; der Löwe verschlingt ihn und schweigt. Das Einhorn kehrt mit einigen freudigen Sprüngen an seinen Platz zurück.“ – Das schneeweiße

Einhorn, ein Mondtier, ist das Quecksilber in seinem reinen Zustand. Der Löwe ist der Schwefel, der zuerst, als wesentliche Form des Leibes, wie eine Statue erstarrt scheint. Durch die Huldigung des Quecksilbers wird er geweckt und beginnt zu brüllen; seine Stimme ist seine schöpferische Kraft: Der „Physiologus", ein spätantikes Buch, berichtet, daß der Löwe seine totgeborenen Jungen durch seine Stimme zum Leben erweckt. Er zerbricht das Schwert des Verstandes, und dessen Stücke fallen in den Brunnen, wo sie sich auflösen. Der Löwe schweigt erst wieder, nachdem ihm die Taube des Heiligen Geistes den Ölzweig der göttlichen Erkenntnis zu essen gab. – Dies scheint der Sinn des Gleichnisses zu sein, das sicher nicht von Johann Valentin Andreae selbst erfunden worden ist.

Unter bestimmten Bedingungen ist der gefesselte Sulphur die Vernunft, die das Gold des Geistes in unfruchtbarem Zustand enthält. Dieses Gold muß erst im Quellwasser des Merkurius gelöst werden, damit es zu jenem lebendigen „Ferment" wird, das andere Metalle in Gold zu wandeln vermag.

Die erste Tat Merkurius' besteht darin, den Körper zu „bleichen". Artephius schreibt: „Das ganze Geheimnis ... besteht darin, daß wir es verstehen, aus dem Körper der Magnesia das nicht brennende Quecksilber herauszuziehen ... das heißt, man muß ein lebendiges, unverbrennbares Wasser daraus hervorziehen und es dann mit dem vollkommenen Körper der Sonne, die sich in diesem Wasser auflöst, zu einem weißen, sahnegleichen Stoffe gerinnen lassen, bis alles weiß geworden ist. Zuerst aber wird die Sonne durch die Fäulnis (putrefactio) und die Auflösung (resolutio), die sie in diesem Wasser erleidet, ihren Glanz verlieren, erlöschen und schwarz werden, sodann wird sie sich über das Wasser erheben, und allmählich wird weiße Farbe und weißer Stoff an ihrer Oberfläche erscheinen; dies heißt man roten Messing bleichen, ihn auf philosophische Weise läutern und ihn in seinen ursprünglichen Stoff zurückführen, das heißt in weißen, unverbrennbaren Schwefel und festes Quecksilber; wenn nun das Feuchte vollendet ist, das heißt das Gold, unser Körper, immer wieder diese Verflüssigung in unserem lösenden Wasser erduldet hat, wird es sich wandeln und wieder zu Schwefel und Quecksilber werden; und solchermaßen entspringt das Leben des vollkommenen Sonnenkörpers diesem Wasser und wird belebt und vergeistigt, wird wachsen und sich in seiner Art vervielfachen, wie alle andern Dinge ..."

Die Sonne, von der Artephius spricht und die im merkurischen Quellwasser sterben und sich auflösen muß, bevor sie wiedergeboren wird, ist nichts anderes als das dem Körper eingebundene Bewußtsein, gewissermaßen das körperliche Ich, das nur im verborgenen Zustand Gold oder Sonne ist. Oftmals bezeichnen die Alchemisten das als Sonne oder Gold, was nur dem Keime nach gold- oder sonnenhaft ist.

Das Bleichen des Körpers, das auf das Schwarzwerden folgt, wird manchmal als Auflösung des Körpers im merkurischen Quellwasser beschrieben und manchmal als Trennung der Seele vom Körper. Deshalb bewirkt die

Rückführung des körperlichen Bewußtseins in seinen seelischen Stoff, daß die Seele sich von den Sinnesorganen zurückzieht und sie sich sozusagen in einen Raum ausbreitet, der innerlich ist und zugleich grenzenlos. „Es steigt von der Erde zum Himmel empor" – heißt es in der Tabula Smaragdina – „und vom Himmel wieder zur Erde herab und nimmt so die Kraft des Oberen und des Unteren in sich auf." Im gleichen Sinne spricht man von einer Läuterung, der neue Gerinnung folgen muß.

Ist das innere Bewußtsein in dieser Weise in seinen ursprünglichen Stoff zurückgeführt, ähnlich dem Mond und dem Silber, offenbart sich Sulphur in seiner wahren Natur, die eine Kraft ist, welche von der geheimnisvollen Mitte des Seins ausfließt, vom göttlichen Wesen selbst. Das Brüllen des Sonnen-Löwen ist wie ein tönendes Licht oder wie ein leuchtender Ton. Sulphur festigt die flüchtige Substanz des Merkurius, indem er ihm eine neue Gestalt gibt, die zugleich Körper und Geist ist.

Artephius schreibt: „... Die Naturen verändern sich gegenseitig, denn der Körper verleibt sich den Geist ein, und dieser verwandelt den Körper in einen gefärbten (qualitativen) und weißen (reinen) Geist... koche ihn (nämlich den Körper) in unserem weißen Wasser, das heißt in Quecksilber, bis daß er sich in Schwärze aufgelöst hat; durch langes Kochen wird er damit die Schwärze verlieren, und am Ende wird der aufgelöste Körper mit der weißen Seele emporsteigen, eines wird sich mit dem anderen vermischen, und sie werden sich in solcher Weise umarmen, daß sie nie mehr voneinander getrennt werden können. Dann aber wird sich der Geist in wahrem Einklang mit dem Körper vereinigen, so daß sie zusammen ein unveränderliches Ding werden. Das ist die Auflösung des Körpers und die Verfestigung des Geistes, die beide ein und dasselbe Werk darstellen."

Fast alle Alchemisten sprechen nur vom Sulphur und Merkurius als den Naturen, die das Gold begründen; andere, wie Basilius Valentinus, nennen noch Sal (Salz). In der werklichen Ordnung ist Schwefel die Ursache der Verbrennung und Merkurius die Ursache für die Verdunstung, während das Salz die Asche bedeutet. Wenn Sulphur und Merkurius „geistig" sind, dann ist das Salz der Körper oder, genauer, das Prinzip der Körperlichkeit. In einem gewissen Sinn entsprechen Sulphur, Merkurius und Sal dem Geist (dem geistigen Wesen), der Seele und dem menschlichen Körper oder auch der unsterblichen Seele, dem Lebensgeist und dem Körper.

Wenn die Unterscheidung zwischen diesen drei Naturen nicht immer klar in den Beschreibungen des alchemistischen Werkes zum Ausdruck kommt, dann liegt das an dem Umstand, daß sie nicht als solche betrachtet worden sind, sondern allein in ihrer Wirkung auf der kosmischen Ebene oder, genauer, auf der subtilen oder seelischen Ebene, wo sich ihre Kräfte in tausendfacher Weise ineinander verschlingen. Wegen der Vielschichtigkeit, die in diesem Bereich waltet, sind die „ältesten" Beschreibungen des Werks die genauesten, denn sie beziehen jedes Ding in ihre Symbolik ein; man erinnere sich der Worte in der Tabula Smaragdina: Schwefel, die Macht

der Sonne, und Merkurius, die Macht des Mondes, sind „Vater und Mutter“ des alchemistischen Keimlings; der „Wind“, der nichts anderes ist als der Lebensatem, die zweite Natur des Merkurius, „hat sie in seinem Leib getragen“; die „Erde“, das heißt der Körper, ist ihre „Nährmutter“ …
Wenn der Körper oder, genauer, das körperliche Bewußtsein von aller leidenschaftlichen „Feuchtigkeit“ gereinigt ist – und in dieser Beziehung entspricht es der „Asche“ –, dient es dazu, den „flüchtigen“ Geist zurückzuhalten, anders gesagt: es wird zum „Fixativum“ geistiger Zustände, die das Denkvermögen nicht festzuhalten weiß. Und das ist so, weil nach der Formulierung der Tabula Smaragdina der Körper das „Untere“ ist, das dem „Oberen“ entspricht.

Der geistige Zustand, der sich auf den Körper „stützt“, hat indessen kein gemeinsames Maß mit ihm; dies ist wie eine umgekehrte Pyramide von unbegrenzter Ausdehnung, die sich mit ihrer Spitze auf die Erde stützt; es bedarf keiner Worte, daß dieses Bild, das den Eindruck der Unsicherheit erweckt, nur in seinem räumlichen Bezug gilt.

Im Bereich heiliger Kunst ist das menschliche Bild, welches die „Vergeistigung des Körpers und die Verkörperung des Geistes“ am unmittelbarsten zum Ausdruck bringt, jenes des Buddha: die Entsprechung zur Symbolik der Alchemie ist um so eindrucksvoller, als dieses Bild Eigenschaften der Sonne einschließt – nämlich Heiligenschein oder Strahlen – und oft vergoldet ist. Hierbei sind vor allem die mahayanischen Buddha-Statuen gemeint, von denen die schönsten in der plastischen Qualität ihrer äußeren Erscheinung jene Fülle unbeweglicher Tiefe ausdrücken, die dem Körper innewohnt, aber nicht eingeschlossen ist in ihn.

Basilius Valentinus vergleicht das Ergebnis der Verbindung von Geist und Leib den „verklärten Leibern“ der Auferstandenen. Morienus sagt: „Wer es versteht, die Seele zu reinigen und zu bleichen und sie nach oben steigen zu lassen, den Körper aber wohl bewahrt und von aller Finsternis, Schwärze und üblem Geruch befreit hat … der wird alsdann die Seele in ihren Leib zurückbringen können, und zur Stunde ihrer Wiedervereinigung werden sich große Wunder kundgeben …“[4] Und Rhases schreibt: „… daher vereinigt sich jede Seele wieder mit ihrem ersten Leib; und sie kann sich in keinem Falle mit einem anderen vereinen, und von daher werden sie niemals wieder voneinander lassen; und dann wird der Körper verklärt sein und wird zurückgeführt zur Unschuld und wird von unbeschreiblicher Feinheit und Licht sein, so daß er imstande ist, alle Dinge zu durchdringen, wie fest sie auch sein mögen, denn seine Natur wird jene des Geistes sein …“[5]

Aus dem Französischen übersetzt von Margret Pietsch

Anmerkungen

[1] Vgl. „De la Grande Pierre des Anciens Sages“. In: Les Douze Clefs de la Philosophie. Paris 1956.
[2] La Lumière sortant par soi-même des Ténêbres. Paris 1687.
[3] Synesios ist ein griechischer Alchemist. Möglicherweise ist er identisch mit dem Bischof Synesois von Kyrene (379–415), einem Schüler der Hypatia, der in Alexandria wirkenden Neuplatonikerin. Vgl. Bibliothèque des Philosophes Chimiques. Paris 1742.
[4] Der Dialog König Khalids mit dem Eremiten Morienus ist vermutlich der erste alchemistische Text, der aus dem Arabischen ins Lateinische übertragen wurde.
[5] „Rhases“ ist zweifellos die griechisch-lateinische Form des arabischen „Razi“. Der vollständige Name lautet Abu Bekr ar-Razi (826–925). Vgl. Bibliothèque des Philosophes Chimiques. Paris 1742.

Weiterführende Literatur

zum Thema Esoterik

Abelson, J.: Il misticismo ebraico. La Kabbala. Traduzione di Vittorino Vezzani. Torino 1929, VII, 165 S.

Albert, Karl, Alois Haas, Dietmar Mieth u.a.: Meister Eckhart heute. Hrsg. von Wolfgang Böhme. Evangelische Akademie Baden, Karlsruhe 1980, 110 S. (Herrenalber Texte 20).

Andreae, Johann Valentin: Fama fraternitatis (1614). – Confessio fraternitatis (1615). – Chymische Hochzeit: Christiani Rosencreutz. Anno 1459 (1616). Calwer Verlag, Stuttgart 1973, 124 S.

Andreae, Johann Valentin: Christianopolis. Hrsg. von Wolfgang Biesterfeld. Reclam, Stuttgart 1975, 167 S. (Universal-Bibliothek 9786/2).

Anrich, Gustav: Das antike Mysterienwesen in seinem Einfluß auf das Christentum. Vandenhoeck & Ruprecht, Göttingen 1894, VIII, 237 S.

Arnold, Paul: Esoterik im Werke Shakespeares. Henssel, Berlin 1958, 268 S.

Arnold, Paul: Esotérisme de Baudelaire. Vrin, Paris 1972, 192 S.

Baader, Franz von: Sämtliche Werke. Hrsg. von Franz Hoffmann, Julius Hamberger u.a. Scientia, Aalen 1963, 16 Bde. (Unveränderter Neudruck der Ausgabe Leipzig 1851–1860).

Ball, Hugo: Byzantinisches Christentum. Duncker & Humblot, München – Leipzig 1923, 291 S.

Bardon, Franz: Der Schlüssel zur wahren Quabbalah. Der Quabbalist als vollkommener Herrscher im Mikro- und Makrokosmos. H. Bauer, Freiburg i. Br. 1957, 394 S.

Bazala, Albert: Vom Sinn der Mystik im Leben des Menschen. In: Zeitschrift für Ganzheitsforschung, N.F. Jg. 22, H. 3 (Wien 1978), S. 131–141.

Béky, Gellért: Die Welt des Tao. Alber, Freiburg i. Br. 1972, 256 S.
Beltz, Walter: Die Mythen des Koran. Der Schlüssel zum Islam. Claassen, Düsseldorf 1980, 320 S.
Benz, Ernst: Adam. Der Mythus vom Urmenschen. Otto Wilhelm Barth Verlag, München – Planegg 1955, 328 S.
Benz, Ernst: Die christliche Kabbala. Ein Stiefkind der Theologie. Rhein-Verlag, Zürich 1958, 63 S., 1 Taf. (Albae Vigiliae, N.F. 18).
Benz, Ernst: Zen in westlicher Sicht. Zen-Buddhismus – Zen-Snobismus. Otto Wilhelm Barth Verlag, Weilheim 1962, 107 S.
Bernhart, Joseph: Die philosophische Mystik des Mittelalters von ihren antiken Ursprüngen bis zur Renaissance. Wissenschaftliche Buchgesellschaft, Darmstadt 1980, 291 S.
Bernus, Alexander von: Das Geheimnis der Adepten. Aufschlüsse über das Magisterium der Alchymie, die Bereitung der großen Arkana und den Weg zum Lapis Philosophorum. Osiris-Verlag, Sersheim 1956.
Bernus, Alexander von: Alchymie und Heilkunst. Verlag Hans Carl, Nürnberg ³1966, 244 S.
Beyschlag, Karlmann: Die verborgene Überlieferung von Christus. Siebenstern Taschenbuch Verlag, München – Hamburg 1969, 192 S. (Siebenstern-Taschenbuch 136).
Bharati, Agehananda: Die Tantra-Tradition. Mit einem Vorwort von Detlef-I. Lauf. Aurum Verlag, Freiburg i. Br. 1977, 328 S.
Bischoff, Erich: Das Blut in jüdischem Schrifttum und Brauch. Beust, Leipzig 1929, 133 S.
Bischof, Erich: Die Kabbalah. Einführung in die jüdische Mystik und Geheimwissenschaft. Leipzig ⁴o.J. (ca. 1930), VIII, 152 S.
Blau, Joseph Leon: The Christian Interpretation of the Cabala. Cabala in the Renaissance. Diss. phil. Columbia University. New York 1944, 167 S.
Bloch, Leo: Der Kult und die Mysterien von Eleusis. Hamburg 1896 (Sammlung gemeinverständlicher wissenschaftlicher Vorträge, N.F. Ser. 11, H. 257).
Blofeld, John: Der Weg zur Macht. Praktischer Führer zur tantrischen Mystik Tibets. Otto Wilhelm Barth Verlag, Weilheim 1970, 280 S.
Blofeld, John: Das Geheime und Erhabene. Mysterien und Magie des Taoismus. Otto Wilhelm Barth Verlag, Scherz Verlag, Bern – München – Wien 1974, 269 S.
Böhme, Jakob: Sämtliche Schriften. Faksimile-Neudruck der Ausgabe von 1730. Hrsg. von Will-Erich Peuckert. 11 Bde. Frommann-Holzboog, Stuttgart 1955–1961.
Böhme, Jakob: Die Urschriften. Im Auftrag der Akademie der Wissenschaften zu Göttingen hrsg. von Werner Buddecke. 2 Bde. Frommann-Holzboog, Stuttgart 1963–1966.
Böhme, Jakob: Christosophia. Ein christlicher Einweihungsweg. Hrsg. von Gerhard Wehr. Aurum Verlag, Freiburg i. Br. 1975, 217 S.

Böhme, Jakob: Aurora oder Morgenröte im Aufgang. Hrsg. und kommentiert von Gerhard Wehr. Aurum Verlag, Freiburg i. Br. 1977, 410 S.
Böhme, Jakob: Von der Gnadenwahl oder Von dem Willen Gottes über die Menschen. Hrsg. und kommentiert von Gerhard Wehr. Aurum Verlag, Freiburg i. Br. 1978, 224 S.
Bousset, Wilhelm: Hauptprobleme der Gnosis. Vandenhoeck & Ruprecht, Göttingen 1907 (Forschungen zur Religion und Literatur des Alten und Neuen Testaments 10).
Bracken, Ernst von: Die Wirkung Meister Eckarts einst und jetzt. Anton Hain, Meisenheim 1971, 280 S.
Bremond, Henri: Falsche und echte Mystik. Pustet, Regensburg 1955, 248 S.
Buber, Martin: Die Erzählungen der Chassidim. Manesse, Zürich 1949, 846 S.
Buber, Martin: Die chassidische Botschaft. Lambert Schneider, Heidelberg 1952, 217 S.
Buber, Martin: Schriften zum Chassidismus. Kösel, Lambert Schneider, München – Heidelberg 1963, 1271 S. (Werke 3).
Bubnoff, Nicolai von (Hrsg.): Das dunkle Antlitz. Russische Religionsphilosophen. Bd. 1. Hegner, Köln 1966, 230 S.
Buonaiuti, Ernesto: Die exkommunizierte Kirche. Hrsg. und eingeleitet von Ernst Benz. Rhein-Verlag, Zürich 1966, 284 S.
Burckhardt, Titus: Vom Wesen heiliger Kunst in den Weltreligionen. Origo-Verlag, Zürich 1955, 200 S., mit Abb.
Burckhardt, Titus: Alchemie. Sinn und Weltbild. Walter, Olten – Freiburg i. Br. 1960, 230 S., mit Abb.
Burckhardt, Titus: Die maurische Kultur in Spanien. Callwey-Verlag, München 1980, 280 S., 226 Abb.
Capra, Fritjof: Der kosmische Reigen. Physik und östliche Mystik – ein zeitgemäßes Weltbild. Otto Wilhelm Barth Verlag, Scherz Verlag, Bern – München – Wien 1977, 320 S.
Casel, Odo: Vom heiligen Schweigen. In: Benediktinische Monatsschrift (1912), S. 417 ff.
Casel, Odo: Das christliche Kult-Mysterium. Pustet, Regensburg 1935, 173 S. (^{4}1960, 243 S.).
Casel, Odo: Mysterium der Ekklesia. Von der Gemeinschaft aller Erlösten in Jesus Christus. Aus Schriften und Vorträgen. Grünewald, Mainz 1961, 427 S.
Charpentier, John: Die Templer. Klett, Stuttgart 1965, 220 S.
Chung-Yuan Chang: Tao and the Sympathy of All Things. In: Eranos-Jahrbuch 24 (1955). Rhein-Verlag, Zürich 1956, S. 407–432.
Cognet, Louis: Gottes Geburt in der Seele. Einführung in die Deutsche Mystik. Geleitwort von Alois M. Haas. Herder, Freiburg i. Br. – Basel – Wien 1980, 286 S.
Colegrave, Sukie: Yin und Yang. Otto Wilhelm Barth Verlag, Scherz Verlag, Bern – München 1980, 255 S.

Congar, Yves M.J.: Das Mysterium des Tempels. Otto Müller, Salzburg 1960, 363 S.

Coomaraswamy, Ananda K.: Selected Papers. Ed. by Roger Lipsey. Princeton University Press, Princeton, N.J., 1977, 3 Bde.

Cooper, J. C.: Der Weg des Tao. Eine Einführung in die älteste chinesische Weisheitslehre. Otto Wilhelm Barth Verlag, Scherz Verlag, Bern – München – Wien 1977, 175 S.

Corbin, Henri: Le récit d'initiation et l'hermétisme en Iran. In: Eranos-Jahrbuch 17 (1949). Rhein-Verlag, Zürich 1950, S. 121ff.

Corbin, Henri, Louis Massignon, Paul Radin u.a.: Mensch und Ritus. Eranos-Jahrbuch 19 (1950). Rhein-Verlag, Zürich 1951, 488 S.

Corbin, Henri: La Configuration du Temple de la Ka^cba comme Secret de la Vie spirituelle. In: Eranos-Jahrbuch 34 (1965). Rhein-Verlag, Zürich 1966, S. 79–166.

Corbin, Henri: Face de Dieu et face de l'homme. In: Eranos-Jahrbuch 36 (1967). Rhein-Verlag, Zürich 1968, S. 165–228.

Corbin, Henri: L'homme de lumière dans le soufisme Iranien. Edition Présence, Paris 1971, 231 S.

Corbin, Henri: L'imagination créatrice dans le soufisme d'Ibn 'Arabi. Flammarion, Paris 1976, 328 S., 3 Taf.

Cumont, Franz: Die Mysterien des Mithra. Teubner, Leipzig – Berlin ^{3}1923, XV, 248 S.

Dacque, Edgar: Urwelt, Sage und Menschheit. R. Oldenbourg, München ^{2}1927, 200 S.

Dacque, Edgar: Natur und Erlösung. R. Oldenbourg, München – Berlin – Zürich 1933, 145 S.

Dacque, Edgar: Das verlorene Paradies. Zur Seelengeschichte des Menschen. R. Oldenbourg, München ^{4}1953, 360 S.

Dargay, Eva K. (Hrsg.): Das Tibetische Buch der Toten. Eingeleitet von Lama Anagarika Govinda. Otto Wilhelm Barth Verlag, Scherz Verlag, Bern – München – Wien 1977, 216 S.

Daumer, Georg Friedrich: Die Geheimnisse des christlichen Altertums. 2 Bde, Hamburg 1847, 588 S. (Nachdruck: Minerva, Frankfurt a. M.).

Dessoir, Max: Vom Jenseits der Seele. Die Geheimwissenschaften in kritischer Betrachtung. Enke, Stuttgart ^{6}1979, XIV, 562 S. mit Abb.

Dionysios Areopagita: Mystische Theologie und andere Schriften. Mit einer Probe aus der Theologie des Proklus. Otto Wilhelm Barth Verlag, München – Planegg 1956, 256 S.

Der Dom. 13 Bde, Insel Verlag, Leipzig 1919–1927, insges. 4742 S. (Die Sammlung umfaßt Schriften von Franz von Baader, Jakob Böhme, Meister Eckhart, Paracelsus, Jan van Ruisbroek u.a.).

Dumoulin, Heinrich: Zen. Geschichte und Gestalt. Francke, Bern 1959, 332 S., 16 Taf. (Sammlung Dalp 87).

Dumoulin, Heinrich: Östliche Meditation und christliche Mystik. Alber, Freiburg i. Br. 1966, 340 S.

Dumoulin, Heinrich: Der Erleuchtungsweg des Zen im Buddhismus. Fischer, Frankfurt a.M. 1976, 191 S. (Fischer Taschenbuch 1667).

Du Prel, Carl Freiherr von: Die Mystik der alten Griechen. Günther, Leipzig 1888, VII, 170 S.

Du Prel, Carl Freiherr von: Das Rätsel des Menschen. Einleitung in das Studium der Geheimwissenschaften. Reclam, Leipzig 1892, 103 S., 1 Taf. (Universal-Bibliothek 2978).

Eberz, Otfried: Sophia-Logos und der Widersacher. Eine geschichtsphilosophische These. Sophia-Verlag, München-Solln 1959, 208 S.

Eberz, Otfried: Sophia und Logos oder die Philosophie der Wiederherstellung. Hrsg. von Lucia Eberz. Rombach Verlag, Freiburg i. Br. 1976, 616 S., 12 Bildtaf.

Eckartshausen, Karl von: Über die Zauberkräfte der Natur. Mit einer Einführung von Antoine Faivre. Aurum Verlag, Freiburg i. Br. 1978, XXVIII, 104 S. (Erstausgabe: München 1819).

Eckartshausen, Karl von: Über die wichtigsten Mysterien der Religion. Mit einer Einführung von Antoine Faivre. Aurum Verlag, Freiburg i. Br. 1978, XXX, 144 S. (Erstausgabe: München 1823).

Eckhart, Meister: Die deutschen und lateinischen Werke. Kohlhammer, Stuttgart 1940ff.

Eckhart, Meister: Deutsche Predigten und Traktate. Hrsg. von Josef Quint. Hanser, München 1955, 547 S.

Eitrem, Sam: Orakel und Mysterien am Ausgang der Antike. Rhein-Verlag, Zürich o.J., 96 S., 2 Taf. (Albae Vigiliae, N.F. 5).

Eliade, Mircea: Die Religionen und das Heilige. Otto Müller, Salzburg 1954, 600 S.

Eliade, Mircea: Ewige Bilder und Sinnbilder. Deutsch von Theodor Sapper. Walter, Olten – Freiburg i. Br. 1958, 263 S.

Eliade, Mircea: Schmiede und Alchemisten. Klett, Stuttgart 1960, 249 S. (Neuausgabe: Klett-Cotta, Stuttgart 1980, 221 S.).

Eliade, Mircea: Das Mysterium der Wiedergeburt. Rascher, Zürich – Stuttgart 1961, 264 S.

Eliade, Mircea: Die Sehnsucht nach dem Ursprung. Von den Quellen der Humanität. Europaverlag, Wien 1973, 231 S.

Eliade, Mircea: Yoga. Unsterblichkeit und Freiheit. Insel, Frankfurt a. M. 1977, 515 S.

Eliade, Mircea: Geschichte der religiösen Ideen. Bd. 1: Von der Steinzeit bis zu den Mysterien von Eleusis. Herder, Freiburg i. Br. – Basel – Wien 1978, 433 S.

Eliade, Mircea: Geschichte der religiösen Ideen. Bd. 2: Von Gautama Buddha bis zu den Anfängen des Christentums. Herder, Freiburg i. Br. – Basel – Wien 1979, 464S.

Eltester, Walther (Hrsg.): Christentum und Gnosis. Aufsätze. Walter de Gruyter, Berlin 1969, VIII, 143 S.

Evola, Julius: Erhebung wider die moderne Welt. Deutsche Verlags-Anstalt, Stuttgart 1935, 493 S.

Evola, Julius: Metaphysik des Sexus. Klett, Stuttgart 1962, 515 S.
Evola, Julius: Gli uomini e le rovine (Männer und Ruinen). Volpe, Roma ²1965, 272 S.
Evola, Julius: Cavalcare la tigre. Edizione Scheiwiller, Milano ²1971, 337 S. (vgl. dazu Ines Blahut in: Zeitschrift für Ganzheitsforschung, N.F. Jg. 20, H. 2, Wien 1976, S. 95–109).
Evola, Julius: Vom Abendland-Mythos. In: Mythische Entwürfe. Hrsg. von Philipp Wolff-Windegg. Klett, Stuttgart 1975, S. 91–108.
Evola, Julius: Das Mysterium des Grals. Ansata-Verlag, Schwarzenburg 1978, 280 S.
Faivre, Antoine: L'Esotérisme au XVIIIᵉ siècle en France et en Allemagne. Seghers, Paris 1973, 224 S.
Faivre, Antoine: Mystiques, théosophes et illuminés au siècle des lumières. Olms, Hildesheim 1976, XII, 265 S.
Faivre, Antoine, Rolf Christian Zimmermann: Epochen der Naturmystik. Hermetische Tradition im wissenschaftlichen Fortschritt. E. Schmidt, Berlin 1979, 459 S.
Federmann, Reinhard: Die königliche Kunst. Eine Geschichte der Alchemie. Neff, Wien 1964, 416 S., 18 Bildtaf.
Feild, Reshad: Ich ging den Weg des Derwisch. Das Abenteuer der Selbstfindung. Diederichs Verlag, Düsseldorf – Köln 1978, 198 S.
Fendt, L.: Gnostische Mysterien. München 1922.
Fischer, Heribert: Meister Eckhart. Einführung in sein philosophisches Denken. Alber, Freiburg i. Br. – München 1974, 168 S.
Fraling, Bernhard: Der Mensch vor dem Geheimnis Gottes. Untersuchungen zur geistlichen Lehre des Jan van Ruusbroec. Echter, Würzburg 1967, 272 S. (Studien zur Theologie des geistlichen Lebens 2).
Ghazzali, Ahmad: Gedanken über die Liebe. Aus dem Persischen von Gisela Wendt. Verlag Castrum Peregrini, Amsterdam 1979, 107 S.
Glasenapp, Helmut von: Der Pfad der Erleuchtung. Grundtexte der buddhistischen Heilslehre. Diederichs, Düsseldorf 1956, 215 S.
Glasenapp, Helmut von: Das Indienbild deutscher Denker. Koehler, Stuttgart 1960, X, 241 S.
Die Gnosis. Bd. 1: Zeugnisse der Kirchenväter. Unter Mitwirkung von Ernst Haenchen und Martin Krause eingeleitet, übersetzt und erläutert von Werner Foerster. Artemis, Zürich – Stuttgart 1969, 488 S.
Die Gnosis. Bd. 2: Koptische und mandäische Quellen. Eingeleitet, übersetzt und erläutert von Kartin Krause und Kurt Rudolph. Mit Registern zu Bd. 1 und Bd. 2 versehen und herausgegeben von Werner Foerster. Artemis, Zürich – Stuttgart 1971, 500 S.
Die Gnosis. Bd. 3: Der Manichäismus. Unter Mitwirkung von J. P. Asmussen eingeleitet, übersetzt und erläutert von Alexander Böhlig. Artemis, Zürich – München 1980, 462 S.
Görres, Joseph: Die Christliche Mystik. Akademische Druck- und Verlagsanstalt, Graz 1960, 5 Bde., 3016 S. (Unveränderter Nachdruck der Ausgabe Regensburg 1879/1880).

Goldschmidt, Günther: Von der Polarität in der antiken Alchimie. In: Antaios, Bd. 7 (1965/66), S. 149–165.

Gopi Krishna: Die neue Dimension des Yoga. Otto Wilhelm Barth Verlag, Scherz Verlag, Bern – München – Wien 1975, 240 S.

Graf, Olaf: Tao und Jen. Sein und Sollen im sungchinesischen Monismus. Otto Harrassowitz Verlag, Wiesbaden 1970, XII, 429 S.

Gray, R. D.: Goethe the Alchemist. Cambridge University Press, Cambridge 1952.

Grether, Ewald: Geistige Hierarchien. Der Mensch und die übersinnliche Welt in der Darstellung großer Seher des Abendlandes. Verlag Die Kommenden, Freiburg i. Br. [2]1978, 158 S.

Grunsky, Hans: Jacob Böhme. Frommann, Stuttgart 1956, 348 S.

Gstrein, Heinz: Islamische Sufi-Meditation für Christen. Herder, Freiburg i. Br. 1978, 75 S.

Guénon, René: Die Krisis der Neuzeit. Hegner, Köln 1950, 177 S.

Guénon, René: König der Welt. Übersetzt von Ursula von Mangoldt. Mit einem Vorwort von Leopold Ziegler. Otto Wilhelm Barth Verlag, München – Planegg 1956, 104 S.

Guénon, René: L'ésotérisme de Dante. Gallimard, Paris [4]1957, 74 S. (Tradition 7).

Guénon, René: Errore dello spiritismo. Rusconi Editore, Milano 1974, 398 S.

Haack, Friedrich-Wilhelm: Geheimreligion der Wissenden. Neugnostische Bewegungen. Kreuz-Verlag, Stuttgart 1966, 80 S.

Haardt, Robert: Erlösung durch Erkenntnis. Probleme und Ergebnisse der Gnosis-Forschung. In: Wort und Wahrheit, Jg. 16 (1961), S. 848–852.

Haardt, Robert: Die Gnosis. Wesen und Zeugnisse. Otto Müller, Salzburg 1967, 325 S.

Haase, Rudolf: Geschichte des harmonikalen Pythagoreismus. Verlag Elisabeth Lafite, Wien 1969, 184 S. (Publikationen der Wiener Musikakademie 3).

Haase, Rudolf: Hans Kayser. Ein Leben für die Harmonik der Welt. Schwabe & Co. Verlag, Basel – Stuttgart o. J., 143 S.

Haase, Rudolf: Harmonikale Gesetze in der Natur. In: Zeitschrift für Ganzheitsforschung, N. F. Jg. 14, H. 2 (Wien 1970) S. 81–102.

Haase, Rudolf: Der harmonikale Pythagoreismus und seine verfahrensmäßige Bedeutung in Geschichte und Gegenwart. In: Zeitschrift für Ganzheitsforschung, N. F. Jg. 15, H. 4 (Wien 1971), S. 203–229.

Hardick, Ludwig: Das Unheimliche unter uns. Wien – Leipzig 1934, 192 S.

Harnischfeger, Ernst: Mystik im Barock. Das Weltbild der Teinacher Lehrtafel. Urachhaus, Stuttgart 1980, 228 S., 69 teils farb. Abb.

Hartlaub, G. F.: Giorgiones Geheimnis. Ein kunstgeschichtlicher Beitrag zur Mystik der Renaissance. Allgemeine Verlagsanstalt, München 1925, 86 S., 44 Taf.

Hartlaub, G. F.: Der Stein der Weisen. Wesen und Bildwelt der Alchemie.

München 1959, 52 S., 55 Taf. (Bibliothek des Germanischen National-Museums 12).
Hartmann, Otto Julius: Die Esoterik im Werk Richard Wagners. Verlag Die Kommenden, Freiburg i. Br. 1960, 200 S.
Heilige Überlieferung. Ausschnitte aus der Geschichte des Mönchtums und des heiligen Kultes. Hrsg. von Odo Casel. Aschendorff, Münster 1938, 284 S.
Heinrich, Walter: Über die traditionelle Methode. Stifterbibliothek, Salzburg 1954, 60 S. (Stifterbibliothek 33).
Heinrich, Walter: Schellings Lehre von den Letzten Dingen. Stifterbibliothek, Salzburg 1955, 96 S.
Heinrich, Walter: Verklärung und Erlösung bei Meister Eckhart. Stifterbibliothek, Salzburg – Klosterneuburg 1959, 112 S.
Hello, Ernest: Mensch und Mysterium. Kerle, Heidelberg 1950, 409 S.
Hemleben, Johannes: Rudolf Steiner in Selbstzeugnissen und Bilddokumenten. Rowohlt, Reinbek 1963, 178 S. (Rowohlts Monographien 79).
Herberts, Kurt: Ich suche den Menschen. Vom Geheimnis der Erkenntnis und Liebe. Geistige Führung und Selbsterneuerung. Aurum Verlag, Freiburg i. Br. 1980, 150 S.
Höfler, Otto: Kultische Geheimbünde der Germanen. Diesterweg, Frankfurt a. M. 1934, XIV, 357 S.
Holm, Erik: Esoterik des Interieurs. Das Vermächtnis Vermeers van Delft. In: Antaios. Hrsg. von Mircea Eliade und Ernst Jünger. Bd. 5, H. 1 (Mai 1963), S. 49–63.
Holzhey, Helmut, Walther Ch. Zimmerli (Hrsg.): Esoterik und Exoterik der Philosophie. Beiträge zu Geschichte und Sinn philosophischer Selbstbestimmung. Schwabe, Basel – Stuttgart 1977, 408 S.
Hunke, Sigrid: Europas andere Religion. Die Überwindung der religiösen Krise. Econ, Düsseldorf – Wien 1969, 560 S.
Izutsu, Toshihiko: The Absolute and the Perfect Man in Taoism. In: Eranos-Jahrbuch 36 (1967). Rhein-Verlag, Zürich 1968, S. 379–441.
Jaeckle, Erwin: Die Botschaft der Sternstraßen. Klett, Stuttgart o. J. (1967), 199 S.
Jaeckle, Erwin: Baumeister der unsichtbaren Kirche. Klett, Stuttgart 1977, 148 S.
Jaeger, Werner: Das frühe Christentum und die griechische Bildung. Walter de Gruyter, Berlin 1963, VIII, 127 S.
Johnston, William: Der ruhende Punkt. Zen und christliche Mystik. Herder, Freiburg i. Br. 1974, 224 S.
Jonas, Hans: Zwischen Nichts und Ewigkeit. Drei Aufsätze zur Lehre vom Menschen. Vandenhoeck & Ruprecht, Göttingen 1963, 77 S. (Kleine Vandenhoeck-Reihe 165).
Jonas, Hans: Gnosis und spätantiker Geist. Teil 1: Die mythologische Gnosis. ³1964, 456 S.; Teil 2, 1. Hälfte: Von der Mythologie zur mystischen Philosophie. ²1966, 223 S. Vandenhoeck & Ruprecht, Göttingen.
Jung, Carl Gustav, Karl Kerényi, Max Pulver u. a.: Das hermetische Prinzip

in Mythologie, Gnosis und Alchemie. Eranos-Jahrbuch 9 (1942). Rhein-Verlag, Zürich 1943, 288 S.

Jung, Carl Gustav: Psychologie und Alchemie. Rascher, Zürich 1944, 696 S.

Jung, Carl Gustav, Karl Kerényi: Einführung in das Wesen der Mythologie. Rhein-Verlag, Zürich ⁴1951, 260 S.

Kaltenbrunner, Gerd-Klaus (Hrsg.): Die Suche nach dem anderen Zustand. Wiederkehr der Mystik? Herder, München 1976, 192 S. (INITIATIVE 15).

Kaltenbrunner, Gerd-Klaus: Jakob Böhme. In: Europa. Seine geistigen Quellen in Porträts. Bd. 1. Glock & Lutz, Nürnberg 1981, S. 48–57.

Kaltenbrunner, Gerd-Klaus: Angelus Silesius. In: Europa. Seine geistigen Quellen in Porträts. Bd. 1. Glock & Lutz, Nürnberg 1981, S. 67–72.

Kassner, Rudolf: Sämtliche Werke. Hrsg. von Ernst Zinn. Neske, Pfullingen 1969 ff. (bis 1980 sind vier der auf sechs Bände berechneten Ausgabe erschienen).

Kayser, Hans: Akróasis. Die Lehre von der Harmonik der Welt. Mit einem biographischen Nachwort von Julius Schwabe. Schwabe & Co. Verlag, Basel – Stuttgart ³1976, 181 S.

Kerényi, Karl: Urmensch und Mysterium. In: Eranos-Jahrbuch 15 (1947). Rhein-Verlag, Zürich 1948, S. 41 ff.

Kerényi, Karl: Die Mysterien von Eleusis. Rhein-Verlag, Zürich 1962, 177 S., 48 Taf.

Kessler, Herbert: Sokrates als Esoteriker. Verlag Sokrates, Mannheim 1977, 114 S.

Klages, Ludwig: Vom kosmogonischen Eros. Bouvier, Bonn ⁷1968, 232 S.

Klemens von Alexandria, Titus Flavius: Die Teppiche (Stromateis). Deutscher Text nach der Übersetzung von Franz Overbeck. Hrsg. von Carl Albrecht Bernoulli und Ludwig Früchtel. Schwabe & Co., Basel 1936, VII, 776 S., mit umfangreichem Sachregister und Porträt von Overbeck.

Klossowski de Rola, Stanislas: Alchemie. Die geheime Kunst. Droemer Knaur, München – Zürich 1974, 128 S., 193 Abb.

Koepgen, Georg: Die Gnosis des Christentums. Mit einem Geleitwort von Wilhelm Nyssen und einem Nachwort von Adolf Heuser. Spee-Verlag, Trier ³1978, 371 S. (Occidens 4).

Kopp, Hermann: Die Alchemie in älterer und neuerer Zeit. Heidelberg 1886, XXI, 691 S. (Nachdruck: Olms, Hildesheim 1971).

Koyré, Alexandre: Mystiques, spirituelles, alchimistes. Colin, Paris 1955, X, 116 S.

Koyré, Alexandre: La Philosophie de Jacob Boehme. Vrin, Paris ²1971, XVII, 523 S.

Krings, Hermann: Über Esoterik und Exoterik der Philosophie. In: Wozu Philosophie? Stellungnahmen eines Arbeitskreises. Hrsg. von Hermann Lübbe. Walter de Gruyter, Berlin – New York 1978, S. 148–162.

Krüger, Georg: Die Rosenkreuzer. Berlin 1932, 64 S.

Krüger, Gerhard: Religiöse und profane Welterfahrung. Klostermann, Frankfurt a.M. 1973, 93 S.
Küry, Hans: Hinweis auf Frithjof Schuon. In: Zeitschrift für Ganzheitsforschung, N.F. Jg. 17, H. 3 (Wien 1973), S. 153–159.
Küry, Hans: Zeichen der Zeit. In: Zeitschrift für Ganzheitsforschung, N.F. 18, H. 1 (Wien 1974), S. 3–26.
Küry, Hans: Der König der Welt. In: Zeitschrift für Ganzheitsforschung, N.F. Jg. 23, H. 1 (Wien 1979), S. 29–34.
Küry, Hans: Esoterik. Eine Betrachtung nach Frithjof Schuon. In: Zeitschrift für Ganzheitsforschung, N.F. Jg. 23, H. 4 (Wien 1979), S. 242–247.
Langer, M. D. Georg: Die Erotik in der Kabbala. Prag 1923, 167 S.
Langer, Georg: Liebesmystik der Kabbala. Otto Wilhelm Barth Verlag, München-Planegg 1956, 136 S.
Langer, Georg: Neun Tore. Das Geheimnis der Chassidim. Mit einem Vorwort von G. Scholem. Otto Wilhelm Barth Verlag, Weilheim o. J., 186 S.
Latour, Sophie: Geschichte und Menschwerdung in der Sicht Leopold Zieglers. In: Zeitschrift für Ganzheitsforschung. N.F. Jg. 24, H. 1 (Wien 1980), S. 3–21.
Latour, Sophie: Theosophische und prophetische Überlieferung im Werk Leopold Zieglers. In: Zeitschrift für Ganzheitsforschung, N.F. Jg. 24, H. 2 (Wien 1980), S. 80–89.
Leeuw, Gerardus van der: Vom Heiligen in der Kunst. Bertelsmann, Gütersloh 1957, 358 S.
Leeuw, Gerardus van der: Phänomenologie der Religion. Mohr (Siebeck), Tübingen ^{4}1977, XII, 808 S.
Leisegang, Hans: Die Gnosis. Kröner, Stuttgart ^{3}1941, VIII, 404 S.
Leisegang, Hans, Paul Radin u. a.: Aus der Welt der Urbilder. Studien für C. G. Jung zum 75. Geburtstag, 26. Juli 1950. Eranos-Jahrbuch 18 (1950). Rhein-Verlag, Zürich 1950, 436 S.
Lenglet du Fresnoy, Nicolas: Histoire de la Philosophie Hermétique. Olms, Hildesheim 1975, 3 Bde, XC 1418 S. (Nachdruck der Ausgabe Paris 1742).
Le Saux, Henri: Das Feuer der Weisheit. Otto Wilhelm Barth Verlag, Scherz Verlag, München – Bern 1979, 206 S.
Lévi, Eliphas: Transzendentale Magie. Sphinx Verlag, Basel ^{2}1977, 2 Bde.
Lotz, Johannes B.: Meditation. Der Weg nach innen. Knecht, Frankfurt a.M. 1954, 167 S.
Lotz, Johannes B.: Transzendentale Erfahrung. Herder, Freiburg i. Br. – Basel – Wien 1978, 287 S.
Maass, Fritz-Dieter: Mystik im Gespräch. Materialien zur Mystik-Diskussion in der katholischen und evangelischen Theologie Deutschlands nach dem Ersten Weltkrieg. Echter, Würzburg 1972, 272 S.
Machold, Hertha: Wer aber ist Makarie? Eine sprachliche und philosophische Studie. In: Zeitschrift für Ganzheitsforschung, N.F. Jg. 11, H. 3 (Wien 1967), S. 145–153.

Mann, Ulrich: Vorspiel des Heils. Die Uroffenbarung in Hellas. Klett, Stuttgart 1962, 400 S.

Mann, Ulrich: Theogonische Tage. Die Entwicklungsphasen des Gottbewußtseins in der altorientalischen und biblischen Religion. Klett, Stuttgart 1970, 708 S.

Mann, Ulrich: Die Religion in den Religionen. Klett, Stuttgart 1975, 296 S.

Mannhart, Wolf: Zauberglaube und Geheimwissen. Berlin [5]1920.

Massignon, Louis: Die Auferstehung in der mohammedanischen Welt. In: Eranos-Jahrbuch 7 (1939). Rhein-Verlag, Zürich 1940, S. 11 ff.

Massignon, Louis: Essai sur les origines du lexique technique de la mystique musulmane. Vrin, Paris [7]1968, 453 S. (Études musulmanes 2).

Mehlis, Georg: Die Mystik in der Fülle ihrer Erscheinungsformen in allen Zeiten und Kulturen. Bruckmann, München 1927, 243 S.

Meier, Fritz: Vom Wesen der islamischen Mystik. Schwabe, Basel 1943, 52 S.

Meier, Fritz: Das Problem der Natur im esoterischen Monismus des Islam. In: Eranos-Jahrbuch 14 (1946). Rhein-Verlag, Zürich 1947, S. 149 ff.

Meier, Fritz: Die Wandlung des Menschen im mystischen Islam. In: Eranos-Jahrbuch 23 (1954). Rhein-Verlag, Zürich 1955, S. 99 ff.

Mensching, Gustav: Das heilige Schweigen. Eine religionsgeschichtliche Untersuchung. Töpelmann, Gießen 1926, XII, 162 S.

Mensching, Gustav: Das heilige Wort. Eine religionsphänomenologische Untersuchung. Röhrscheid, Bonn 1937, 147 S.

Mensching, Gustav: Buddhistische Geisteswelt. Vom historischen Buddha zum Lamaismus. Holle-Verlag, Darmstadt – Genf 1955, 355 S.

Merton, Thomas: Weisheit der Stille. Otto Wilhelm Barth Verlag, Scherz Verlag, Bern – München – Wien 1975, 238 S.

Moderne Universalgeschichte der Geheimwissenschaften. Econ, Düsseldorf 1980, 6 Bde, insges. 1920 S.

Mommaers, Paul: Was ist Mystik? Insel Verlag, Frankfurt a.M. 1979, 139 S.

Mookerjee, Ajit, Madhu Khanna: Die Welt des Tantra in Bild und Deutung. Otto Wilhelm Barth Verlag, Scherz Verlag, Bern – München – Wien 1978, 256 S. mit Abb.

Nagel, Georges, Hugo Rahner, Paul Schmitt u.a.: Die Mysterien. Eranos-Jahrbuch 11 (1944). Rhein-Verlag, Zürich 1945, 452 S., fünf Bildtafeln.

Nigg, Walter: Heimliche Weisheit. Mystisches Leben in der evangelischen Christenheit. Artemis, Stuttgart 1959, 500 S.

Nigg, Walter: Drei große Zeichen. Elias, Hiob, Sophia. Walter, Olten und Freiburg i.Br. 1972, 252 S.

Otto, Rudolf: Das Heilige. Beck, München [23–25]1936, X, 229 S.

Otto, Rudolf: West-östliche Mystik. Vergleich und Unterscheidung zur Wesensdeutung. Beck, München [3]1971, XVI, 314 S (Taschenbuchausgabe: Siebenstern-Taschenbuch 319. Mohn, Gütersloh 1979).

Otto, Stephan: Esoterik und individualistische Gnosis. Der mönchische Platonismus des Euagrios Pontikos. In: Die Antike im Umbruch. Geschichte des politischen Denkens. List, München 1974, S.65–81.
Otto, Walter F.: Der Sinn der eleusinischen Mysterien. In: Eranos-Jahrbuch 7 (1939). Rhein-Verlag, Zürich 1940, S. 83ff.
Otto, Walter F.: Theophania. Der Geist der altgriechischen Religion. Klostermann, Frankfurt a.M. 1975, 135 S. (Scheidewege, Beiheft 1).
Panikkar, Raymondo: Kultmysterium in Hinduismus und Christentum. Alber, Freiburg i.Br. – München 1964, 230S.
Papus: Die Grundlagen der okkulten Wissenschaft. Ansata-Verlag, Schwarzenburg 1977, 534 S.
Papus (d.i.: Gérard Encause): Die Kabbala. Autorisierte Übersetzung von Julius Nestler. Ansata-Verlag, Schwarzenburg 1975, 366 S.
Patanjali: Die Wurzeln des Yoga. Aus dem Englischen von Bettina Bäumer. Otto Wilhelm Barth Verlag, Scherz Verlag, Bern – München und Wien 1976, 199S.
Peuckert, Will-Erich: Pansophie. Ein Versuch zur Geschichte der weißen und schwarzen Magie. Kohlhammer, Stuttgart 1936, 588 S. (dreibändige erweiterte Ausgabe: Schmidt, Berlin 1956–1973).
Peuckert, Will-Erich: Geheimkulte. Pfeffer, Heidelberg 1951, 664S.
Peuckert, Will-Erich: Gabalia. Ein Versuch zur Geschichte der Magia naturalis im 16. bis 18. Jahrhundert. Erich Schmidt, Berlin 1967, 578S.
Pfeiffer, Franz (Hrsg.): Deutsche Mystiker des 14. Jahrhunderts. Scientia, Aalen 1962, 2 Bde, XLVIII, 612 S., XIV, 687 S. (Neudruck der Ausgabe 1845–1857).
Pietsch, Roland: Jakob Böhmes Denkform als Systemganzheit. In: Zeitschrift für Ganzheitsforschung, N.F. Jg. 21, H. 3 (Wien 1977) S. 131–147.
Pietsch, Roland: Die metaphysische Grundlegung der Gesellschaftslehre Franz von Baaders. In: Zeitschrift für Ganzheitsforschung, N.F. Jg. 23, H.2 (Wien 1979), S. 67–85.
Ploss, Emil (Hrsg.): Alchimia. Ideologie und Technologie. Heinz Moos Verlag, München-Gräfelfing 1970, 216S., illustr.
Pohlenz, Max: Klemens von Alexandreia und sein hellenisches Christentum. Vortrag. Nachrichten der Akademie der Wissenschaften in Göttingen, Philologisch-Historische Klasse. Vandenhoeck & Ruprecht, Göttingen 1943, S. 103–180.
Preis, Karl: Die Medizin in der Kabbala. Frankfurt a.M. 1928, 20S.
Quispel, Gilles: Gnosis als Weltreligion. Origo-Verlag, Zürich 1951, 94S.
Quispel, Gilles: Das ewige Ebenbild des Menschen. Zur Begegnung mit dem Selbst in der Gnosis. In: Eranos-Jahrbuch 36 (1967). Rhein-Verlag, Zürich 1970, S. 9–30.
Quispel, Gilles: Gnostic Studies. The Netherlands' Institute for the Near East, Leiden 1973, 4 Bde., insges. XII, 600S.
Quispel, Gilles: The Secret Book of Revelation. The Last Book of the Bible. Mac Graw-Hill, New York 1979, 192S., mit Abb.

Radin, Paul: The Esoteric Rituals of the North American Indians. In: Eranos-Jahrbuch 19 (1950). Rhein-Verlag, Zürich 1951, S. 283 ff.

Rahn, Otto: Kreuzzug gegen den Gral. Die Tragödie des Katharismus. Hans E. Günther Verlag, Stuttgart 1964, 308 S., mit Bildtaf.

Rang, Florens Christian: Goethes „Selige Sehnsucht". Herder, Freiburg i. Br. 1949, 80 S.

Rawson, Philip, Laszlo Legeza: Tao. Die Philosophie von Sein und Werden. Droemer Knaur, München – Zürich o. J. (ca. 1974), 128 S., 200 Abb.

Rech, Photina: Inbild der Schöpfung. Otto Müller, Salzburg – Freilassing 1966, 2 Bde.

Reiner, Benedikt: Die Lehre vom tawakkul in der klassischen Sufik. Walter de Gruyter, Berlin 1968, VIII, 352 S.

Resch, Andreas (Hrsg.): Mystik. Resch Verlag, Innsbruck 1975, 385 S. (Imago Mundi 5).

Rosenberg, Alfons: So spricht die Kabbala. Otto Wilhelm Barth Verlag, München-Planegg 1954, 128 S.

Rosenkreuzerische Manifeste. Die Grundschriften der Rosenkreuzer und Goethes Fragment „Die Geheimnisse". Hrsg. von Gerhard Wehr. Novalis Verlag, Schaffhausen 1980, 207 S.

Rudolph, Kurt: Die Gnosis. Wesen und Geschichte einer spätantiken Religion. Vandenhoeck & Ruprecht, Göttingen 1978, 436 S., 4 Farbtaf., 48 Abb.

Safran, Alexandre: Die Kabbala. Gesetz und Mystik in der jüdischen Tradition. Francke, Bern – München 1966, 351 S.

Schaya, Leo: La doctrine soufique de l'unité. A. Maisonneuve, Paris 1962, 103 S. (Initiation à l'Islam 9).

Schaya, Leo: Ursprung und Ziel des Menschen im Lichte der Kabbala. Otto Wilhelm Barth Verlag, Weilheim 1972, 232 S.

Scheeben, Matthias Joseph: Die Mysterien des Christentums. Hrsg. von Josef Höfer. Herder, Freiburg i. Br. 1941, XXXI, 777 S. (Gesammelte Schriften 2).

Schimmel, Annemarie: Mystische Dimensionen des Islam. Qalander Verlag, Aalen 1980, 573 S.

Schlette, Heinz Robert: Religion und Zynismus. Zur Kritik der Unterscheidung zwischen spirituell Fortgeschrittenen und den „einfachen Leuten". In: Einführung in das Studium der Religionen. Rombach, Freiburg i. Br. 1971, S. 148–158.

Schmitt, Franz Anselm: Alexander von Bernus. Dichter und Alchymist. Verlag Hans Carl, Nürnberg o. J., XII, 320 S., mit Bildtafeln und Illustrationen.

Schneider, Carl: Geistesgeschichte der christlichen Antike. Deutscher Taschenbuch Verlag, München 1978, 694 S.

Schneider-Fassbaender, Martha: Leopold Ziegler. Leben und Werk. Neske, Pfullingen 1978, 308 S.

Scholem, Gershom: Seelenwanderung und Sympathie der Seelen in der

jüdischen Mystik. In: Eranos-Jahrbuch 24 (1955). Rhein-Verlag, Zürich 1956, S. 55–118.
Scholem, Gershom: Ursprung und Anfänge der Kabbala. Walter de Gruyter, Berlin 1962, VIII, 434 S. (Studia Judaica 3).
Scholem, Gershom: Die jüdische Mystik in ihren Hauptströmungen. Suhrkamp, Frankfurt a.M. 1967, XV, 490 S.
Scholem, Gershom: Die Krise der Tradition im jüdischen Messianismus. In: Eranos-Jahrbuch 37 (1968). Rhein-Verlag, Zürich 1970, S. 9–44.
Scholem, Gershom: Judaica. Suhrkamp, Frankfurt a.M. 1968, 234 S.
Scholem, Gershom: Judaica III. Studien zur jüdischen Mystik. Suhrkamp, Frankfurt a.M. 1973, 272 S.
Scholem, Gershom: Zur Kabbala und ihrer Symbolik. Suhrkamp, Frankfurt a.M. 1973, 304 S.
Scholem, Gershom: Von der mystischen Gestalt der Gottheit. Studien zu Grundbegriffen der Kabbala. Suhrkamp, Frankfurt 1977, 324 S.
Schuon, Frithjof: Leitgedanken zur Urbesinnung. Orel Füssli, Zürich und Leipzig 1935, 109 S.
Schuon, Frithjof: Tage- und Nächtebuch. Gedichte. Urs Graf, Bern 1947, 37 S.
Schuon, Frithjof: Perspectives spirituelles et faits humains. Les Cahiers du Sud, Paris 1953, 287 S.
Schuon, Frithjof: Castes et Races, suivi des Principes et Critères de l'Art Universel. Derain, Lyon 1957, 97 S.
Schuon, Frithjof: Sentiers de Gnose. La Colombe, Paris 1957, 162 S.
Schuon, Frithjof: Les Stations de la Sagesse. Buchet / Chastel – Corréa, Paris 1958, 201 S.
Schuon, Frithjof: Language of the Self. Ganesh & Co., Madras 1959, 247 S.
Schuon, Frithjof: Images de l'esprit. Shintô, Bouddhisme, Yoga. Flammarion, Paris 1961, 204 S.
Schuon, Frithjof: Religio Perennis. In: Antaios. Hrsg. von Mircea Eliade und Ernst Jünger. Bd. 7 (1966), S. 573–581.
Schuon, Frithjof: Dimensions of Islam. Allen & Unwin, London 1969.
Schuon, Frithjof: In the Tracks of Buddhism. Allen & Unwin, London 1969, 168 S.
Schuon, Frithjof: Das Ewige im Vergänglichen. Von der einen Wahrheit in den Alten Kulturen. Otto Wilhelm Barth Verlag, Weilheim 1970, 208S.
Schuon, Frithjof: Logique et Transcendence. Éditions Traditionnelles, Paris 1970, 293 S.
Schuon, Frithjof: Keine Tätigkeit ohne Wahrheit. In: Zeitschrift für Ganzheitsforschung, N.F. Jg. 15 H. 3 (Wien 1971) S. 134–145.
Schuon, Frithjof: Wesen und Amt des geistigen Meisters. In: Zeitschrift für Ganzheitsforschung, N.F. Jg. 17, H. 3 (Wien 1973), S. 145–153.
Schuon, Frithjof: Von den Gottesbeweisen. In: Zeitschrift für Ganzheitsforschung, N.F. Jg. 18, H. 3 (Wien 1974), S. 129–144.
Schuon, Frithjof: L'œil du cœur. Dervy Livres, Paris 1974, 154 S.

Schuon, Frithjof: Forme et substance dans les religions. Dervy Livres, Paris 1975, 234 S.
Schuon, Frithjof: Verstehen und Glauben. In: Zeitschrift für Ganzheitsforschung, N.F. Jg. 19, H. 2 (Wien 1975), S. 69–76.
Schuon, Frithjof: Der Widerspruch des Relativismus. In: Zeitschrift für Ganzheitsforschung, N.F. Jg. 19, H. 3 (Wien 1975), S. 152–159.
Schuon, Frithjof: Erscheinungsweisen der Esoterik. In: Zeitschrift für Ganzheitsforschung, N.F. Jg. 20, H. 3 (Wien 1976), S. 131–145.
Schuon, Frithjof: Von den Formen der Kunst. In: Zeitschrift für Ganzheitsforschung, N.F. Jg. 21, H. 3 (Wien 1977), S. 147–160.
Schuon, Frithjof: Grundzüge der Metaphysik. In: Zeitschrift für Ganzheitsforschung, N.F. Jg. 21, H. 4 (Wien 1977), S. 212–226.
Schuon, Frithjof: Von den Grenzen der Glaubensverbreitung. In: Zeitschrift für Ganzheitsforschung, N.F. Jg. 22, H. 3 (Wien 1978), S. 142–149.
Schuon, Frithjof: Ésotérisme comme principe et comme voie. Dervy Livres, Paris 1978, 236 S.
Schuon, Frithjof: De l'unité transcendante des religions, Éditions du Seuil, Paris ²1979, 186 S.
Schuon, Frithjof: Der Dreiklang der monotheistischen Offenbarung. In: Zeitschrift für Ganzheitsforschung, N.F. Jg. 23, H. 1 (Wien 1979), S. 25–29.
Schuon, Frithjof: Christentum, Islam, Buddhismus. In: Zeitschrift für Ganzheitsforschung, N.F. Jg. 23, H. 3 (Wien 1979), S. 131–149.
Schuon, Frithjof: Le soufisme voile et quintessence. Dervy Livres, Paris 1980, 138 S.
Schuon, Frithjof: Von der inneren Einheit der Religionen. Mit einem Nachwort von Hans Küry. Ansata, Interlaken 1981, 160 S.
Secret, François: Les Kabbalistes chrétiens de la Renaissance. Dunod, Paris 1964, XI, 372 S.
Sède, Gérard de: Die Templer sind unter uns. Das Rätsel von Gisors. Ullstein, Berlin 1963, 254 S., 26 Taf.
Sédir: Esoterisches Christentum. Eine Sédir-Anthologie. Verlag Der Leuchter, Remagen 1964, 127 S.
Sédir: Aufbruch. Verlag Der Leuchter, Remagen 1972, 278 S.
Sérouya, Henri: La Kabbale. Ses origines, sa psychologie mystique, sa métaphysique. Paris 1947, 533 S.
Shah, Idries: Die Sufis. Diederichs Verlag, Düsseldorf – Köln 1976, 312 S.
Simbriger, Heinrich: Betrachtungen über Yang und Yin. In: Antaios. Hrsg. von Mircea Eliade und Ernst Jünger. Bd. 7 (1966), S. 126–148.
Simmel, Georg: Das Geheimnis und die geheime Gesellschaft. In: Soziologie. Untersuchungen über die Formen der Vergesellschaftung. Duncker & Humlot, Berlin ⁵1968, S. 257–304.
Spann, Othmar: Religionsphilosophie. Akademische Druck- und Verlagsanstalt, Graz ²1970, XIV, 470 S. (Gesamtausgabe 16).

Spann, Othmar: Meister Eckeharts mystische Philosophie. Akademische Druck- und Verlagsanstalt, Graz 1974, X, 292 S. (Gesamtausgabe 18).

Steiner, Rudolf: Gesamtausgabe. Verlag der Rudolf Steiner-Nachlaßverwaltung, Dornach (Schweiz) 1960 ff.

Stoddart, William: Das Sufitum. Geistige Lehre und mystischer Weg. Mit einem Vorwort von R. W. J. Austin. Aurum Verlag, Freiburg i. Br. 1979, 111 S.

Studies in Comparative Religion. Pates Manor (England) 1971 ff. (Erscheint vierteljährlich. Zu den Mitarbeitern gehören Frithjof Schuon, Roger Lipsey, Rama P. Coomaraswamy, Whitall N. Perry, Kathleen Raine u. a.).

Sudbrack, Josef: Das Mysterium und die Mystik. Echter, Würzburg 1974, 154 S.

Suzuki, Daisetz T.: Erfülltes Leben aus Zen. Mit einem Vorwort von Eugen Herrigel. Otto Wilhelm Barth Verlag, München – Bern 1973, 296 S.

Taeschner, Franz: Zünfte und Bruderschaften im Islam. Texte zur Geschichte der Futuwwa. Artemis Verlag, Zürich – München 1979, 673 S.

Tesch, Hans: Vom dreifachen Leben. Ein geistiges Porträt des Mystikers Jakob Böhme. Der Leuchter Verlag, Remagen 1971, 260 S.

Tesch, Hans: Jakob Böhme. Mystiker und Philosoph. Delp, München 1976, 96 S. (Silesia 17).

Theologia Deutsch. Eine Grundschrift deutscher Mystik. Hrsg. von Gerhard Wehr. Aurum Verlag, Freiburg i. Br. 1980, 166 S.

Tyciak, Julius: Heilige Theophanie. Kultgedanken des Morgenlandes. Paulinus, Trier 1959, 70 S.

Tyciak, Julius: Morgenländische Mystik. Charakter und Wege, Patmos Düsseldorf 1949, 162 S.

Veltheim-Ostrau, Hans-Hasso von: Der Geist Asiens. Hrsg. von Gisela Bonn. Claassen, Düsseldorf 1976, 550 S.

Vereno, Matthias: Vom Mythos zum Christos. Otto Müller, Salzburg 1958, 525 S. (Wort und Antwort 20).

Vereno, Matthias: Religionen des Ostens. Weisheit und Glauben alter Kulturvölker. Walter, Olten – Freiburg i. Br. 1960, 129 S.

Vereno, Matthias: Östliche Metaphysik und die Erneuerung des Symboldenkens im Abendland. In: Zeitschrift für Ganzheitsforschung, N. F. Jg. 15, H. 4 (Wien 1971), S. 195–203.

Vereno, Matthias: Wirtschaft, Kampf und heiliger Dienst. Die drei Verrichtungen traditioneller Gesellschaftsordnung in ihren metaphysischen Bezügen. In: Zeitschrift für Ganzheitsforschung, N. F. Jg. 17, H. 2 (Wien 1973), S. 74–96.

Vilayat Inayat Khan: Sufismus. Der Weg zum Selbst. Stufen einer mystischen Meditation. Mit einem Vorwort von Henry Corbin. Otto Wilhelm Barth Verlag, Bern – München – Wien [2]1975, 124 S.

Voegelin, Eric: Wissenschaft, Politik und Gnosis. Kösel, München 1959, 93 S.

Völker, Walther: Der wahre Gnostiker nach Clemens Alexandrinus. Berlin 1952.

Völker, Walther: Kontemplation und Ekstase bei Pseudo-Dionysius Areopagita. Steiner, Wiesbaden 1958, XV, 263 S.

Waerden, B.L. van der: Die Pythagoreer. Religiöse Bruderschaft und Schule der Wissenschaft. Artemis, Zürich 1979, 508 S., 19 Zeichn., 1 Kart.

Waite, Arthur Edward: The Holy Kabbalah. A Study of the Secret Tradition in Israel as Unfolded by Sons of the Doctrine for the Benefit and Consolation of the Elect Dispersed through the Lands and Ages of the Greater Exile. London 1929, XXIV, 636 S. (Reprint: New York 1960).

Waldschütz, Erwin: Meister Eckhart. Eine philosophische Interpretation der Traktate. Bouvier, Bonn 1978, 414 S.

Warner, Francis R. le P.: Das Gedankengebäude des Agrippa von Nettesheim. In: Antaios. Hrsg. von Mircea Eliade und Ernst Jünger. Bd. 5, H. 2 (Juli 1963), S. 122–142.

Watts, Alan: Der Lauf des Wassers. Eine Einführung in den Taoismus. Unter Mitarbeit von Al Chung-liang Huang. Otto Wilhelm Barth Verlag, Scherz Verlag, Bern – München – Wien 1976, 220 S.

Watts, Alan: Zeit zu leben. Erinnerungen eines „heiligen Barbaren“. Scherz, Bern – München 1979, 312 S.

Watts, Alan: Die Illusion des Ich. Kösel, München 1980, 160 S.

Wehr, Gerhard: Esoterisches Christentum. Aspekte-Impulse-Konsequenzen. Klett, Stuttgart 1975, 316 S.

Wehr, Gerhard: C. G. Jung und das Christentum. Walter, Olten – Freiburg i. Br. 1975, 220 S.

Wehr, Gerhard: Jakob Böhme. Geistige Schau und Christuserkenntnis. Novalis Verlag, Schaffhausen 1976, 218 S. (Zeugnisse christlicher Esoterik 2).

Wehr, Gerhard: Angelus Silesius. Der Cherubinische Wandersmann. Novalis Verlag, Schaffhausen 1977, 240 S. (Zeugnisse christlicher Esoterik 3).

Wehr, Gerhard: Gnosis und Gnostizismus. Wege geistig-religiöser Erkenntnis einst und heute. Verlag Die Kommenden, Freiburg i. Br. 1977, 55 S.

Wehr, Gerhard: Rudolf Steiner als christlicher Esoteriker. Aurum Verlag, Freiburg i. Br. 1978, 111 S. (Fermenta Cognitionis 2).

Wehr, Gerhard: Friedrich Christoph Oetinger, Theosoph, Alchymist, Kabbalist. Aurum Verlag, Freiburg i. Br. 1978, 95 S. (Fermenta Cognitionis 3).

Wehr, Gerhard: Valentin Weigel. Der Pansoph und esoterische Christ. Aurum Verlag, Freiburg i. Br. 1979, 112 S.

Wehr, Gerhard: Deutsche Mystik. Gestalten und Zeugnisse religiöser Erfahrung von Meister Eckhart bis zur Reformationszeit. Mohn, Gütersloh 1980, 108 S.

Wehr, Gerhard: Saint-Martin. Das Abenteuer des „Unbekannten Philoso-

phen" auf der Suche nach dem Geist. Aurum Verlag, Freiburg i. Br. 1980, 118 S. (Fermenta Cognitionis 9).
Weinreb, Friedrich: Die Rolle Esther. Das Buch Esther nach der ältesten jüdischen Überlieferung. Origo Verlag, Zürich 1968, 314 S.
Weinreb, Friedrich: Der göttliche Bauplan der Welt, Origo Verlag, Zürich o. J.
Weinreb, Friedrich: Leben im Diesseits und Jenseits. Ein uraltes vergessenes Menschenbild. Origo Verlag, Zürich 1974, 290 S.
Weinreb, Friedrich: Zahl-Zeichen-Wort. Das symbolische Universum der Bibelsprache. Rowohlt, Reinbek 1978, 106 S. (Rowohlts deutsche Enzyklopädie 383).
Wiesel, Elie: Adam oder das Geheimnis des Anfangs. Brüderliche Urgestalten. Herder, Freiburg i. Br. 1980, 232 S.
Wilson, Robert McLacklan: Gnosis und Neues Testament. Kohlhammer 1971, 152 S. (Urban-Taschenbücher 118).
Wulf, Alfred: Geheimbünde in alter und neuerer Zeit. Quellen zum Ursprung der Freimauererei. Ring-Verlag, Villingen (Schwarzwald) o. J., 2 Bde; XI, 294 S.; VIII, 253 S.
Wunderle, Georg: Zur Psychologie des hesychastischen Gebetes. Augustinus-Verlag, Würzburg 1947, [2]1949, 72 S.
Yates, Frances A.: Aufklärung im Zeichen des Rosenkreuzes. Klett, Stuttgart 1975, 300 S.
Zaehner, R. C.: Mystik – religiös und profan. Klett, Stuttgart o. J., 316 S.
Zaehner, R. C.: Mystik – Harmonie und Dissonanz. Die östlichen und westlichen Religionen. Walter, Olten – Freiburg i. Br. 1980, 531 S.
Ziegler, Leopold: Menschwerdung. Summa-Verlag, Olten 1947, 2 Bde, 380, 400 S.
Ziegler, Leopold: Überlieferung. Kösel, München [2]1949, 551 S.
Ziegler, Leopold: Das Lehrgespräch vom Allgemeinen Menschen in sieben Abenden. Marion von Schröder Verlag, Hamburg 1956, 254 S.
Zimmer, Heinrich: Zur Bedeutung des indischen Tantra-Yoga. In: Eranos-Jahrbuch 1 (1933). Rhein-Verlag, Zürich 1934, S. 9 ff.

Notizen über die Autoren

HANS JÜRGEN BADEN zählt zu den bekanntesten christlichen Essayisten in Deutschland. Er wurde 1911 im niedersächsischen Rotenburg geboren, studierte evangelische Theologie und Philosophie. Er war lange Jahre Pfarrer, zuletzt in Hannover. Die Universität Münster ernannte ihn 1959 zum Ehrendoktor, 1968 zum Honorarprofessor. Baden lebt jetzt in einem Dorf der Lüneburger Heide unweit Celle. Er schrieb 25 Bücher, von denen mehrere ins Holländische, Spanische, Engliche und Japanische übersetzt wurden.
Jüngste Veröffentlichungen: Rechtfertigung des Bürgers (Ullstein, Frankfurt – Berlin 1977), Glück ist kein Traum (Aurum, Freiburg i. Br. 1980), Das Erlebnis Gottes. Was bedeutet uns die Erfahrung der Mystik? (Herder, Freiburg i. Br. 1981).

TITUS BURCKHARDT, geboren 1908 in Florenz als Sohn des bekannten Basler Bildhauers und Malers Carl Burckhardt. War zuerst künstlerisch tätig als Bildhauer und Zeichner. Ein längerer Aufenthalt in Nordafrika veranlaßte ihn, Orientalistik zu studieren. Von 1942 bis 1968 leitete er den Urs Graf-Verlag, der durch seine Faksimile-Ausgaben frühmittelalterlicher Handschriften weitbekannt wurde. Von 1972 bis 1977 besorgte er im Auftrage der UNESCO die Vorarbeiten zur Erhaltung der Altstadt von Fès (Marokko). Mitbegründer des „World of Islam Festival" in London. Berater bei der Planung einer arabischen Universität in Mekkah.
Wichtigste Veröffentlichungen: Vom Wesen heiliger Kunst in den Weltreligionen (Zürich 1955), Alchemie – Sinn und Weltbild (Olten 1960),

Die maurische Kultur in Spanien (München 1970, [2]1979), Art of Islam, Language and Meaning (London 1976). – Außerdem Übersetzungen aus dem Arabischen.

Gerd-Klaus Kaltenbrunner, geboren 1939 in Wien, lebt seit 1974 als freier Schriftsteller in Kirchzarten (Schwarzwald). Mitglied des PEN-Clubs Liechtenstein und des Akademischen Rates der Humboldt-Gesellschaft. Herausgeber des Taschenbuch-Magazins INITIATIVE (Verlag Herder), von dem Ende 1980 vierzig Bände vorlagen.
Wichtigste Veröffentlichungen: Hegel und die Folgen (als Hrsg., Freiburg i. Br. 1970), Rekonstruktion des Konservatismus (als Hrsg., Freiburg i. Br. 1972, Bern [3]1978), Der schwierige Konservatismus. Definitionen – Theorien – Porträts (Berlin 1975), Im Ernstfall. Was nehmen wir mit? (Herderbücherei, Freiburg i. Br. 1979), EUROPA. Seine geistige Dimension in Porträts aus zwei Jahrtausenden (drei Bände, Verlag Glock & Lutz, Heroldsberg bei Nürnberg 1981 ff.).

Hans Küry, geboren am 5. Oktober 1906 in Basel. Studium der Germanistik, Geschichte und Anglistik in Basel, München, Grenoble und London. 1932 Doktorexamen in Basel. Zunächst als Lehrer und Journalist tätig; dann wissenschaftlicher Korrektor im Verlag Benno Schwabe & Co, Basel; hierauf redaktioneller Mitarbeiter in Verlag und Organisation für Wirtschaftsförderung Emil Oesch, Kt. Zürich; von 1945 bis 1970 Schriftleiter in der chemischen Industrie („CIBA-Blätter").
Von 1929 an Zuwendung zur Metaphysik der morgenländischen Kulturen und zum Nachdenken über die innere Einheit der Religionen, beides unter dem Einfluß von Frithjof Schuon. Betrachtungen in der Art der in diesem Hefte abgedruckten liegen als Vervielfältigungen vor. In den siebziger Jahren brachte die „Zeitschrift für Ganzheitsforschung" (Wien) Aufsätze Kürys über Schuon.
Andere (vergriffene) Veröffentlichungen: Simon Grynaeus von Basel, der erste deutsche Übersetzer von Shakespeares „Romeo und Julia" (1934); Am Quell der deutschen Sprache (1945); Einkehr bei Shakespeare (1945). – Ferner Erinnerungsschriften über den Dichterkomponisten Carl Futterer, einen Onkel mütterlicherseits von Küry.

Roland Pietsch. geboren 1942 in Böhmisch-Leipa. Dr. theol., Lehrbeauftragter an der Universität Innsbruck. Zahlreiche Veröffentlichungen in Zeitschriften über Jakob Böhme, Franz von Baader und die philosophische Mystik. Herausgeber der Schriften des Mystikers Jan van Ruisbroeck.

LEO SCHAYA, geboren 1916 in Basel, erhielt eine jüdisch-mystische Erziehung, die einen tiefen Einfluß auf ihn ausübte. Seine philosophischen Studien – begleitet von denjenigen der semitischen Sprachen – ließen ihn die geistige Einheit der platonischen und neuplatonischen Philosophie mit der Metaphysik und Esoterik des Morgenlandes entdecken. Daraus ergab sich die Thematik von Schayas Schriften über die Kabbala (in mehrere Sprachen übersetzt), das Sufitum und andere Formen der Esoterik. Schaya ist seit 1977 Chefredakteur der „Études Traditionnelles", einer seit 1899 in Paris erscheinenden Zeitschrift, die sich dem vergleichenden Studium der Metaphysik und Esoterik aller Religionen widmet. Zu den Mitarbeitern dieser Zeitschrift zählte der 1954 verstorbene René Guénon und gehört heute noch Frithjof Schuon.
Wichtigste Veröffentlichungen: L'Homme et l'Absolu selon la Kabbale (Paris 1958, 1977), La Doctrine Soufique de l'Unité (Paris 1962), Ursprung und Ziel des Menschen im Lichte der Kabbala (Otto Wilhelm Barth Verlag, Weilheim 1972), The Universal Meaning of the Kabbalah (New York 1973). – Zahlreiche Beiträge in „Études Traditionnelles" (Paris), „Meditation" (Säckingen) und anderen ähnlichen Zeitschriften, auch des Morgenlandes.

FRITHJOF SCHUON, geboren 1907 als Sohn deutscher Eltern in Basel. Die Vorfahren waren im Mittelalter aus Graubünden in Süddeutschland eingewandert. Als Sechzehnjähriger unterbrach er seinen Gymnasialbildungsweg und ging nach Paris, wo er seinen Unterhalt als Stoffzeichner bestritt und sich in das Studium des Arabischen vertiefte. Reisen führten ihn nach Nordafrika und Asien, wo er Meistern des Sufitums, des Hinduismus und des Buddhismus begegnete, so wie er schon früher mit Trägern des geistigen Erbes der römisch-katholischen und der griechisch-orthodoxen Kirche in Beziehung getreten war. Während zweier Reisen zu den nordamerikanischen Indianern fand er unter diesen enge Freunde, vor allem unter den Sioux und Krähenindianern. Schuon wurde in feierlicher Form in den Stamm der Lakota aufgenommen. Er lebt, obwohl schweizerischer Staatsbürger, seit Jahren in den USA.
Wichtigste Veröffentlichungen: Leitgedanken zur Urbesinnung (Zürich 1935), Perspectives spirituelles et faits humains (Paris 1953), Castes et Races (Lyon 1957), Sentiers de Gnose (Paris 1957), Les Stations de la Sagesse (Paris 1958), Language of the Self (Madras 1959), Dimensions of Islam (London 1969), In the Tracks of Buddhism (London 1969), Das Ewige im Vergänglichen. Von der einen Wahrheit in den alten Kulturen (Weilheim 1970), Logique et Transcendance (Paris 1970), L'œil du cœur (Paris 1974), Forme et substance dans les religions (Paris 1975), L'Ésotérisme comme principe et comme voie (Paris (1978), De l'unité transcendante des religions (Paris ^{2}1979), Le soufisme voile et quintessence (Paris 1980), Von der inneren Einheit der Religionen (Übersetzung von: De l'unité transcendante des religions. Interlaken, Schweiz 1981).

WILLIAM STODDART, geboren 1925 in Carstairs in Schottland. Er studierte zuerst europäische Sprachen (Deutsch, Französisch, Spanisch), dann Medizin an den Universitäten von Glasgow, Edinburgh und Dublin. Nachdem er eine Zeitlang in einer Praxis in London gearbeitet hatte, ging er als Berater zur pharmazeutischen Industrie. Diese Tätigkeit führte ihn auch vielfach nach Deutschland. Seit langen Jahren beschäftigt er sich intensiv mit Religionswissenschaft, und im Zusammenhang damit hat er auch zahlreiche Reisen durch Europa, nach Indien, Ceylon und in die islamische Welt unternommen. Er ist Vizeredakteur der Zeitschrift „Studies in Comparative Religion" (London).
Im Aurum Verlag, Freiburg i. Br., ist 1979 sein Buch „Das Sufitum. Geistige Lehre und mystischer Weg" mit einem Vorwort von R. W. J. Austin erschienen.

WOLFGANG STRUVE, geboren 1917 in Hamburg, studierte Philosophie, Mathematik und Physik an den Universitäten Freiburg i. Br. und Zürich. 1943 Promotion, 1948 Habilitierung, seit 1955 Professor für Philosophie in Freiburg.
Wichtigste Veröffentlichungen: Wir und Es (Zürich 1957), Der andere Zug (5 Bde., Salzburg 1967–1969), Philosophie und Transzendenz (Freiburg 1969), Übergehn zur Wirklichkeit (Salzburg 1970), Unglaubliche Wirklichkeit. Philosophische und andere Reisenotizen (Salzburg 1972).